TASCHENLEXIKON
DINOSAURIER

BERATUNG
DOUGAL DIXON

TASCHENLEXIKON

DINOSAURIER

BERATUNG
DOUGAL DIXON

INHALT

**LONDON, NEW YORK, MELBOURNE,
MÜNCHEN UND DELHI**

Projektbetreuung Rosie O'Neill
Lektorat David John
Redaktion Sarah Phillips
Cheflektorat Andrew Macintyre
Chefbildlektorat Jane Thomas
DTP-Design Natasha Lu, Siu Yin Ho
Herstellung Rochelle Talary
Bildrecherche Rob Nunn
Bildarchiv Sarah Mills

Beratung Dougal Dixon

Für die deutsche Ausgabe:
Programmleitung Monika Schlitzer
Projektbetreuung Kathrin Schmidt
Herstellungsleitung Dorothee Whittaker
Herstellung Gerd Wiechcinski

Bibliografische Information Der Deutschen Bibliothek
Die Deutsche Bibliothek verzeichnet diese Publikation
in der Deutschen Nationalbibliografie;
detaillierte bibliografische Daten sind im Internet über
http://dnb.ddb.de abrufbar.

Titel der englischen Originalausgabe:
Visual Encyclopedia of Dinosaurs

© Dorling Kindersley Limited, London, 2005

© der deutschsprachigen Ausgabe
by Dorling Kindersley Verlag GmbH, München, 2006, 2011
Alle deutschsprachigen Rechte vorbehalten

Übersetzung Cornelia Panzacchi

ISBN 978-3-8310-1916-8

Colour reproduction by Colourscan, Singapore
Printed and bound in Singapore by Star Standard

Besuchen Sie uns im Internet
www.dorlingkindersley.de

Hinweis
Die Informationen und Ratschläge in diesem Buch
sind von den Autoren und vom Verlag sorgfältig erwogen
und geprüft, dennoch kann eine Garantie nicht
übernommen werden.

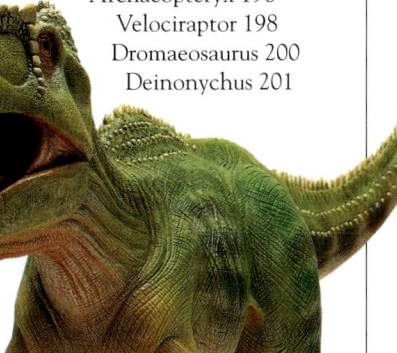

SO BENUTZT DU DIESES BUCH

DIE ERSTEN SEITEN bieten einen Überblick über die Evolution. Es folgen vier Hauptteile über Fische und Wirbellose, Amphibien und Reptilien, Dinosaurier und Vögel sowie Säugetiere. Ein abschließender Teil informiert über die Dinosaurierforschung.

Größenvergleich Tier / erwachsener Mensch

PROTOCERATOPS

PROTOCERATOPS („Vor den Horngesichtern") war ein früher Ceratopsier mit relativ kleinem Horn. Das Nackenschild war bei männlichen Tieren breiter und höher. Das kleine Nasenhorn befand sich zwischen den Augen. Im Oberkiefer steckten zwei Paar Zähne. Die Fortsätze seiner Schwanzwirbel erzeugten einen Höcker.

SCHAF DER GOBI
Protoceratops ist dank der vielen Exemplare, die im Sand der Mongolei gefunden wurden, gut bekannt. Seine Fossilien treten in der Wüste Gobi so häufig auf, dass man ihn scherzhaft „Schaf der Gobi" nennt.

PROTOCERATOPS
- Gruppe: Ceratopsia
- Familie: Ceratopsidae
- Zeit: Kreide (135–65 Mio. Jahre)
- Größe: 1,8 m lang
- Nahrung: Pflanzen
- Lebensraum: Buschland, Wüste

Nasenhorn zwischen den Augen

Protoceratops lief auf vier Beinen

274

THEMENSEITEN
Diese Seiten befassen sich mit allgemeineren Themen, die mit Dinosauriern und anderen urzeitlichen Tieren zu tun haben, oder beschreiben die wichtigsten Gruppen, wie z. B. Theropoden.

PROTOCERATOPS
- Gruppe: Ceratopsia
- Familie Ceratopsidae
- Zeit: Kreide (135–65 Mio. Jahre)
- Größe: 1,8 m lang
- Nahrung: Pflanzen
- Lebensraum: Busch-land und Wüsten

In der Mitte der Doppelseite jeweils eine Rekonstruktion des Tiers auf der Grundlage fossiler Funde.

FAKTEN-KASTEN
Eine Übersicht der wichtigsten Daten zu dem betreffenden Tier.

Kursiv gedruckte Texte weisen auf interessante Fakten hin.

PFLANZENFRESSER
HERBIVORE Dinosaurier mussten große Mengen an Pflanzenteilen fressen, um sich mit Nährstoffen zu versorgen. Die Zähne einiger eigneten sich zum Schneiden und Zermahlen. Andere besaßen scharfe Schnäbel. Das Verdauen könnte Tage gedauert haben.

IM BUCH VERWENDETE ABKÜRZUNGEN	
Mio. Jahre	Millionen Jahre
MASSANGABEN	
m	Meter
cm	Zentimeter

Rote Punkte auf der Karte zeigen wichtige Fundorte.

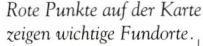

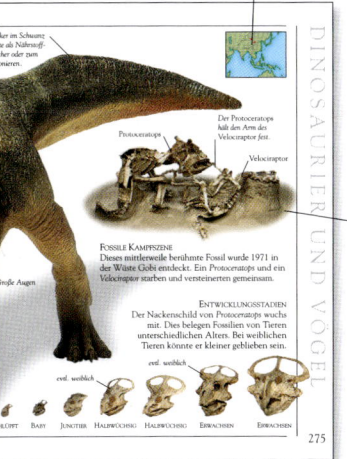

Der Protoceratops hält den Arm des Velociraptor fest.

Protoceratops

Velociraptor

FOSSILE KAMPFSZENE
Dieses mittlerweile berühmte Fossil wurde 1971 in der Wüste Gobi entdeckt. Ein Protoceratops und ein Velociraptor starben und versteinerten gemeinsam.

ENTWICKLUNGSSTADIEN
Der Nackenschild von Protoceratops wuchs mit. Dies belegen Fossilien von Tieren unterschiedlichen Alters. Bei weiblichen Tieren könnte er kleiner geblieben sein.

JUNGTIER   HALBWÜCHSIG   HALBWÜCHSIG   ERWACHSEN   ERWACHSEN

275

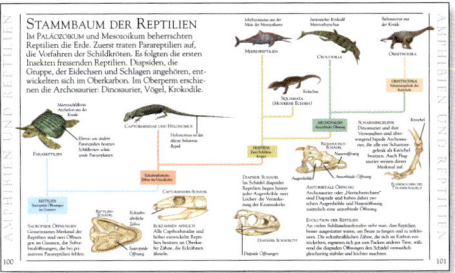

STAMMBAUM DER REPTILIEN
Im PALÄOZOIKUM und Mesozoikum beherrschten Reptilien die Erde. Zuerst traten Parareptilien auf, die Vorfahren der Schildkröten. Die Eiablage der ersten Insekten fressenden Reptilien. Diapsiden, die Gruppe, der Eidechsen und Schlangen angehören, entwickelten sich im Oberperm. Im Oberperm erschienen die Archosaurier: Dinosaurier, Vögel, Krokodile.

100   101

Zusätzliche Bilder vermitteln wissenswerte Informationen.

STAMMBÄUME
Stammbäume stellen die Entwicklung bestimmter Tiergruppen dar.

TIER-SEITEN
Die Hauptteile bestehen überwiegend aus Tier-Seiten, in deren Mittelpunkt urzeitliche Tiere stehen. Die Seite hier links behandelt *Protoceratops* und beschreibt u.a. Aussehen und Lebensweise.

Jede Querspalte stellt Tiere und Pflanzen einer Zeitphase vor.

ERDGESCHICHTE
Der erdgeschichtliche Teil der Einleitung beschäftigt sich mit den einzelnen Abschnitten der Erdgeschichte und zeichnet die Evolution von Tieren und Pflanzen an Land und im Wasser nach. Eine Weltkarte zeigt das Aussehen der Erde im betreffenden Zeitraum.

PLIOZÄN   5,3–1,75 Mio. J.

50   51

DINOSAURIERENTDECKER
BEREITS VOR TAUSENDEN von Jahren fanden Menschen Dinosaurierfossilien, doch erst 1841 identifizierten Wissenschaftler die einst Dinosauriergruppe. Es gibt zahlreiche Familiengruppen, die dank bedeutender Entdeckungen entdeckt wurden.

378   379

GRUNDWISSEN
Dieser Teil zählt berühmte Dinosaurierforscher und ihre Funde auf. Außerdem wird hier erläutert, wie Fossilien gefunden und konserviert werden. Ein Glossar erklärt die im Buch verwendeten Fachbegriffe.

VERGANGENHEIT ERFORSCHEN

SEIT MENSCHEN WISSEN, dass Fossilien Überreste von Wesen aus der Vergangenheit sind, wollen sie mehr über sie erfahren. Die Wissenschaft von alten Lebensformen, die Paläontologie, versucht alles über Aussehen, Lebensweise, Verhalten und Entwicklung dieser Lebewesen herauszufinden und zu erklären, wie sich heute lebende Wesen entwickelten.

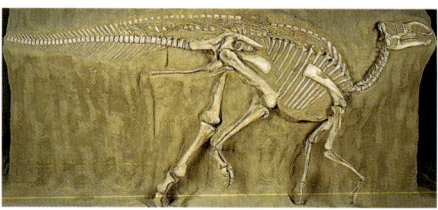

FRÜHE FUNDE UND THEORIEN
Die moderne Paläontologie entstand im 18. Jh. Die Entdeckung fossiler Mastodonten (Verwandte der Elefanten) und von *Mosasaurus*, einer Meerechse aus der Kreidezeit, führte zur Erkenntnis, dass Arten aussterben können.

PALÄONTOLOGEN BEI DER ARBEIT

FOSSILIEN AUSGRABEN
Die meisten Fossilien werden gefunden, weil sie durch Erosion freigelegt wurden. Um etwas über die Geschichte eines Fossils zu erfahren, müssen sich die Forscher mit der Sedimentschicht befassen, in der es lag.

DAS STUDIUM DES TODES
Die Taphonomie untersucht die Umstände, die zum Tod eines Lebewesens führten und die Vorgänge, die im toten Organismus stattfanden.

DIE REKONSTRUKTION DER VERGANGENHEIT
Paläontologen rekonstruieren urzeitliche Lebensräume, um sich die Lebensweise ihrer Bewohner besser vorstellen zu können. Heutige Landschaften liefern ihnen dafür wichtige Anhaltspunkte. Eigenschaften eines Fossils, Bissspuren oder Mageninhalt bieten weitere Informationen, um zum Beispiel das Modell eines Sumpfs im Karbon wie das auf dieser Seite anzufertigen.

Fossile Lepidodendron-*Stämme verraten uns, dass dieses riesige Bärlappgewächs bis zu 50 m hoch wurde und über die Pflanzenwelt großer Sümpfe hinausragte.*

STAMM EINES
LEPIDODENDRON

FOSSILE
MEGANEURA

Weil Meganeura-Flügel an die von Libellen erinnern, könnte es ein schnell fliegendes Raubinsekt gewesen sein.

Lage von Augen und Nase weisen auf ein Leben im Wasser hin.

11

FOSSILIEN

AUF NATÜRLICHE Weise erhaltene Überreste von Organismen oder die von ihnen stammenden Spuren nennt man Fossilien. Wenn sie lange und ungestört in Sedimenten wie Sand oder Schlamm liegen, versteinern sie.

Ein Tier stirbt und verrottet in einem Flussbett.

Das von Sedimenten bedeckte Skelett ist vor oberirdischen Aasfressern sicher.

Gestein sind zusammengepresste Sedimentschichten.

Diese Panzerplatte stammt von einem Sauropoden.

VERSTEINERTE HAUT EINES SALTASAURUS

TYPEN VON FOSSILIEN
Versteinerte Teile von Pflanzen und Tieren (Muscheln, Knochen oder Blätter) nennt man fossile Reste. Erhaltene Abdrücke, Kot oder Nester bezeichnet man als fossile Spuren.

Im Schlamm entstandene Spuren

Die dreizehigen Abdrücke von Raubdinosauriern

THEROPODEN-ABDRÜCKE

WIE SICH FOSSILIEN BILDEN

Fossilien entstehen, wenn ein Organismus oder dessen Spuren in Sediment eingebettet werden. Mineralien ersetzen nach und nach ihre Bestandteile. Oder der Überrest wird durch säurehaltiges Grundwasser zerstört und Mineralien treten an seine Stelle und bilden seine Formen nach.

FOSSILER INSEKTENFRESSER PHOLIDOCERCUS

Das Skelett kann in der Erde teilweise verrotten.

AUSSERGEWÖHNLICHE FOSSILIEN

Weiche Teile eines Organismus gehen meist vor Beginn der Versteinerung verloren, es sei denn, es erfolgte rasch eine Einbettung in weiche Sedimente.

Weitere Ablagerungen drücken auf das Fossil.

Erosion an der Oberfläche legt Fossilien frei.

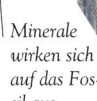

Minerale wirken sich auf das Fossil aus.

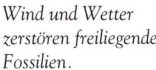

Durch Drift der Kontinentalplatten können Sedimente verschoben werden.

Wind und Wetter zerstören freiliegende Fossilien.

FOSSILISATION

Wenn Mineralien ihre Bestandteile ersetzen, können Fossilien die Farbe verändern. Dieses Ammonitenfossil glänzt, weil es aus Pyrit besteht.

ENTWICKLUNG DES LEBENS

FOSSILIEN erzählen die Geschichte des Lebens, angefangen von den frühesten Einzellern bis hin zu den komplexen mehrzelligen Lebewesen späterer Zeiten. Die ältesten Fossilien sind 3,8 Milliarden Jahre, die jüngsten einige Jahrhunderte alt.

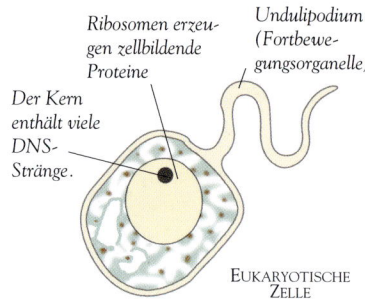

Ribosomen erzeugen zellbildende Proteine

Undulipodium (Fortbewegungsorganelle)

Der Kern enthält viele DNS-Stränge.

EUKARYOTISCHE ZELLE

URSPRUNG DER EUKARYOTEN
Eukaryoten sind komplexere Einzeller, die sich aus dem Zusammenleben einfacher Organismen entwickelten. Ihre ältesten Fossilien sind 2 Milliarden Jahre alt.

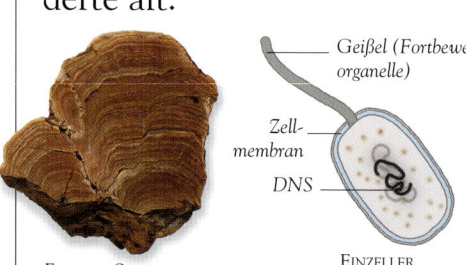

Geißel (Fortbewegungsorganelle)

Zellmembran

DNS

EINZELLER

FOSSILER STROMATOLITH

FOSSILES MAWSONITES

ERSTES LEBEN
Die frühesten Lebensformen waren Prokaryonten. Diese kleinen Einzeller enthielten DNS, eine genetische Informationen speichernde chemische Verbindung. Prokaryonten entwickelten eine Reihe von Stoffwechselprozessen. Große fossile Matten von Prokaryonten bezeichnet man als Stromatolithen. Sie zeigen uns, wie weit verbreitet diese Organismen einst waren.

VENDOBIONTA
Im späten Präkambrium, in dem sich viele komplexere Lebensformen entwickelten, traten mehrzellige Organismen auf. Wir kennen u. a. die fossilen Überreste der Fauna der Vendobionta (in Südaustralien). Zu ihnen zählen die scheiben- und blattförmigen Fossilien der *Mawsonites*.

BURGESS-SCHIEFER

Der Burgess-Schiefer in British Columbia (Kanada) ist eine mehrschichtige Felsformation aus dem Sediment, das sich auf dem Boden eines kambrischen Meeres ablagerte. Es wurde 1909 von Charles Walcott entdeckt, enthält tausende fossiler Reste von Tieren und bietet Einblicke in die „kambrische Explosion".

Es gab bereits Schwämme, doch die Riffe wurden von Algen gebildet.

Der Marrella war ein winziger schwimmender Arthropode.

Das frühe Chordatier Pikaia sah wie ein Wurm mit Schwanzflosse aus.

Der Anomalocaris war ein großer räuberischer Arthropode.

Hallucigenia war vermutlich ein Bodenbewohner, der sich von Futterteilchen ernährte.

Priapuliden waren stark verbreitete, im Boden lebende Würmer.

METAZOISCHE VIELFALT

Der Burgess-Schiefer zeigt, wie stark sich die Metazoen (Mehrzeller) auseinander entwickelten, um sich an unterschiedliche Lebensräume anzupassen. Vom Meer aus eroberten sie Binnengewässer, Land und Luft.

DINOSAURIER   VOGEL   SÄUGETIER   ARTHROPODE

ENTWICKLUNG DER ARTEN

MIT DER ANPASSUNG von Organismen an neue Lebensbedingungen entstehen neue Arten. Ausschlaggebend für Veränderungen ist die Vererbung von Eigenschaften an die Nachkommen. Die Evolution stellt die Grundlage für die Deutung von Fossilien dar.

DIE THEORIE DER EVOLUTION

Charles Darwin stellte als erster die Theorie vor, der zufolge sich Lebewesen an ihre Umwelt anpassen. Darwin nahm an, dass nur die erfolgreichen Individuen überleben und Nachkommen haben.

Zunächst reichte der Panzer vorne bei allen Galapagos-Schildkröten weit herunter.

Auf feuchten Inseln finden die Tiere ihre Nahrung am Boden.

ERLEBTE EVOLUTION

Riesenschildkröten auf den Galapagos-Inseln, die am Boden wachsende Pflanzen fressen, besitzen Panzer mit einer niedrigen vorderen Öffnung. Auf trockenen Inseln lebende Schildkröten dagegen haben eine hochgezogene vordere Panzeröffnung, da in ihrem Lebensraum am Boden kaum etwas wächst und sie die Blätter von Zweigen fressen müssen. Individuen mit hohen Panzeröffnungen konnten auf trockenen Inseln besser überleben.

ANGELN AN BORD DER BEAGLE

DIE REISE DER BEAGLE Charles Darwin entwickelte seine Theorie der Evolution durch natürliche Auslese nach seiner Reise als Naturkundler auf der *HMS Beagle* in den 1830er Jahren.

Auf trockener Insel lebendes Tier mit hoher Panzeröffnung.

Auf trockenen Inseln müssen die Tiere Zweige fressen.

DIE ENTWICKLUNG DER THEORIE

Evolution verläuft nicht so klar und einfach, wie man früher
dachte und Organismen entwickeln sich nicht in Stufen.
Wenn sich neue Arten aus alten entwickeln, verzweigen sie
sich zu großer Vielfalt. Evolution führt auch nicht immer zur
Vielschichtigkeit (Diversifikation) . Manche Arten wurden
im Lauf der Zeit weniger komplex.

*Knochenhechte sind ein Beispiel für
sprunghafte Evolution: Zum
letzten Mal veränderten
sie sich vor 60 Mio.
Jahren.*

SPRUNGHAFTE EVOLUTION

Die alte Annahme, Evolution sei
ein langsamer und stetiger Prozess,
wurde durch fossile Funde widerlegt.
Viele Arten scheinen sich über lange Zeiträume hinweg nicht zu verändern und machen dann
einen großen Sprung durch. Diese Entwicklung
bezeichnet man auch als „punctuated equilibrium". Bei
gleich bleibenden Bedingungen verändern sich die
Arten nicht, doch auf Wechsel folgt rasche Anpassung.

*Menschen
und Schim-
pansen traten
im Pliozän
auf.*

*Schimpansen und Menschen
besitzen einen verbreiterten
Gaumenkanal.*

*Alle großen Affen haben einen
verbreiterten Daumen und
andere abgeleitete Eigenschaften.*

MENSCH

SCHIMPANSE

ORANG-UTAN

Verbreiterter
Gaumenkanal

*Durch den
Gaumen ver-
laufender Kanal.*

Gegenüber-
stellbarer
Daumen

*Der gegenüberstellbare
Daumen verschafft Vorteile.*

ABGELEITETE EIGENSCHAFTEN

Wissenschaftler decken evolu-
tionäre Beziehungen auf, indem
sie nach gemeinsamen Merk-
malen suchen, den so genannten „abgeleiteten Eigenschaften". Wenn eine Gruppe von
Arten einzigartige abgeleitete
Eigenschaften aufweist, haben
alle Arten dieser Gruppe einen
gemeinsamen Vorfahren. Diese
Gruppen nennt man Schwes-
tergruppen oder Klades.

KLASSIFIZIERUNG

UM LEBEWESEN UND ihre Evolution begreifen zu können, muss man sie Gruppen zuordnen, deren Mitglieder ähnliche Merkmale besitzen. Tiere werden in Gruppen abnehmender Verschiedenheit eingeteilt. Die Grafik rechts zeichnet die Entwicklung der wichtigsten Wirbeltiergruppen nach, angefangen von den primitiven kieferlosen Fischen bis hin zu den Säugetieren. Die Zuordnung beruht auf gemeinsamenMerkmalen und Vorfahren.

LINNESCHE KLASSIFIKATION

Carl von Linné (Carolus Linnaeus) ordnete alle Lebewesen in ein großes Klassifikationssystem ein. Die Art, die kleinste und spezifischste Gruppe, gehört einer größeren allgemeineren Gruppe an, u. s. w. Viele Paläontologen ziehen es vor, die Beziehungen zwischen Arten anhand des kladistischen Systems zu beschreiben, doch Linnés System bleibt weiterhin weltweit maßgebend. Hier die Klassifikation von *Tyrannosaurus rex* nach Linné:

REICH : Animalia
STAMM : Chordata
KLASSE : Reptilia
ORDNUNG : Saurischia
FAMILIE : Tyrannosauridae
GATTUNG : Tyrannosaurus
ART : Tyrannosaurus rex

DAS KLADISTISCHE SYSTEM

Das Kladogramm stellt die Beziehungen zwischen verschiedenen Arten dar. Je mehr abgeleitete Eigenschaften zwei Arten gemeinsam haben, desto geringer ihr Abstand im gezeichneten Kladogramm. Klades verzweigen sich, wenn sich neue abgeleitete Eigenschaften zeigen.

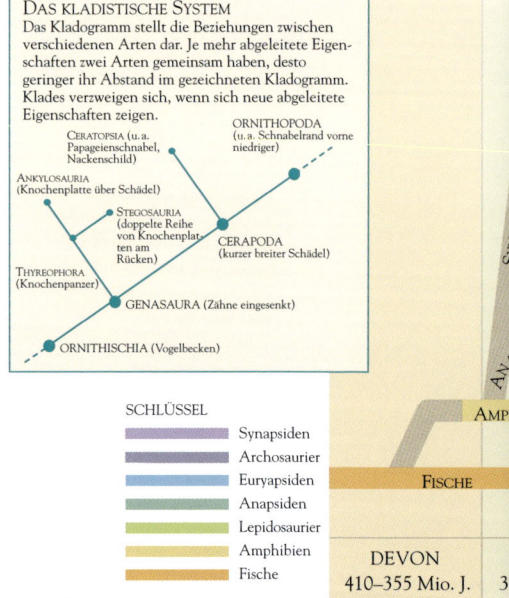

CERATOPSIA (u. a. Papageienschnabel, Nackenschild)

ORNITHOPODA (u. a. Schnabelrand vorne niedriger)

ANKYLOSAURIA (Knochenplatte über Schädel)

STEGOSAURIA (doppelte Reihe von Knochenplatten am Rücken)

CERAPODA (kurzer breiter Schädel)

THYREOPHORA (Knochenpanzer)

GENASAURA (Zähne eingesenkt)

ORNITHISCHIA (Vogelbecken)

SCHLÜSSEL

	Synapsiden
	Archosaurier
	Euryapsiden
	Anapsiden
	Lepidosaurier
	Amphibien
	Fische

AMPHI

SYNA

ANA

FISCHE

DEVON
410–355 Mio. J.

3

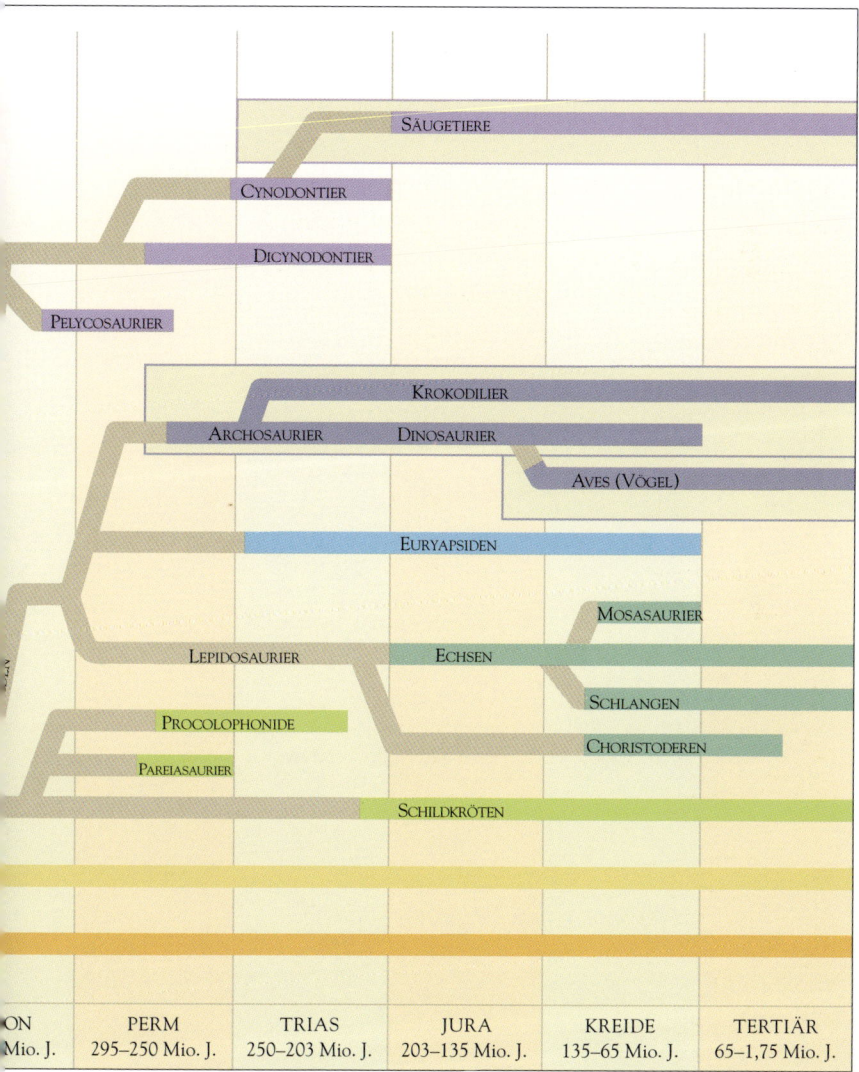

SÄUGETIERE

CYNODONTIER

DICYNODONTIER

PELYCOSAURIER

KROKODILIER

ARCHOSAURIER   DINOSAURIER

AVES (VÖGEL)

EURYAPSIDEN

MOSASAURIER

LEPIDOSAURIER   ECHSEN

SCHLANGEN

PROCOLOPHONIDE

CHORISTODEREN

PAREIASAURIER

SCHILDKRÖTEN

...ON	PERM	TRIAS	JURA	KREIDE	TERTIÄR
Mio. J.	295–250 Mio. J.	250–203 Mio. J.	203–135 Mio. J.	135–65 Mio. J.	65–1,75 Mio. J.

GEOLOGISCHE ZEITTAFEL

GEOLOGEN teilen die Erdgeschichte in lange Zeiträume ein, die Äonen. Äonen wiederum werden in Zeitalter unterteilt, diese in Systeme oder Perioden und diese wiederum in Epochen. Das älteste bisher ausgegrabene Gestein entstand vor 4 Milliarden Jahren im Archaikum. Die ältesten Fossilien stammen ungefähr aus dieser Zeit.

GESTEIN	UMWELT	PERIODE
Schiefer, komprimierter Schlamm	Gezeitenebene	Trias
Kalkstein	Meere	Perm
Sandstein	Wüste	
Schiefer	Grasland	
Mischschichten-Schiefer, Sandstein, Kalkstein	Schwemmebene	Perm und Oberkarbon
Kalkstein	Meere	Unterkarbon
Kalkstein	Meere	Devon
Kalkstein		Kambrium
Schiefer	Meere	
Sandstein	Meere	
Komplexe Mischschichten	Meere und Vulkane	Präkambrium

ALTES GESTEIN
Dort, wo Gesteinsschichten unberührt blieben, kann ein Querschnitt die während der einzelnen Systeme gebildeten Gesteinsarten zu Tage fördern. Von diesen kann man darauf schließen, wie die Umwelt in einem gegebenen System beschaffen war und wie alt die eingelagerten Fossilien sind. Links ein Querschnitt durch Gestein des Grand Canyon.

KÄNOZOIKUM	
	1,75 Mio. J. – heute
	23,5–1,75 Mio.

MESOZOIKUM	
	135–65 Mio. J.
	203–135 Mio. J
	250–203 Mio. J

PALÄOZOIKUM	
	295–250 Mio. J
	355–295 Mio. J
	410–355 Mio. J
	435–410 Mio. J
	500–435 Mio. J
	540–500 Mio. J
	4600–540 Mio.

4600 Mio. J.   4000 Mio. J.   3000 Mio. J.

QUARTÄR	0,01 Mio. J. - heute – Holozän		Die Eiszeiten des Quartär führten zur Entwicklung zahlreicher an kaltes Klima angepasster Säugetierarten wie Mammuts und Wollnashörner. Auch der moderne Mensch entwickelte sich in dieser Zeit.
	1,75-0,01 Mio. J. – Pleistozän		
		MACRAUCHENIA	
TERTIÄR	5,3-1,75 Mio. J. Pliozän		Es entstand viel Grasland, Lebensraum von Pflanzen fressenden Säugetieren und räuberischen Riesenvögeln. Die ersten Menschenvorfahren traten auf und nach dem Massenaussterben am Ende des Karbon auch große Säugetiere und flugunfähige Vögel.
	33,7-5,3 Mio. J. Oligozän, Miozän		
	65-33,7 Mio. J. Paläozän, Eozän		
			TITANIS

KREIDE	Auf dem Land entwickelten sich Blütenpflanzen, Entenschnabel-Dinosaurier, ALPHADON große räuberische Dinosaurier, Ankylosaurier und Ceratopsier.
JURA	Auf dem Land herrschten große Sauropoden und räuberische Dinosaurier. Auftreten der Pterosaurier. Säugetiere blieben klein. BAROSAURUS
TRIAS	Erste Dinosaurier. Höhere Synapsiden starben HERRERASAURUS aus, nachdem sich aus ihnen die Säugetiere entwickelten.
PERM	Synapsiden wurden zu den wichtigsten Landtieren. Das System endete mit dem größten Massenaussterben aller Zeiten. DIMETRODON
KARBON	Tropische Wälder entstanden. Die ersten Tiere mit vier Gliedmaßen GRAEOPHONUS und später die ersten Reptilien lebten an Land.
DEVON	Ammonoideen und Knochenfische bildeten neue Arten. An Land traten Bäume und Insekten auf. EASTMANOSTEUS
SILUR	Im Silur verbreiteten sich Wirbellose erfolgreich. Die ersten Fische mit Kiefern traten auf. Die ersten Landtiere waren primitive Lykopoden und Myriapoden. SAGENOCRINITES
ORDOVIZIUM	In den Meeren lebten primitive Fische, Trilobiten, Korallen und Muscheln. Pflanzen besiedelten das Land. Es folgte ein Massensterben. ESTONIOCERAS
KAMBRIUM	Während der „kambrischen Explosion" entwickelten sich die XYSTRIDURA ersten Tiere mit Skeletten, wie Trilobiten und kieferlose Fische.
PRÄKAMBRIUM	Im Meer entstand erstes einzelliges und mehrzelliges Leben: erst Bakterien und Algen, später mehrzellige Weichtiere. CHARNIODISCUS

| 2000 Mio. J. | 1000 Mio. J. | 500 Mio. J. | 250 Mio. J. | 0 |

PRÄKAMBRIUM

DER PLANET ERDE IST ungefähr 4600 Mio. Jahre alt. Den Zeitraum von seinem Entstehen bis vor 542 Mio. Jahre bezeichnen wir als Präkambrium. Zuerst war unsere Erde ein Ball aus glühendem Gestein. Als sie abkühlte, entstand aus Gasen und Wasserdampf die Atmosphäre. Vor 3000 Mio. Jahren bestand der Großteil der Erdoberfläche aus Vulkangestein. Dann bildeten sich die tektonischen Platten. Erste Fossilien findet man in 3800 Mio. Jahren altem Gestein.

VENDOBIONTA

Abdruck einer frühen Qualle oder aber Spur eines Wurms.

Die Tiere, die die Fossilien des präkambrischen Gesteins der Vendobionta hinterließen, könnten mit die ältesten der Welt sein.

4600 Mio. J.   4000 Mio. J.   3000 Mio. J.

LANDMASSEN IM PRÄKAMBRIUM

Landmassen bildeten sich erstmals vor 3000 Mio. Jahren. Vor etwa 900 Mio. Jahren entstand der Superkontinent Rodinia, dessen Abdriften nach Süden die Varanger-Eiszeit auslöste. Später teilte sich Rodinia in zwei Hälften, die sich gegen Ende des Präkambriums wieder vereinten.

PRÄKAMBRISCHES LEBEN
Die ersten lebenden Zellen waren vermutlich winzige Organismen, die in heißen Quellen lebten. Vor etwa 3500 Mio. J. bildeten sich Algen.

STROMATOLITHEN
Diese Strukturen aus Kieselerde oder Kalkstein wurden von Algenkolonien gebildet.

ERSTE TIERE
Gegen Ende des Präkambrium traten erste echte Tiere und Pflanzen auf. *Spriggina* (oben) war ein längliches Tier mit V-förmigen Segmenten.

Charniodiscus ähnelte der heutigen Seefeder.

LEBEN VON PLANKTON
Das federförmige Fossil von *Charniodiscus* könnte ein Tier nachbilden, das gegen Ende des Präkambriums am Meeresboden lebte.

| 2000 Mio. J. | 1000 Mio. J. | 500 Mio. J. | 250 Mio. J. | 0 |

KAMBRIUM

TIERE IM WASSER

DURCHBRUCH DES LEBENS
Die meisten heute noch vor-
kommenden Gruppen von
Tieren entwickelten sich in
den Meeren des Kambrium.
Weichkörperige Tiere wur-
den größtenteils durch
Arten mit harten Körper-
teilen ersetzt, wie man sie
im kanadischen Burgess-
Schiefer fand.

METALDETES
Neben diesen Muscheln gab es auch
weitere Weichtiere mit gewunde-
nen Häusern sowie in Röhren
lebende Würmer.

Metaldetes ähnelte vermutlich einem heutigen Schwamm.

METALDETES
TAYLORI

XYSTRIDURA
Trilobiten waren eine
äußerst erfolgreiche und
vielgestaltige Gruppe
und stellen ein Drittel
der bekannten Fossi-
lien aus dem Kam-
brium. Typen wie
Xystridura besa-
ßen viele Beine
und Komplex-
augen.

Große Augen

*An jedem Segment
war ein Laufbein und
eine beinartige Kieme.*

XYSTRIDURA

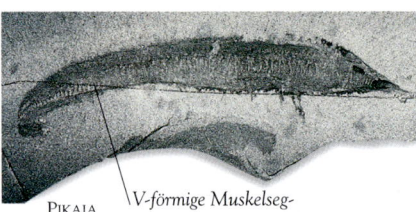

PIKAIA
*V-förmige Muskelseg-
mente rings um Chorda.*

PIKAIA
Die Chordatiere, zu
denen die Wirbeltiere gehören, traten im Mittelkambrium auf.
Pikaia, ein aalähnliches schwimmen-
des Tier, war 5 cm lang und eines der
ersten, dessen Körper von der biegsamen, aber festen Chorda gestützt
wurde. Bei späteren Arten entwickelte
sich aus der Chorda die Wirbelsäule.

540–500 Mio. J.

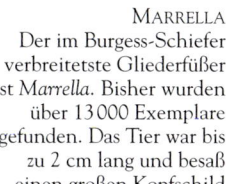

WIWAXIA
Die möglicherweise mit
den Mollusken ver-
wandte *Wiwaxia* war
3 cm lang, kuppelförmig und
mit Schuppen und langen
Stacheln bedeckt.

Gewellte
Schuppen

*Der Kopfschild trug
große, nach hinten
weisende Fühler.*

Wiwaxia
fraß ver-
mutlich
Algen.

MARRELLA
Der im Burgess-Schiefer
verbreitetste Gliederfüßer
ist *Marrella*. Bisher wurden
über 13 000 Exemplare
gefunden. Das Tier war bis
zu 2 cm lang und besaß
einen großen Kopfschild
und zwei Paar lange
Fühler.

*Die Kerben
könnten
Ansatzpunkte
von Muskeln
gewesen sein.*

*Die konkave Innenflä-
che weist auf ein älte-
res Individuum hin.*

MOBERGELLA
Unter den Fossilien früher Schalentiere des Kambrium gibt es Tiere wie
Mobergella aus Skandinavien. Es könnte sein,
dass es sich nicht um für sich allein lebende Tiere handelte, sondern um schuppenartige Gebilde, die den
Körper größerer Arten bedeckten. Die Halkieriiden,
eine andere kambrische Gruppe, waren länglich mit
schuppigem Körper. Möglicherweise war *Mobergella*
von Halkieriiden bedeckt.

BILD DER ERDE

Im Kambrium bildete der Großteil
der Landmassen den Superkontinent Gondwana. Er war von dem
großen Iapetus-Ozean umgeben.
Kleinere Landmassen, die heute
Europa, Nordamerika und Sibirien
bilden, lagen in tropischen und
gemäßigten Zonen.

ORDOVIZIUM

TIERE IM WASSER

PLANKTON FILTERN
In einem weiteren evolutionären Schub entstanden tausende von Tierarten. Viele von ihnen filterten Plankton aus dem Wasser, darunter zweischalige Muscheln sowie Korallen. Diese bildeten Riffe, in denen Mollusken und andere Tiere lebten. Wirbeltiere mit Kiefer könnten aufgetreten sein.

ESTONIOCERAS
Dieser Mollusk aus der Gruppe der Nautiloideen jagte in tiefen Wasserschichten. *Estonioceras* war 10 cm breit, doch manche seiner Verwandten hatten Schalen mit 5 m Durchmesser.

ESTONIOCERAS PERFORATUM

Gerades Gehäuseende

Schale wurde durch innere Haken verschlossen.

STROPHOMENA
Strophomena, ein kleiner Brachiopode (Armfüßer mit zwei Schalen) lebte auf Schlamm oder Sand.

PFLANZEN IM WASSER

ALGEN UND DAS LEBEN AN LAND
Die erstmals im Präkambrium aufgetretenen Blaualgen waren auch im Ordovizium sehr verbreitet. Echte Algen einschließlich kugeliger, schwammartiger Typen lebten mit Riffe bildenden Korallen und ähnlichen Arten zusammen, während Grünalgen, die Vorfahren der Landpflanzen, ins Süßwasser vordrangen. Gegen Ende des Ordoviziums begannen Pflanzen, die Moosen ähnelten, das Land zu besiedeln.

MASTOPORA
Diese Riffe bildende Grünalge wuchs zu runden Gebilden mit typischem Wabenmuster. Die im Durchmesser ca. 8 cm breiten Fossilien findet man weltweit. Von *Mastopora* ausgeschiedener Kalk bedeckte ihre Oberfläche und schützte sie.

Honigwabenmuster der Oberfläche

MASTOPORA FAVUS

Ca. 8 cm lange Kolonie

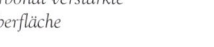

Gezackte Zähne zerschnitten Beute.

CONODONTEN

Conodonten waren aalförmige Verwandte der Wirbeltiere. Sie hatten große Augen und jagten kleine Tiere. *Promissum* war mit 40 cm Länge der größte bekannte Conodont.

ORTHOGRAPTUS

Graptolithen bildeten Kolonien von Theken (kelchartigen Gebilden), die von je einem Weichtier (Zoid) bewohnt wurden.

Durch Kalziumkarbonat verstärkte Oberfläche

Alge mit 5 cm Durchmesser

ACANTHOCHONIA

Die Oberfläche von *Acanthochonia* bestand aus einer Vielzahl rautenförmiger Zellen. Sie alle waren aus einem zentralen Stängel hervorgegangen, der die Alge an Felsen oder Riffen verankerte.

BILD DER ERDE

Der Superkontinent Gondwana blieb von den kleineren Landmassen getrennt, obwohl der Iapetus-Ozean begonnen hatte, sich zu schließen. Im Ordovizium kühlte die gesamte Erde ab, bis dicke Eiskappen den größten Teil der Südhalbkugel bedeckten.

SILUR

TIERE IM WASSER

NEUES LEBEN

Das Ordovizium endete mit einem großen Massenaussterben. Die überlebenden Gruppen, darunter Brachiopoden, Mollusken und Trilobiten erholten sich jedoch in den warmen seichten Meeren des Silur rasch und bildeten neue Arten. Neue Wirbellose wie z. B. primitive Seeigel traten auf. Kieferlose Fische gediehen weiterhin, während Fische mit Kiefer diversifizierten. Aus im Wasser lebenden Vorfahren entwickelten sich die ersten an Land lebenden Gliederfüßer.

Kleiner, nur ca. 6 cm langer Körper

BIRKENIA ELEGANS

BIRKENIA

Der kleine spindelförmige *Birkenia* lebte in europäischen Flüssen und Seen. Ebenso wie andere Kieferlose hatte er keine paarigen Flossen. Vermutlich wühlte er im Schlamm nach Futterpartikeln.

PFLANZEN AN LAND

DIE PIONIERE

Das Silur markiert das Erscheinen der ersten echten Landpflanzen: Moose und Lebermoose siedelten sich entlang von Teichen und Bächen an. Spätere Pflanzen des Silur hatten holzige Stämme mit inneren Röhren, die in alle Teile Wasser leiteten (Gefäßpflanzen). Dank dieser Gefäße überlebten die Pflanzen in größerem Abstand zum Wasser.

COOKSONIA
HEMISPHAERICA

COOKSONIA

Die v. a. vom Silurgestein Südirlands bekannte *Cooksonia* war die erste aufrecht stehende Gefäßpflanze. Sie besaß weder Wurzeln noch Blätter und bestand aus verzweigten zylindrischen Stängeln.

Y-förmig verzweigte Stängel

PARKA

Grünalgen sind einfache Pflanzen, die im oder am Wasser wachsen. *Parka* trat in Silur und Devon auf.

Jeder Arm konnte einzeln bewegt werden.

Vermutlich dienten die Beine der Fortbewegung und dem Beutefang.

SAGENOCRINITES

Crinoidea oder Seelilien waren in den Meeren des Silur stark verbreitet. Viele Arten überlebten im tiefen Wasser. Mit ihren Tentakeln filterten sie Plankton. *Sagenocrinites* war eine kleinere Seelilienart.

Am Meeresboden verankerter Stängel

PARACARCINOSOMA

Meeresskorpione waren Gliederfüßer des Silur und Verwandte der Spinne. Sie hatten lange Schwänze und große Scheren. *Paracarcinosoma* war 5 cm lang.

Mit Blättchen bedeckter Stamm.

BARAGWANATHIA

Die dem Kolbenbärlapp ähnliche *Baragwanathia* war eine komplexere Pflanze des Silur. Ihre Zweige waren mit Blättchen bedeckt.

Auf der Oberfläche wuchsen klar erkennbare Sporenkapseln.

PARKA
DECIPIENS

BARAGWANATHIA
LONGIFOLIA

BILD DER ERDE

Im Silur war Gondwana von kleineren Landmassen umgeben. Sie drifteten nach Norden und führten in Nordamerika und Europa zur Entstehung von Gebirgen. Als das Eis schmolz, stieg der Wasserspiegel und das Klima wurde wärmer und weniger wechselhaft.

DEVON

TIERE AN LAND

WIRBELTIERE AN LAND
In dieser Periode entwickelten sich Wirbeltiere mit vier Gliedmaßen und Fingern bzw. Zehen und breiteten sich aus. An Land lebende Gliederfüßer diversifizierten und primitive Insekten traten auf.

Scharfe Zähne

ACANTHOSTEGA
Eines der ersten Wirbeltiere mit vier Gliedern war der grönlandische *Acanthostega*. Wie die mit ihm verwandten Quastenflosser war er ein Raubfisch, der in Teichen lebte.

TIERE IM WASSER

DIE VIELFALT DES DEVON
Es gab viele Arten von Fischen mit und ohne Kiefer. Quastenflosser, eine Gruppe von Knochenfischen, waren vielfältig und Strahlenflosser verbreiteten sich. Ammonoideen und Schwertschwänze traten auf.

Spitze Flossen

Mittige Knochenreihe

DIPTERUS
Lungenfische wie *Dipterus* gehörten zu den verbreitetsten Gruppen des Devon. Fünf Arten leben noch heute. *Dipterus* schwamm in europäischen Gewässern und besaß wie alle Lungenfische kräftige Zähne.

PFLANZEN AN LAND

BLÄTTER UND WURZELN
Das Devon erlebte den bis dahin bedeutendsten Entwicklungsschritt der Pflanzen. Bei mehreren Gruppen traten Wurzeln und Blätter auf. Stängel wurden nicht nur länger, sondern auch dicker. An die Stelle der frühen schilfartigen Pioniere traten riesige Bäume sowie Arten mit komplex aufgebauten Blättern.

ARCHAEOPTERIS
Diese weit verbreitete Pflanze des Oberdevon zeigte als erste das Aussehen heutiger Bäume. Sie hatte ein ausladendes Wurzelsystem und Äste.

Farnwedelartige Blätter

ARCHAEOPTERIS

410–355 Mio. J.

Sieben Zehen
an jedem Fuß

Mit den Glie-
dern lief es an
Land.

ICHTHYOSTEGA-FOSSIL
Ichthyostega war ein frühes vierfüßiges,
räuberisches Wirbeltier. Da die Beine
mehrfach gegliedert waren, könnte es ein
Verwandter der Vorfahren späterer vierfüßi-
ger Wirbeltiere sein.

Große Augen für
gute Sicht

EASTMANOSTEUS
Placodermen (Panzerfische)
besaßen Kiefer. Manche
lebten räuberisch, waren
Bewohner des Meeres-
bodens oder ähnel-
ten Rochen. Sie
waren die größeren
Wirbeltiere ihrer Periode.

PHACOPS
Jedes Seg-
ment des Kör-
pers dieses kleinen
Trilobiten war mit zwei Beinen
verbunden. Sieben der acht
Trilobitengruppen starben
am Ende des Devon aus.

PHACOPS

Gruppen Spo-
ren tragender
Stängel

ZOSTEROPHYLLUM
Diese primitive Landpflanze besaß
weder Wurzeln noch Blätter. Ihre
aufrechten, verzweigten Stängel
wuchsen nicht aus Wurzeln, sondern aus einem Wurzelstock.

ZOSTEROPHYLLUM
LLANOVERANUM

BILD DER ERDE

Im Devon herrschte warmes, mil-
des Klima. Der Superkontinent
Gondwana lag über dem Südpol,
die Landmassen des heutigen
Europas und Nordamerikas befanden sich in Äquatornähe. Seichte
Meere bedeckten viel Land.

31

KARBON

TIERE AN LAND

URSPRUNG DER AMNIOTEN
Amnioten (Wirbeltiere, deren
Embryos in einem wasserdich-
ten Ei heranwachsen) entwickelten sich im Karbon. Fliegende Insekten, Reptilien und
die säugetierähnlichen Synapsiden traten auf, primitivere Wir-
beltierarten diversifizierten.

WESTLOTHIANA
Primitive vierbeinige Wirbeltiere sind durch Fossilien aus
Nordamerika und Europa
bekannt. *Westlothiana* wurde
in Schottland in einem
von heißen Quellen
gespeisten See entdeckt.

*Scharfe
Zähne wie
bei Insek-
tenfressern*

WESTLOTHIANA
LIZZIAE

TIERE IM WASSER

WASSERSCHICHTEN
Haie und Knochenfische
beherrschten die Meere des
Karbon, aber auch Strahlenflosser bildeten neue Arten
aus. Crinoidea, Brachiopoden,
Echinodermata und schwim-
mende Weichtiere waren die
Bewohner der Korallenriffe
des Karbon.

SYMMORIUM
Verglichen mit modernen Formen bieten viele
Haiarten des Karbon wie z. B. *Stethacanthus*
und *Symmorium* ein bizarres Bild. Einige
trugen Stachel-
kämme und
Dornen.

Spitze Zähne

PFLANZEN AN LAND

**WÄLDER UND
SCHWEMMEBENEN**
Im Karbon gediehen in Moo-
ren und Flussdeltas üppige tro-
pische Wälder. Bärlapp und
Schachtelhalm waren hier
sehr verbreitet und erreichten
mitunter beträchtliche Größe.
Nacktsamer, zu denen anch
Nadelbäme und Cykadeen
zählen, diversifizierten. Gegen
Ende des Karbon wurde das
Klima trockener und die
Feuchtgebiete schrumpften.

EQUISETITES
Equisetites ist ein
ausgestorbenes
Schachtelhalmge-
wächs, das der heute
weltweit verbreiteten
Gruppe *Equisetum* ange-
hörte. Aus unterirdi-
schen Wurzelknollen
wuchs es bis zu 50 cm
hoch. Die Blätter waren
kreisförmig um den Stän-
gel angeordnet. *Equisetites* beherrschte die Flora
der Fluss- und Seeufer.

*Fossile Knollen und
Wurzeln von* Equisetites

GRAEOPHONUS

Arachniden, die Gruppe von Gliederfüßern, der Spinnen, Skorpione und ihre Verwandten angehören, sind in Gestein aus dem Karbon gut vertreten. Viele neue Arten erschienen erstmals in dieser Zeit. *Graeophonus* war ein frühes Mitglied der Gruppe der bis heute verbreiteten Geißelskorpione. Sie besitzen sechs Beine und ein Paar Zangen für den Beutefang.

Zwei Augen auf Auswüchsen

GONIATITES

Diese schwimmenden Kopffüßer mit spiraligem Gehäuse gehörten einer Gruppe von Ammonoideen an, die im gesamten Paläozoikum vorherrschte. Wie alle Ammonoideen konnte auch *Goniatites* dank gasgefüllter Gehäusekammern schwimmen. Das Tier hatte komplexe Augen und einen Schnabel und lebte in Schwärmen über Riffen.

Wachstums-linien auf der Schale

Gabel-schwanz für schnelles Schwimmen

CORDAITES

Diese nadelbaumähnliche Pflanze wuchs in den Sümpfen des Karbon und starb im Perm aus. Sie hatte lange ledrige Blätter. Bei manchen Arten erreichte der gerade Hauptstamm bis zu 30 m, doch es gab auch strauchförmige Arten. Die Samen saßen in locker aufgebauten Zapfen.

Schmale Blätter

BILD DER ERDE

Das Karbon wird auch „Zeitalter der Kohle" genannt, weil die verrotteten Pflanzen der riesigen Wälder zu Kohle wurden. Die bedeutendsten Landmassen waren die beiden großen Kontinente Gondwana und Laurasias.

PERM

TIERE AN LAND

SYNAPSIDEN
Die bedeutendsten an Land lebenden Wirbeltiere des Perm waren primitive Synapsiden. Die meisten von ihnen waren kleine Fleischfresser mit scharfen Zähnen.

Gaumen mit Zähnen

EDAPHOSAURUS
Dieser Synapside hatte ein hohes Segel auf dem Rücken. Er fraß Farne und andere Pflanzen des Perm.

EDAPHOSAURUS

TIERE IM WASSER

MEERE VOLLER LEBEN
Gewaltige Riffe waren der Lebensraum vieler Tiere, darunter Schalentiere (Brachiopoden) und neue Fischgruppen. Das Perm endete mit dem größten Massenaussterben aller Zeiten.

DERBYIA
Brachiopoden sind Schalentiere, die ihre Nahrung aus dem Wasser filtern und deren Larven schwimmen. *Derbyia* war eine große Art des Karbon und Perm.

PFLANZEN AN LAND

NACKTE SAMEN
Die Pflanzengemeinschaften des Perm ähnelten den heutigen. Die erstmals im Karbon aufgetretenen Bärlapp- und Schachtelhalmgewächse wurden weitgehend von Nadelbäumen, Cykadeen und Ginkos ersetzt – Angehörige der Gruppe der Nacktsamer, deren Samen nicht in einer Frucht eingeschlossen sind.

Schwertförmige Blätter

GLOSSOPTERIS

GLOSSOPTERIS
Eine der wichtigsten nacktsamigen Pflanzen des Perm war *Glossopteris*. Der bis zu 8 m hohe Baum und seine nahen Verwandten beherrschten den südlichen Teil des Superkontinents Pangäa.

Augenhöhle

295–250 Mio. J.

SCHÄDEL VON DIMETRODON LOOMISI

DIMETRODON
Dimetrodon war ein räuberisch lebender Synapside mit einem bis zu 3 m hohen Rückenkamm und ein schneller Läufer. Aus Tieren wie *Dimetrodon* entwickelte sich eine vollkommen neue Gruppe von Synapsiden, die Therapsiden.

PALAEONISCUS
Strahlenflosser bildeten im Perm viele neue Arten und eine neue Gruppe erschien, die Neopterygier. *Palaeoniscus* war ein primitiver Strahlenflosser.

PALAEONISCUS MAGNUS

Stromlinienförmiger Körper für schnelles Schwimmen

Überlappende Schuppen

MARIOPTERIS
Das in Sümpfen des Unterperms gefundene Farn *Mariopteris* wurde bis zu 5 m hoch. Einige Arten ähnelten Bäumen, andere waren vielleicht Kletterpflanzen.

Kleine spitze Blätter

MARIOPTERIS MARICATA

BILD DER ERDE

Die beiden größten Landmassen des Unterperm – Laurasia im Norden und Gondwana im Süden – kollidierten gegen Ende des Perm und bildeten den Superkontinent Pangäa. Das Klima wurde heißer und trockener und im Süden kühler als im Norden.

MASSENSTERBEN IM PERM

AM ENDE DES PERM kam es zum größten Massenaussterben aller Zeiten, das vermutlich nur fünf Prozent der Arten überlebten. Trilobiten, Seeskorpione, bedeutende Korallengruppen, Synapsiden und viele Reptiliengruppen verschwanden.

FEURIGER TOD
Ein Grund für die Katastrophe könnte eine Zunahme an Vulkantätigkeit gewesen sein. Aschewolken verdunkelten den Himmel.

KLIMAKRISE
Klimawechsel charakterisieren das Ende des Perm. Gestein aus dieser Zeit verrät, dass manche Gegenden stark abkühlten. Über den Polen bildeten sich Eiskappen, sodass der Meeresspiegel absank.

Verzweigte Kolonien von Bryozoen (Moostierchen)

Rugose Korallen starben vollständig aus.

Brachiopoden lebten oben auf den Riffen.

WACHSTUM DER WÜSTEN
Nachdem sich Pangäa gebildet hatte, wurde das Klima in Teilen der Welt trockener. Wüsten dehnten sich aus und manche Tierarten verschwanden.

TOD EINES RIFFS

Die linke Seite der Abbildung zeigt ein lebendes Korallenriff des Perm, die rechte ein sterbendes Riff. Die von Korallen und Schwämmen aufgebauten Riffe des Perm waren der Lebensraum tausender Tier- und Pflanzenarten. Das Absinken des Meeresspiegels und die Verminderung der seichten Meere, Folgen der Bildung Pangäas, führten zu einer drastischen Abnahme der Arten- vielfalt der Meere.

Der Schwamm Heliospongia *war einer der größten in den Riffen des Perm lebenden Organismen.*

Viele Tiere starben an Sauerstoff- mangel.

Schnecken weideten die Algen ab.

TRIAS

TIERE AN LAND

ZEITALTER DER REPTILIEN
Synapsiden begannen auszusterben, Archosaurier breiteten sich aus. Neben den ersten Krokodilen entwickelten sich in der Oberen Trias Pterosaurier, Schildkröten, Frösche, Säugetere – und Dinosaurier.

CYNOGNATHUS
Dieses Raubtier der Trias zählt zu den Cynodontiern, einer Gruppe höher entwickelter Synapsiden. Möglicherweise war es warmblütig und behaart.

TIERE IM WASSER

WECHSEL IM MEER
Neue Gruppen von Korallen und Mollusken sowie die ersten modernen Rochen und Haie traten auf. Ichthyosaurier ähnelten unseren Delfinen.

Rautenförmige Schuppen

DICELLOPYGE
Primitive Strahlenflosser wie *Dicellopyge* waren im Trias wichtige Raubfische. Dieser kleine Süßwasserfisch aus dem südlichen Afrika war ein schneller Schwimmer mit kegelförmigen Zähnen.

PFLANZEN AN LAND

NADELBAUMWÄLDER
Die Landschaft der Trias wurde von immergrünen Pflanzen beherrscht (Nadelbäume und andere Nacktsamer). Von den neueren Pflanzenarten setzten sich Cykadeen immer stärker durch. Auch Ginkgos waren erfolgreich: In der Trias gediehen mindestens sieben Gattungen, darunter der heutige *Ginkgo*.

Blattfossil in Schlammstein

BLATT VON GINKGO BILOBA

GINKGO
Dieser aus der Trias stammende Baum überlebte praktisch unverändert bis auf den heutigen Tag. Der aus China stammende *Ginkgo* wird in Parks in aller Welt gepflanzt, weil er in stark verschmutzter Luft gut wächst.

250–203 Mio. J.

Vergrößerte lange Eckzähne

Breiter, starker Kiefer

MEGAZOSTRODON

Megazostrodon, eines der ersten Säugetiere, wurde nur ca. 12 cm lang und lebte in Afrika. Vermutlich war es wie andere frühe Säugetiere nachtaktiv und ähnelte hinsichtlich Lebensweise und Aussehen der heutigen Spitzmaus.

Die Glieder dienten im Wasser als Ruder.

Schwere Rippen

Kleine, zarte Knochen

NEUSTICOSAURUS

Sauropterygia oder Flossenechsen entwickelten sich in der Trias. *Neusticosaurus* war eine amphibische Flossenechse, die in seichten Meeren ihre Beute jagte.

PACHYPTERIS
Farnsamer wie *Pachypteris* waren keine Farne, sondern primitive Pflanzen sumpfiger Gebiete, die sich durch Samen vermehrten und farnartige Wedel hatten. *Pachypteris* wuchs in tropischen Wäldern und verschwand als einer der letzten Farnsamer in der Kreidezeit.

2 m waren eine typische Höhe.

BILD DER ERDE

Der Superkontinent Pangäa lag in der Trias zu beiden Seiten des Äquators. Der Meeresarm, der Nordamerika von Europa trennte und das sich auf Europa zu verschiebende Tethysmeer waren Vorboten der späteren Aufsplitterung Pangäs.

JURA

TIERE AN LAND

DINOSAURIER-HERRSCHAFT
Riesige Dinosaurier
beherrschten das Tierreich
des Jura. Nur einige kleine
Synapsiden, darunter auch
frühe Säugetiere, überlebten.
Theropoden jagten Stegosaurier
und Sauropoden. Aus kleinen Raubdinosauriern entwickelten sich die
ersten Vögel.

TIERE IM WASSER

JURASSISCHE VIELFALT
Unter den Meerestieren des Jura
sind Ammoniten und Belemniten
sowie Haie und Rochen modernen
Typs. Knochenfische entwickelten
sich möglicherweise zu den
größten Fischen aller Zeiten. Crinoidea, Ver-
wandte unserer Seeli-
lien, waren bedeutend.

PFLANZEN AN LAND

PALMFARNE
Palmfarne (Cyka-
deen), Nadelbäume
und Ginkgos waren
nun wichtige Pflan-
zengruppen. Eine
Gruppe von Cykadeen,
die Bennettiteen, könnten
die Vorfahren der Blüten-
pflanzen gewesen sein. Unter
den Nadelbäumen waren
enge Verwandte heutiger
Kiefern, Eiben, Redwood
und Zypressen. Farne
bedecken den Boden.

PTERODACTYLUS
Pterosaurier waren
Reptilien, die Flügel
und Flugfähigkeit ausbil-
deten. *Pterodactylus* war
ein kleiner Pterosaurier
des Jura. Er lebte an Küsten und jagte Fische.

Flügel und Kehlsack sind erhalten.

Zehen mit Krallen

ICHTHYOSAURUS
Höher entwickelte Ichthyosaurier („Fischech-
sen"), Krokodile und neue Arten von Plesiosauriern trugen im Jura zur Artenvielfalt
der Meere bei. *Ichthyosaurus* war eine
europäische Fischechse.

Nasenloch in Augennähe

Ring von Knochenplatten

CYKAS
Cykadeen erreichten im
Jura ihre größte Artent-
faltung. *Cykas*, von dem
ca. 40 Arten über-
lebt haben,
erschienen erst-
mals im Jura.

Wedel aus paarig angeordneten Blättern

Cykadeen waren oft giftig.

203–135 Mio. J.

Gesägte Zähne in einem leichten Schädel

COMPSOGNATHUS
Der hühnergroße *Compsognathus* war ein Raubdinosaurier aus Europa. Hinsichtlich Aussehen und Verbreitung ähnelte er *Archaeopteryx*.

Lange Hinterbeine

ARCHAEOPTERYX
Archaeopteryx, der erste echte Vogel, entwickelte sich aus kleinen Theropoden. Dieses berühmte Fossil, bekannt als „Berliner Exemplar", weist Abdrücke der Federn auf.

ASPIDORHYNCHUS
Unter den neuen jurassischen Knochenfischen waren Raubfische wie *Aspidorhynchus*. Der Oberkiefer ragte über den Unterkiefer hinaus und bildete einen zahnlosen „Schnabel".

Dreieckiger Schädel mit großen Augen.

Scharfe Zähne

WILLIAMSONIA
Der Blumenpalmfarn, der vermutlich das gesamte Mesozoikum erlebte, gehörte zu den Bennettiteen. Der kräftige Stamm war mit rautenförmigen Schuppen bedeckt und brachte blumenähnliche Gebilde hervor.

Vermutlich bestäubten Insekten die Blüten.

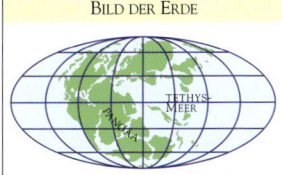

BILD DER ERDE

TETHYS-MEER

Pangäa brach auseinander, als sich der Atlantik zwischen den Teilen ausbreitete, die heute Afrika und Nordamerika bilden. Die spätere Antarktika, Indien und Australien drifteten davon. Das Klima war warm, die Polkappen schmolzen.

41

KREIDE

TIERE AN LAND

NEUE DINOSAURIER
Dinosaurier blieben in der
Kreide die beherrschenden
Landtiere. Neue Gruppen, u. a.
Tyrannosaurus, Entenschnabel-
saurier und Horndinosaurier, breite-
ten sich im Norden aus. Heutigen
Arten ähnelnde Vögel traten auf.

*Nach hinten weisen-
des Schambein*

*Der Schwanz
balancierte den
Körper aus.*

TIERE IM WASSER

REVOLUTION IM MESOZOIKUM
Krebse und andere Schalentiere
begannen, heutigen Formen zu
ähneln. Heringe, Aale, Karpfen
und Flussbarsche traten auf. Es
gab Mosasaurier und die ersten
Meeresschildkröten und Vögel.

MACROPOMA
Macropoma war ein europäischer Quastenflosser. Diese Gruppe verlor später
in der Periode an Bedeutung.

*Kiefergelenke
ermöglichten
ein weites
Aufsperren*

PFLANZEN AN LAND

BLÜTENPRACHT
Nadelbäume herrschten
vor, während Cyka-
deen und Ginkgos an
Bedeutung verlo-
ren. Bedecktsamer
(Angiospermae)
entwickelten sich.
Zunächst waren
sie klein und
krautartig, doch
später bildeten Blü-
tenpflanzen wie Bir-
ken, Weiden und
Magnolien Wälder. In
feuchten Regionen spielten
Farne eine große Rolle.

BETULITES
Betulites ist ein ausgestorbenes Mit-
glied aus der Familie der Birken
und nahe verwandt mit
Betula, der heutigen Birke.
Ebenso wie diese wuchs
auch sie an feuchten
Orten gemäßigter
Zonen.

*Blattfossil in
einem Eisen-
stein*

BETULITES

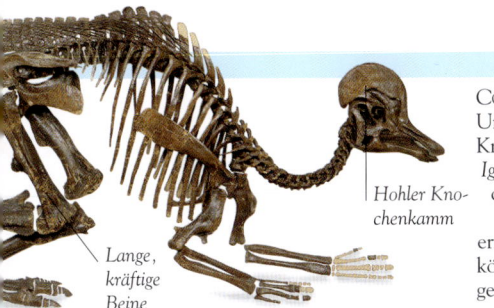

Hohler Knochenkamm

Lange, kräftige Beine

CORYTHOSAURUS

Unter den verbreitetsten Dinosauriern der Kreide waren Hadrosaurier, die sich aus *Iguanodon*-ähnlichen Vorfahren entwickelten. Mit einer großen Anzahl von Zähnen und kräftigen Kiefern waren sie erfolgreiche Pflanzenfresser. *Corythosaurus* könnte der Kamm als Stimmverstärker gedient haben.

PROTOSTEGA

Schildkröten gab es bereits in der Trias, meeresbewohnende Arten wie *Protostega*, traten erst in der Kreide auf.

Gummiartige Haut bedeckte die Rippen.

Flossen eines schnellen Schwimmers

Die Sporenkapseln saßen auf den Wedeln.

ONYCHIOPSIS

Farne waren während des größten Teils des Mesozoikums wichtige niedrige Pflanzen. Mit Ausbreitung der Blütenpflanzen in der Kreide verloren sie an Bedeutung. *Onychiopsis*, ein kleiner Farn der nördlichen Halbkugel, hatte zarte, fedrige Wedel und wurde ca. 50 cm hoch.

ONYCHIOPSIS
PSILOTOIDES

BILD DER ERDE

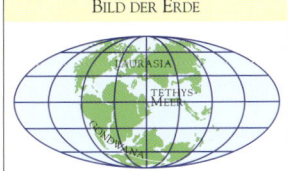

Vor Beginn der Kreide hatte sich Pangäa in den Nordkontinent Laurasia und den Südkontinent Gondwana geteilt. Diese brachen in die heute bestehenden Kontinente auseinander. Madagaskar und Indien spalteten sich von Gondwana ab und drifteten nach Norden.

TOD DER DINOSAURIER

AM ENDE DER Kreidezeit kam es zum heute bekanntesten Massenaussterben, obwohl es nicht das größte aller Zeiten war. Alle großen Landtiere verschwanden ebenso wie viele Gruppen meeresbewohnender Wirbelloser. Die Theropoden überlebten als Vögel, doch alle anderen Dinosaurier starben aus. Aus den Meeren verschwanden sowohl Plesiosaurier und Mosasaurier als auch viele Arten von Brachiopoden, schwimmenden Mollusken und Plankton.

NACH DEM EINSCHLAG

Es gibt Hinweise darauf, dass ein großer Meteorit um diese Zeit auf der Erde aufschlug. Nach Ansicht von Wissenschaftlern könnte der Aufprall so viel Staub emporgeschleudert haben, dass die Erde jahrzehntelang durch eine Wolkenschicht vom Sonnenlicht abgeschirmt war. Vielleicht führte diese lange kalte und dunkle Phase zum Aussterben von Tier- und Pflanzenarten. Der Aufprall könnte auch Flutwellen ausgelöst haben, die die Küsten Nordamerikas überschwemmten. Oder er ließ glühende Trümmer entstehen, die beim Aufprall in die Luft geschleudert wurden, auf die Erde niederregneten und Busch- und Waldbrände auslösten.

LETZTE ÜBERLEBENDE

Triceratops und *Tyrannosaurus* gehörten zu den letzten Dinosauriern, aber viele Tiergruppen überlebten, unter ihnen Insekten, Säugetiere, Reptilien und Fische.

Triceratops war einer der letzten überlebenden Dinosaurier.

PALÄOZÄN UND EOZÄN

TIERE AN LAND

GROSSE TIERE
Am Anfang des Paläozäns lebten auf dem Land nur kleine Tiere, aus denen sich jedoch bald größere entwickelten. Fledermäuse, Nagetiere und echte Primaten erschienen zusammen mit vielen Vogelgruppen, Krokodilen, Echsen, Schildkröten, Fröschen und neuen Schlangenarten.

PALAEOCHIROPTERYX
Fledermäuse stammen vermutlich von bäumekletternden Vorfahren ab. Frühe echte Fledermäuse wie *Palaeochiropteryx* aus dem Europa des Eozän besaßen zu Flügeln vergrößerte Hände.

TIERE IM WASSER

MEERESSÄUGER
Modernere Formen von Meeressäugern etablierten sich. Die Fische nahmen ihr heutiges Aussehen an. Die ersten Pinguine wurden bis zu 1,5 m groß und bewohnten die südlichen Meere.

WETHERELLUS
Diese Makrele des Eozän wurde ca. 25 cm lang. Makrelen sind schnell schwimmende Meeresfische und gehören der Gruppe der Scombroidae an.

PFLANZEN AN LAND

TROPISCHE ZEITEN
Tropische Wälder bedeckten die Erde. Sogar in Europa gab es tropische Sümpfe. Niedrige Farne und Schachtelhalme wuchsen am Boden im Schatten von Zitrusbäumen und Schlingpflanzen. Unter den Bäumen waren viele verschiedene Arten wie Haselnuss, Kastanie, Platane, Erle, Magnolie, Pappel und Walnuss. Gegen Ende des Eozän kühlte das Klima weltweit ab. In nördlichen Breiten dominierten nun Laub- und Nadelbäume.

Reihen spitzer Zähne im breiten Kiefer.

NIPA
Diese Palme, die nur in den Mangrovensümpfen Südostasiens überlebte, war im Eozän auf der nördlichen Halbkugel weit verbreitet. Die Früchte wachsen an ihrer Basis.

NIPA
BURTINII

Gerundete Frucht mit schützender holziger Schale

GASTORNIS

Gastornis war ein riesiger Laufvogel, der im Paläozän und Eozän in Europa und Nordamerika lebte. Er wurde 2,1 m groß und hatte kurze, weitgehend nutzlose Flügel, doch mit seinen kräftigen, langen Beinen war er sicher ein schneller Läufer. Der robuste Schnabel könnte zum Aufbrechen von Knochen gedient haben.

Als Stoßwaffe geeigneter Schnabel

BASILOSAURUS

Einer der bekanntesten fossilen Wale ist der bis zu 20 m lange *Basilosaurus*. Er besaß einen großen Schädel mit massiven Zähnen, mit denen er seine Beute packte und zerriß. Seine Verwandten waren die Vorfahren heutiger Wale.

Großes Gehirn, aber kleiner als bei heutigen Walen

Feigen waren für viele Tiere eine wichtige Nahrung.

FICUS

Feigen (*Ficus*) sind weit verbreitete Blütenpflanzen und gehören der gleichen Gruppe wie Eichen an. Einige Arten wachsen als Sträucher oder Bäume, andere als Schlingpflanzen.

Ficus-Frucht mit holziger Schutzhülle

FICUS

BILD DER ERDE

NORDAMERIKA EUROPA ASIEN
AFRIKA
SÜDAMERIKA INDIEN
AUSTRALIEN
ANTARKTIKA

Gegen Ende des Eozän kühlte das Klima ab. Nordamerika und Europa waren noch miteinander verbunden und eine Wasserstraße trennte Europa von Asien. Indien und Afrika waren Inseln. Australien bewegte sich nordwärts von Antarktika weg.

OLIGOZÄN UND MIOZÄN

TIERE AN LAND

DIE NEUE ZEIT
Neue Arten entwickelten sich. Affen und Menschenaffen verdrängten primitive Primaten. Säugetiere, die heutigen Pferden, Elefanten und Kamelen ähnelten sowie neue Formen von Fleischfressern, Vögeln und Reptilien traten auf.

AEGYPTOPITHECUS
Dieser Primat lebte in Ägypten und war etwa katzengroß. Er ähnelte heutigen Affen. Vermutlich kletterte er auf Bäume, um Früchte und Blätter zu fressen.

HIPPARION
Mit der Zunahme des Graslands im Miozän erschienen Pferde wie *Hipparion* als bedeutende Pflanzenfresser.

TIERE IM WASSER

VERTRAUTE WESEN
Im Miozän wurden die Meere von uns vertrauten Tieren bevölkert. Darunter waren Makrelen, Plattfische und hoch entwickelte Haie wie der Weißhai sowie heutige Wale und Robben. In Süßwasser lebten u.a. Karpfen und Welse.

LEUCISCUS
PACHECOI

LEUCISCUS
Der Süßwasserfisch *Leuciscus* trat im Oligozän auf und überlebte in Nordamerika, Asien, Europa und Afrika.

Diese Leuciscus *starben, als ihr See austrocknete.*

PFLANZEN AN LAND

GEMÄSSIGTES KLIMA
Die tropischen Wälder des Eozän machten trocknerem Grasland Platz. Die niedrigeren Temperaturen des Oligozän begünstigten auf den Kontinenten die Ausbreitung von Laubwäldern. Das wärmere und trocknere Klima des Miozän fiel mit der Evolution der Gräser zusammen, die sich rasch über die Landschaften verbreiteten und im Süden Savannen und Prärien bildeten.

Acer-Samen, in Kalkstein konserviert.

ACER
Der Ahorn (*Acer*) und seine Verwandten entwickelten sich im Oligozän und viele Arten überlebten in den gemäßigten Zonen der Welt. Diese Laubbäume werden bis zu 25 m hoch.

ACER

33,7–5,3 Mio. J.

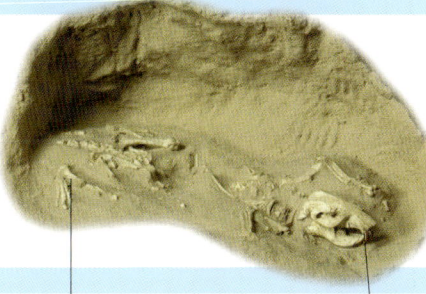

PALAEOCASTOR
Die Gruppe der Nagetiere war in dieser Periode weit verbreitet und artenreich. Neben frühen Hörnchen, Mäusen und Stachelschweinen traten auch Biber wie *Palaeocastor* auf.

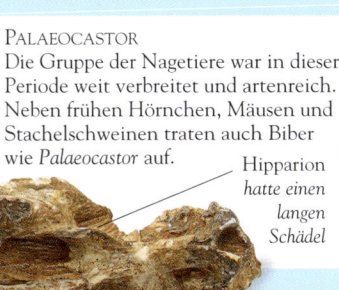

Hipparion hatte einen langen Schädel

Für das Graben geeignete Glieder

Große, kräftige Zähne

PINGUINE
Pinguine traten erstmals im Eozän auf und blieben im Oligozän und Miozän erfolgreich. Alle Formen lebten auf der südlichen Erdhalbkugel.

Massiver Oberarmknochen des Pinguins Pachydyptes

Verfärbung durch mineralische Verunreinigung

Quercus-Arten können bis zu 40 m hoch werden.

QUERCUS
The oak

QUERCUS
Eichen (*Quercus*), unverwechselbare Laubbäume, erschienen erstmals im Eozän. Bei einigen Formen sind die Blätter gelappt.

QUERCUS

BILD DER ERDE

NORD- AMERIKA · EURASIEN · AFRIKA · INDIEN · SÜD- AMERIKA · AUSTRALIEN · ANTARKTIKA

Südamerika trennte sich von Antarktika. Die antarktische Eiskappe bildete sich. Indien kollidierte mit dem asiatischen Festland. Dadurch faltete sich der Himalaja auf. Afrika verband sich mit Eurasien.

PLIOZÄN

TIERE AN LAND

RIESIGE WEIDEN
Die Tiere des Pliozän waren den heutigen Formen weitgehend ähnlich. Huftiere wie Pferde und Antilopen bildeten neue Arten aus. Große Katzen jagten auf den Ebenen und in den Wäldern. Menschen entwickelten sich.

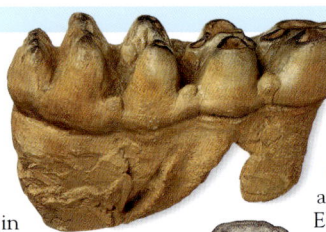

TETRALOPHODON
LONGIROSTRUS

TETRALOPHODON
Höher entwickelte, eng mit den heutigen verwandte Formen von Elefanten breiteten sich weltweit aus. *Tetralophodon* war ein Elefant, der in Afrika, Asien und Europa lebte.

TIERE IM WASSER

VIELFALT DER WALE
Im Pliozän existierten bereits Pottwale, Buckelwale, Schwertwale und viele unserer Delfinarten. In der Karibik entwickelten sich im Pliozän einzigartige Tierarten, darunter auch viele Fische.

BALAENA
Der Glattwal (*Balaena*), der bis zu 20 m lang wird, wurde von Waljägern nahezu ausgerottet. Nach dem Tod fällt der Gehörknochen häufig vom Schädel ab.

BALAENA

Fossiler Gehörknochen

PFLANZEN AN LAND

RÜCKZUG DER TROPEN
Im Laufe des Pliozän wurde das Klima trockener und kühler. Trockensteppen verdrängten die stärker bewaldeten Savannen des Miozän, sodass beim Grasen wandernde Tiere ihre Blütezeit erlebten. Tropische Pflanzen verschwanden aus hohen Lagen und an niedrigere Temperaturen angepasste Bäume wie Nadelbäume und Birken begannen in Nordamerika, Europa und Asien Wälder zu bilden.

GRÄSER
Gräser zählen heute zu den wichtigsten Pflanzengruppen und bieten zahllosen Tierarten Schutz und Nahrung. Die Ausbreitung und Diversifikation der Gräser begann im Miozän und setzte sich im trockeneren Klima des Pliozän fort.

Gräser produzieren große Mengen an Pollen und Samen.

5,3–1,75 Mio. J.

Ca. 1,2 m langer Körper

Kurzer Schwanz

Einziehbare Krallen wie bei heutigen Katzen

Massiver Unterkiefer

SMILODON
Die Säbelzahnkatze *Smilodon* lebte in Amerika. Sie jagte Pferde, Kamele und andere Huftiere dieser Epoche. Vermutlich tötete sie ihre Beute durch einen Biss in die Kehle.

MACRONES
Im Pliozän hatten sich bereits alle uns vertrauten Fischarten entwickelt. Der Strahlenflosser *Macrones* ähnelte heutigen Welsen.

Empfindliche Barteln am Oberkiefer

Zähne eigneten sich für das Fressen von Wirbellosen

Macrones wurden bis zu 50 cm lang.

LIQUIDAMBAR
Der so genannte Amberbaum erreichte ungefähr 25 m Höhe. Er stellte weltweit ein bedeutendes Mitglied der Wälder des Pliozän dar.

Sternförmiges fünflappiges Blatt

Die Blätter fielen im Herbst ab.

LIQUIDAMBAR
EUROPEANUM

BILD DER ERDE

Im Pliozän entstand zwischen Nord- und Südamerika eine Landbrücke. Tiere konnten nun von einem Kontinent zum anderen wandern. Der Druck Indiens schob den Himalaja stärker zusammen. Das Klima kühlte weiter ab.

51

PLEISTOZÄN

TIERE AN LAND

SÄUGETIERE UND MENSCHEN

Im Pleistozän sanken auf der nördlichen Halbkugel die Temperaturen. Es entwickelten sich viele große Säuger mit dichtem Fell wie neue Mammuts, riesige Nashörner, Löwen und Hirsche. In Afrika, Europa und Asien traten neue Vorläufer des modernen Menschen auf.

HOMO SAPIENS

Unsere eigene Art – *Homo sapiens* – erschien in Afrika, breitete sich über Europa und Asien aus und besiedelte Amerika, Australien und Ozeanien.

TIERE IM WASSER

KALTE GEWÄSSER

Die Wirbellosen des Miozän und Pliozän erlebten auch das Pleistozän. Korallen und Riffbewohner waren allerdings vom Sinken des Meeresspiegels betroffen. Die Abkühlung des Klimas hatte zur Folge, dass an kaltes Wasser angepasste Seevögel und Meeressäuger im Pliozän sehr stark verbreitet waren.

GROSSER ALK

Der Große Alk *Pinguinus impennis* war ein flugunfähiger Seevogel, der die Meere der nördlichen Halbkugel bis in Höhe von Nordafrika und Florida bewohnte und vor 1860 ausstarb. Auf gleiche Weise wie heutige Pinguine jagte er seine Beute unter Wasser.

PFLANZEN AN LAND

GRASLAND UND TAIGA

In nördlichen Breiten entwickelte sich Grasland, in dem auch Flechten, Moose, Riedgräser sowie kleine Weiden und Birken wuchsen. Die Taiga – ein neuer Nadelwaldtyp – bedeckte die Flächen zwischen dem kalten nördlichen Grasland (Steppen) und den südlichen Laubwäldern. Die tropischen Regenwälder zogen sich zurück oder bildeten in Südamerika und Afrika Inseln im Grasland.

PICEA

Fichten (*Picea*) waren ein wichtiger Bestandteil der Taiga, jener weitläufigen Wälder, die sich im Pleistozän über die Nordhalbkugel ausbreiteten. Heute wachsen auf der Erde über 30 Fichtenarten.

Flügelsamem

Holziger Zapfen mit rautenförmigen Schuppen

1,75–0,01 Mio. J.

Kleines Gehirn

Spuren von Verletzungen weisen auf Bejagung durch prähistorische Menschen hin.

Kräftige, säulenartige Gliedmaßen

Kurze Füße trugen das Gewicht gut.

DIPROTODON

Dieses riesige Beuteltier streifte in Herden durch das australische Grasland. Es war ein Pflanzenfresser und mit großen Mahlzähnen ausgestattet. *Diprotodon* verschwand allmählich, als Australien trockener wurde. Sein Nachfolger war das Känguru.

Stummelartige Flossen

HYDRODAMALIS

Stellers Seekuh (*Hydrodamalis gigas*) war ein mit dem heutigen Dugong verwandter Meeressäuger. Sie schwamm in arktischen Gewässern und war durch Fettschichten unter der Haut vor Kälte geschützt. Sie erlebte das Holozän, wurde aber vor 1767 ausgerottet.

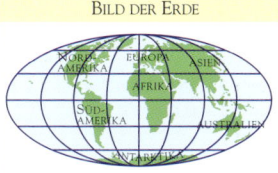

Ranunculus breitete sich über Nordamerika, Europa und Asien aus.

Die Blüten können gelb, weiß, rot oder blau sein.

RANUNCULUS

Hahnenfuß (*Ranunculus*) ist eine Blütenpflanze, die in Grasland, Feuchtgebieten und Wäldern gemäßigter Zonen gedeiht. Er gehört zu den ältesten Blütenpflanzengruppen und verbreitete sich im Pleistozän sehr stark. Heute gehören der Hahnenfußgruppe ungefähr 2000 Arten an.

BILD DER ERDE

NORD-AMERIKA · EUROPA · ASIEN · AFRIKA · SÜD-AMERIKA · AUSTRALIEN · ANTARKTIS

Eisschichten bedeckten den Norden Nordamerikas, Europas und Asiens. Der Süden Südamerikas und Australiens sowie Antarktika waren stärker vereist als heute. Landbrücken verbanden Nordamerika mit Ostasien und Australien mit Neuguinea.

HOLOZÄN

TIERE AN LAND

RÜCKGANG DER VIELFALT
Nachdem die Kontinente ihre
heutige Form erhalten und sich
die unterschiedlichen Klimazonen
ausgebildet hatten, erlebte die
Erde die größte Artenvielfalt in
ihrer Geschichte. Die Ausbreitung des Menschen und Umweltverschmutzung führten jedoch wieder zum Aussterben vieler Arten.

*Gebogener Schnabel
und nacktes Gesicht*

DRONTE
Die Dronte war ein
großer flugunfähiger
Taubenvogel, der auf der
Insel Mauritius lebte.
Erbarmungslos gejagt, war er
1680 bereits ausgestorben.

TIERE IM WASSER

GROSSE VERLUSTE
Im Holozän rottete der Mensch Arten
von Seehunden und Seekühen aus.
Der Walfang dezimierte die Populationen einiger Arten beträchtlich und industrielle Fischereimethoden veränderten das
ökologische Gleichgewicht der Meere.

LACHS
Heute werden wilde Lachse von
Sportfischern gefangen und
einige Arten in Farmen gezüchtet.
Umweltverschmutzung und der
Bau von Staudämmen, die
die Laichwanderungen der
Fische verhindern, ließen die
Lachspopulationen schrumpfen.

PFLANZEN AN LAND

MENSCHENWERK
Zu Beginn des Holozäns bildeten
sich in den zuvor von Eis bedeckten Regionen der Nordhalbkugel
Wälder von Ulmen, Birken und
Nadelbäumen. Große Teile
dieser Wälder wurden später
vom Menschen gerodet bzw. trockengelegt, um sie landwirtschaftlich nutzbar zu machen. Andere,
scheinbar natürliche Lebensräume
wie Moore, Heide- und Grasland
wurden vom Menschen durch
Abbrennen und Weidewirtschaft
geschaffen und erhalten.

*Blattähnlicher
Thallus*

EICHENMOOS
Eichenmoos ist eine Flechte, also die symbiotische
Lebensgemeinschaft einer Alge und eines Pilzes. Einige
Wissenschaftler halten Flechten für die ersten mehrzelligen Organismen, die auf der Erde lebten.

GROSSER PANDA
Große Pandas sind asiatische Bären, die sich von Bambus ernähren. Von drei Arten überlebte nur eine, die heute gefährdet ist.

DOLLY, DAS SCHAF
Fortschritte in der Genetik ermöglichen Biologen inzwischen, Embryos zu klonen. Das 1997 geborene Schaf Dolly war das erste erfolgreich geklonte Schaf der Welt.

BLAUWAL
Die Erfindung der Granatharpune im späten 19. Jh. hatte zur Folge, dass der Blauwal nahezu ausgerottet wurde, das größte Tier aller Zeiten. Auch heute noch ist er stark gefährdet.

ENTEN
Enten sind allesfressende Wasservögel, die sich gegen Ende der Kreidezeit entwickelten. Die Stockente ist eine domestizierte Ente. Verschiedene Unterarten wurden weltweit eingeführt.

WEIZEN
Im frühen Holozän begannen die Menschen, Wildgräser zu kreuzen, um Halme mit möglichst großen und zahlreichen Samen zu erhalten. Eines der Zuchtprodukte ist Weizen, der erstmals im Nahen Osten angebaut wurde.

Getreide wird zu Mehl zermahlen.

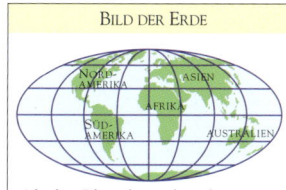

BILD DER ERDE

NORD-AMERIKA · ASIEN · AFRIKA · SÜD-AMERIKA · AUSTRALIEN

Als die Gletscher schmolzen, stieg der Meeresspiegel. Die globale Erwärmung führt zur Fortdauer dieses Effekts. Zu Beginn des Holozäns wurde die Landbrücke zwischen Asien und Nordamerika überschwemmt.

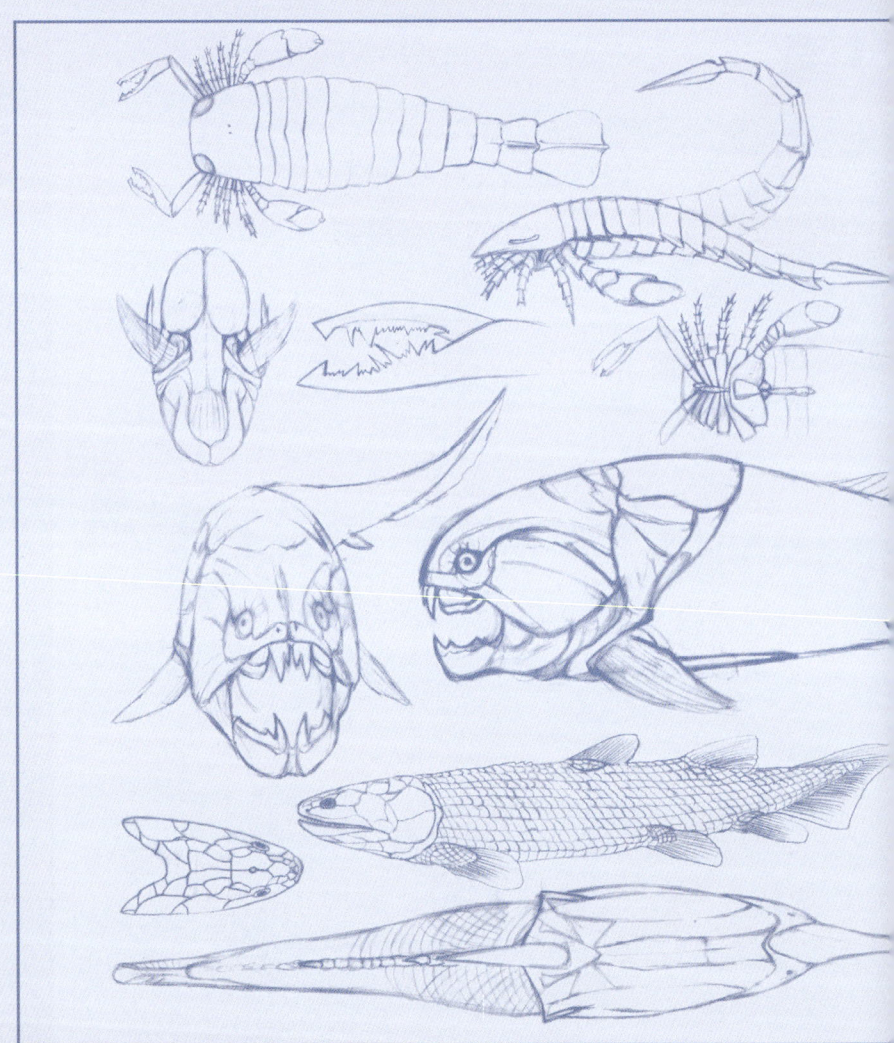

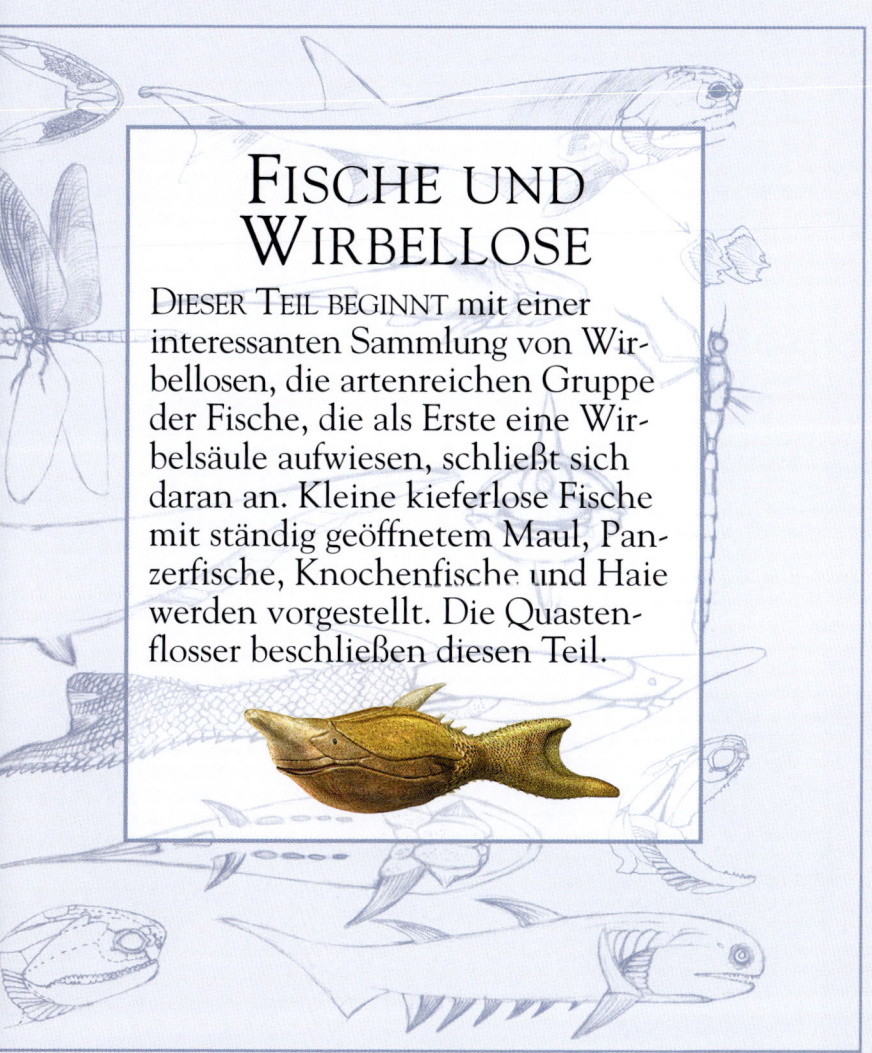

FISCHE UND WIRBELLOSE

DIESER TEIL BEGINNT mit einer interessanten Sammlung von Wirbellosen, die artenreichen Gruppe der Fische, die als Erste eine Wirbelsäule aufwiesen, schließt sich daran an. Kleine kieferlose Fische mit ständig geöffnetem Maul, Panzerfische, Knochenfische und Haie werden vorgestellt. Die Quastenflosser beschließen diesen Teil.

TRILOBITEN

BEVOR DIE FISCHE DIE Vorherrschaft übernahmen, wimmelte es in den urzeitlichen Meeren von Trilobiten. Sie gehören zu den frühesten Gliederfüßern. Manche waren mikroskopisch klein, andere hatten die Größe eines Tabletts. Mit mehr als 15 000 Arten waren Trilobiten die artenreichste ausgestorbene Gattung.

KÖRPERBAU DER TRILOBITEN
Trilobit bedeutet „Dreilapper" und bezieht sich darauf, dass ihr Körper in drei Teile gegliedert ist. Ein panzerartiges Außenskelett bedeckte den gesamten Körper. Nach dem Tod des Tieres zerbrach es häufig in drei Teile.

Ein wulstiger Schild schützte den Kopf.

Mittelteil

VERTEIDIGUNG
Phacops rollte sich bei Gefahr zu einer Kugel oder grub sich ein. Die zwölf Panzerplatten seines Rumpfes überlappten und boten Schutz. Die für *Phacops* gefährlichsten Fressfeinde könnten Fische gewesen sein.

ZUM SCHUTZ ZUSAMMENGEROLLTER PHACOPS

Schwanz

Auge

Kleine Linsen
berühren einander

Eine Hornhaut
bedeckt alle
Linsen.

QUERSCHNITT EINES
HOLOCHROALEN AUGES

Jede große Linse hat
ihre eigene Horn-
haut

Lederhaut trennt
die Linsen

QUERSCHNITT EINES
SCHIZOCHROALE AUGES

Beweglicher Tho-
rax (Rumpf) aus
zahlreichen Seg-
menten.

TRILOBITEN-AUGEN

Die Augen von Trilobiten gehörten zu den frühesten Augen, die sich weiterentwickelten. Die meisten Trilobiten besaßen holochroale Augen, die den zusammengesetzten Augen der Insekten ähnelten. Sie bestanden aus bis zu 15 000 sechseckigen wabenförmigen Linsen; jede blickte in ihre eigene Richtung. Andere Trilobiten hatten schizochroale Augen.

PHACOPS

PHACOPS
• Gruppe: Trilobita
• Ordnung: Phacopida
• Zeit: Devon (410–355 Mio. Jahre)
• Größe: 4,5 cm lang
• Nahrung: Futterpartikel
• Lebensraum: Warme Meere

SEESKORPIONE

SEESKORPIONE (EURYPTERIDA) sind die größten aller Gliederfüßer. Sie gehören ebenso wie Skorpione und Spinnen zu den Chelicerata. Einer der größten Seeskorpione war *Pterygotus*, der vor über 400 Millionen Jahren lebte. Er konnte länger werden als ein Mensch. Vor dem Auftreten der Raubfische zählten die Seeskorpione zu den bedeutendsten Jäger der seichten Meere.

Gr

Kleines Auge

ANGRIFFSSTRATEGIEN

Pterygotus konnte mit seinen großen Augen Beute auch in einiger Entfernung erkennen. Er schwamm langsam auf sein Opfer zu, packte es überraschend mit seinen Scheren und zerquetschte es, bevor er es sich ins Maul schob.

Pterygotus *bewegte beim Schwimmen die Ruderfüße auf und ab.*

Gehbein

PTERYGOTUS

- Gruppe: Chelicerata
- Unterklasse: Eurypterida
- Zeit: Silur
  (435–410 Mio. Jahre)
- Größe: Bis zu 2,3 m lang.
- Nahrung: Fische
- Lebensraum: Seichte Meere

AMMONITEN UND BELEMNITEN

DIE SPIRALIGEN SCHALEN der Ammoniten waren nach dem ägyptischen Gott Ammon benannt. Der Name der langen, spitz zulaufenden Belemniten ist vom griechischen Wort für Pfeil abgeleitet. Beide waren Kopffüßer und lebten im Meer.

ECHIOCERAS
Der Ammonit *Echioceras* lebte im Jura in seichten Meeren überall auf der Erde. Bei der Futtersuche schaute der Kopf mit den Fangarmen zur Schalenöffnung heraus.

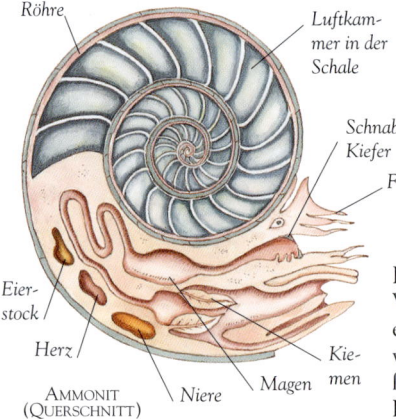

Röhre

Luftkammer in der Schale

Schnabelähnliche Kiefer

Fühler

Eierstock

Herz

Kiemen

Magen

Niere

AMMONIT (QUERSCHNITT)

INNENANSICHT EINES AMMONITEN
Wenn der junge Ammonit für seine aus einer Kammer bestehende Schale zu groß wurde, baute er sich nebenan eine größere und zog um. Dies wiederholte er im Laufe seines Wachstums ständig.

ECHIOCERAS
- Gruppe: Ammonitida
- Familie: Echioceratidae
- Zeit: Jura
  (203–135 Mio. Jahre)
- Größe: 6 cm Durchmesser
- Nahrung: Kleinstorganismen
- Lebensraum: Seichte Meere

Spiralige Schale mit zahlreichen Windungen

Mantel

Kopf-region

ECHIOCERAS

BELEMNOTEUTHIS

Belemniten wie *Belemnoteuthis* ähnelten unseren Tintenfischen. Er besaß ein ziemlich großes Gehirn und große Augen. Aus dem Kopf wuchsen zehn Fangarme mit Saugnäpfen und Haken, mit denen er kleine Meerestiere fing und zum Maul führte. *Belemnoteuthis* schwamm nach dem Rückstoßprinzip. Er lebte in einem Meer des Oberjura, das sich dort befand, wo heute Europa liegt.

Rippen verstärkten die Schale.

Gekammerter Vorderteil

INNENANSICHT EINES BELEMNITEN

Dieses *Cylindroteuthis*-Fossil zeigt die wichtigsten inneren Bereiche einer Belemniten-Schale. Das vordere Ende diente als Luftkammer. Das Hinterteil des Tiers war in das Rostrum eingepasst.

Spitz zulaufendes Rostrum

FRÜHE INSEKTEN

DIE ERSTEN INSEKTEN waren kleine, flügellose Gliederfüßer, die im Devon lebten. Vor ca. 320 Mio. Jahren hatten einige Insekten Flügel ausgebildet. Die in der Kreide aufgekommenen Blütenpflanzen boten Schmetterlingen und Bienen Nahrung. Vor 220 Mio. Jahren errichteten Termiten erstmals Kolonien. Auch Ameisen, Bienen und Wespen bildeten später Staaten.

HYDROPHILUS

Feine Adern versteiften die Flügel.

FOSSIL VON MEGANEURA

Versteinerte harte Deckflügel

FLÜGEL ALS SCHILD
Wasserkäfer, die diesem fossilen *Hydrophilus* ähneln, schwimmen auch heute noch in Teichen. Die Deckflügel sind hart.

HABICHTÄHNLICHE JÄGER
Meganeura war eine riesige primitive Libelle mit zwei Flügelpaaren und einer Spannweite von 70 cm. Sie jagte im Flug Insekten, die durch die Wälder des Oberkarbon flogen. Ihre beweglichen komplexen Augen waren scharf genug, um fliegende Beute anzuvisieren.

Drei Paare von Gliederfüßen wie bei anderen Insekten.

Flügel stehen in
rechtem Winkel
zum Thorax.

Antenne

Komplexaugen

Mundwerk-
zeuge

MEGANEURA

MESOLEUCTRA
(LARVE)

Gut erhalten sind
die Flügel dieser
fossilen Schabe
Archimylaris.

IM BODEN WÜHLEN
Schaben wie *Archi-
mylacris* lebten vor
300 Mio. Jahren im
Oberkarbon auf dem
Boden von Sumpfwäldern
warmer Regionen Nordame-
rikas und Europas.

KIEMEN ZU FLÜGEL
Dieses fossile juras-
sische Insekt war
eine Larve von *Mesoleutra*.
Man nimmt an, dass sich die Flügel der
Insekten aus Kiemenplatten an den Beinen entwickelten, mit denen Insekten unter Wasser atmeten.

MEGANEURA
- Gruppe: Hexapoda
- Ordnung: Insectae
- Zeit: Karbon
  (355-295 Mio. Jahre)
- Größe: Spannweite
  bis zu 70 cm
- Nahrung: Insekten
- Lebensraum: Sumpfwälder

STAMMBAUM DER WIRBELTIERE

ALLE WIRBELTIERE besitzen ein inneres Skelett.
Die Evolution des Skeletts erlaubte ihnen, sich
an Land besser fortzubewegen als andere
Tiergruppen. Wirbeltiere wurden größer
und entwickelten komplexere Lebensweisen als Wirbellose.

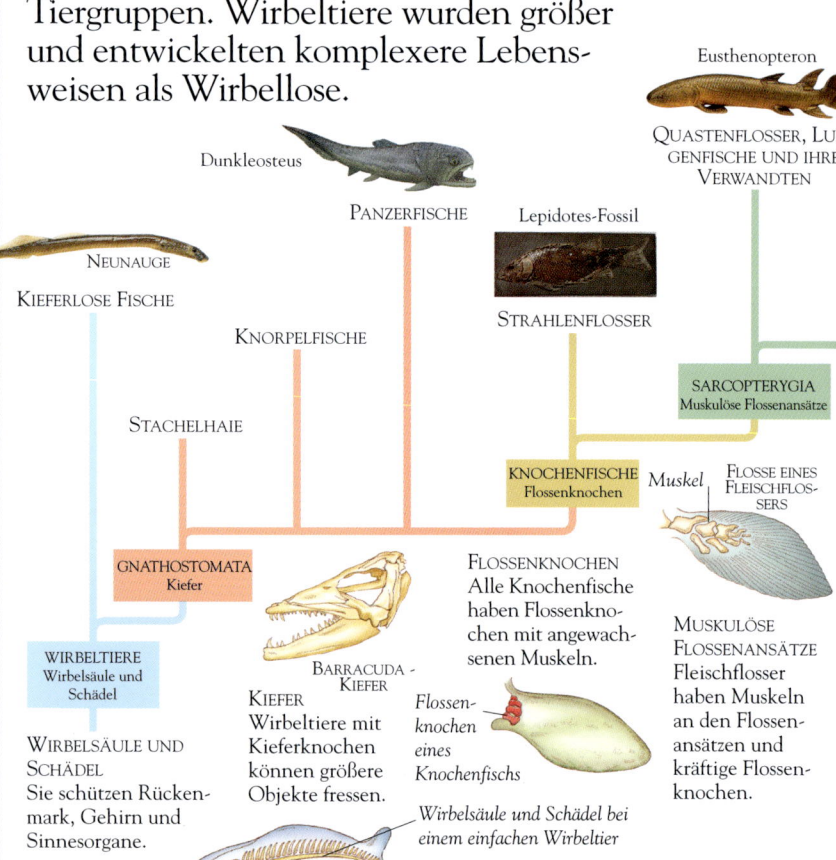

Eusthenopteron

QUASTENFLOSSER, LUN
GENFISCHE UND IHRE
VERWANDTEN

Dunkleosteus

PANZERFISCHE

Lepidotes-Fossil

NEUNAUGE

KIEFERLOSE FISCHE

STRAHLENFLOSSER

KNORPELFISCHE

SARCOPTERYGIA
Muskulöse Flossenansätze

STACHELHAIE

KNOCHENFISCHE
Flossenknochen

Muskel

FLOSSE EINES
FLEISCHFLOS-
SERS

GNATHOSTOMATA
Kiefer

FLOSSENKNOCHEN
Alle Knochenfische
haben Flossenkno-
chen mit angewach-
senen Muskeln.

MUSKULÖSE
FLOSSENANSÄTZE
Fleischflosser
haben Muskeln
an den Flossen-
ansätzen und
kräftige Flossen-
knochen.

WIRBELTIERE
Wirbelsäule und
Schädel

BARRACUDA -
KIEFER

KIEFER
Wirbeltiere mit
Kieferknochen
können größere
Objekte fressen.

*Flossen-
knochen
eines
Knochenfischs*

WIRBELSÄULE UND
SCHÄDEL
Sie schützen Rücken-
mark, Gehirn und
Sinnesorgane.

*Wirbelsäule und Schädel bei
einem einfachen Wirbeltier*

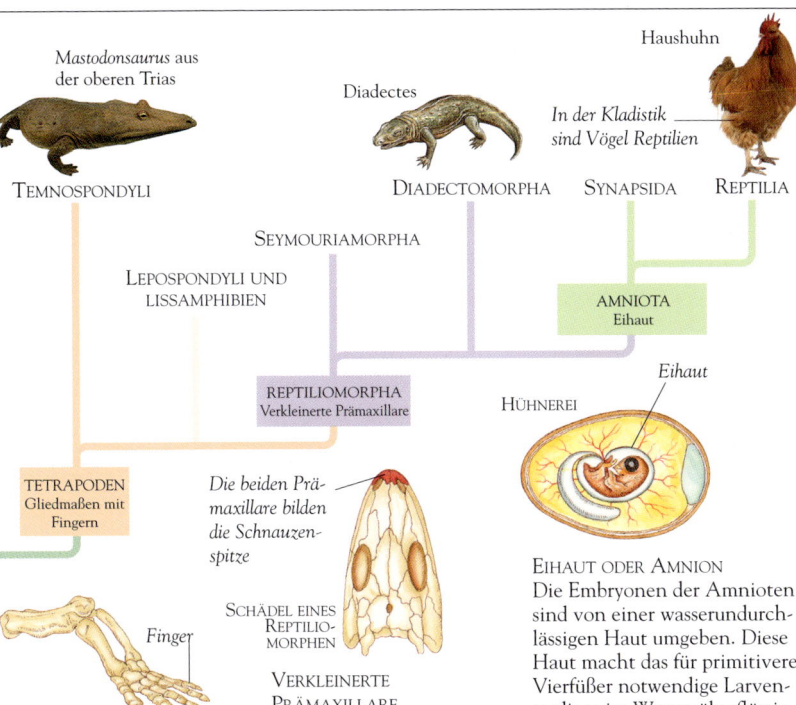

Mastodonsaurus aus
der oberen Trias

Diadectes

Haushuhn

In der Kladistik
sind Vögel Reptilien

TEMNOSPONDYLI

DIADECTOMORPHA   SYNAPSIDA   REPTILIA

SEYMOURIAMORPHA

LEPOSPONDYLI UND
LISSAMPHIBIEN

AMNIOTA
Eihaut

REPTILIOMORPHA
Verkleinerte Prämaxillare

HÜHNEREI

Eihaut

TETRAPODEN
Gliedmaßen mit
Fingern

Die beiden Prä-
maxillare bilden
die Schnauzen-
spitze

SCHÄDEL EINES
REPTILIO-
MORPHEN

Finger

VORDERBEIN DES TEM-
NOSPONDYLUS ERYOPS

VERKLEINERTE
PRÄMAXILLARE
Die beiden Knochen
sind bei Reptiliomor-
phen kleiner als bei
anderen Vierfüßern.

EIHAUT ODER AMNION
Die Embryonen der Amnioten
sind von einer wasserundurch-
lässigen Haut umgeben. Diese
Haut macht das für primitivere
Vierfüßer notwendige Larven-
stadium im Wasser überflüssig.
Daher konnten Amnioten
Land besiedeln, das von
Gewässern weit entfernt war.

GLIEDER MIT FINGERN
Fleischflosser mit voll
entwickelten Gliedma-
ßen und Fingern nennt
man Tetrapoden oder
Vierfüßer. Sie entwi-
ckelten sich im Devon
aus räuberischen Was-
serbewohnern oder
Amphibien.

EVOLUTION DER WIRBELTIERE
Die Evolution der Wirbeltiere spielte sich größtenteils
im Wasser ab. Primitive kieferlose Fische waren die frühesten Wirbeltiere. Später traten Wirbeltiere mit Kiefer
auf. Die Entwicklung von bemuskelten Flossen und Gliedmaßen ermöglichte den Fleischflossern, an Land zu gehen.
Die Vierfüßer entwickelten sich im Devon. Im Karbon
gab es bereits amphibische und an Land lebende Gruppen.

VORFAHREN DER FISCHE

DIE FRÜHESTEN Meeresbewohner waren Schwämme, in deren Körper nur ein einziger Zelltyp vorkam. Später entstanden unterschiedlich spezialisierte Zellen und komplexere Körper und schließlich Bilateria – Tiere mit zwei äußerlich spiegelgleichen Hälften. Vor 535 Mio. Jahren entwickelte sich bei Chordatieren genannten Bilateria ein Stützorgan (Chorda dorsalis), Vorläufer des Skeletts.

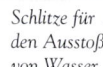

Öffnung für
Futter und
Wasser

COTHURNOCYSTIS

Cothurnocystis war ein seltsames, stiefelförmiges Tier. In seinem Schwanz könnte eine Chorda dorsalis gewesen sein, die Schlitze in seinem Körper filterten möglicherweise Nahrung.

COTHURNOCYSTIS

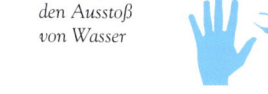

Kalkplatten
schützten den
Körper.

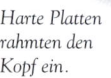

Harte Platten
rahmten den
Kopf ein.

Schlitze für
den Ausstoß
von Wasser

COTHURNOCYSTIS-FOSSIL
Ein Fossil von *Cothurnocystis* wurde in schottischem Gestein gefunden. *Cothurnocystis* gehörte den Carpoidea an, kleinen flachen Bewohnern der Meeresböden des frühen Paläozoikums und möglicherweise Vorfahren der Fische.

SCHÄDELLOSE

Den modernen Lanzettfischchen *Branchiostoma* verdanken wir wichtige Informationen über die Vorfahren der Fische. Ebenso wie andere Schädellose haben sie anstatt des Kopfs eine Verdickung des vorderen Körperendes, die eine Vorstufe des Gehirns zu sein scheint. 1999 beschrieben Wissenschaftler das fischähnliche Wesen *Haikouella*, das ein Gehirn, Augen, Herz und Kiemenfäden besaß. Es lebte vor 530 Mio. Jahren und war vielleicht eines der ersten Lebewesen mit Schädel.

BRANCHIOSTOMA

Nervenstrang

Gehirn

Auge

Mundöffnung

Herz

HAIKOUELLA

Mit dem Schwanz zog sich das Tier über den Schlamm.

MANTELTIERE

Heute lebende Manteltiere sind mit den Vorfahren der Fische eng verwandt. Die Larven haben im Schwanz eine Chorda dorsalis.

Die Chorda dorsalis schrumpft, wenn das Tier größer wird.

LARVE EINES MANTELTIERS

Kammartige Zähne

COTHURNOCYSTIS
- Gruppe: Cothurnocystis
- Familie: Cornuta
- Zeit: Ordovizium (500-435 Mio. Jahre)
- Größe: 5 cm Durchmesser
- Nahrung: Nährstoffpartikel
- Lebensraum: Meeresboden

CONODONTEN-ZÄHNE

Diese Fossilien stammen von den aalähnlichen Conodonten, die vor 300 Mio. Jahren lebten. Sie hatten große Augen und Zähne in der Kehle.

KIEFERLOSE FISCHE

AGNATHA („KIEFERLOSE") waren die primitivsten Fische. Weil sie keine Kiefer besaßen,
standen ihre Mäuler offen. Ihnen fehlten auch
ein inneres Skelett und paarige Flossen. Frühe
Kieferlose lebten im Meer; später besiedelten
sie Flüsse und Seen. Sie schwammen
mittels Schwanzbewegungen und
saugten aus
dem umgeben-
den Schlamm
und Wasser Futter-
partikel ein.

*Nach hinten
weisende Hörner
für besseres
Gleichgewicht*

*Der lange untere
Ausläufer gab
Auftrieb*

PTERASPIS

*Panzerplatten
schützten den Fisch
vor Fressfeinden.*

WIRBELTIER-PIONIERE
Sacabambaspis war ein Fisch,
der vor 450 Mio. Jahren lebte.
Er hatte die Form einer Kaul-
quappe und schwamm mittels
Schwanzbewegungen. Da er
keine weiteren Flossen besaß,
konnte er weder steuern noch bremsen.
Er hatte vorstehende Augen und ein ständig
offenes Maul, durch das er Futterteilchen einsog.

*Große Knochenplatten
schützten Kopf und
Brust.*

SACABAMBASPIS

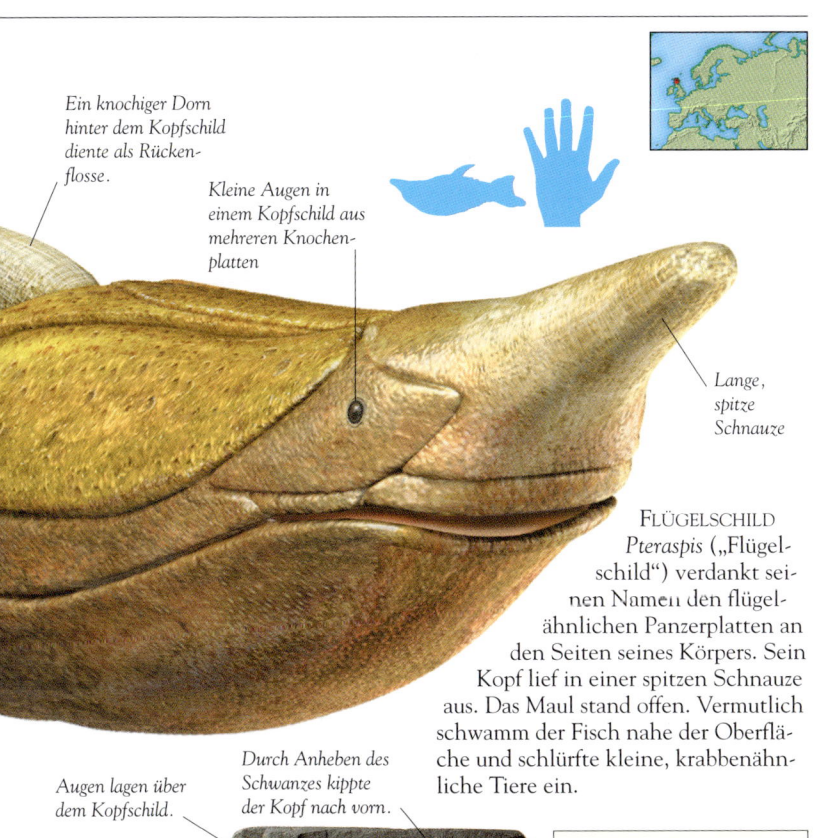

Ein knochiger Dorn
hinter dem Kopfschild
diente als Rücken-
flosse.

Kleine Augen in
einem Kopfschild aus
mehreren Knochen-
platten

Lange,
spitze
Schnauze

FLÜGELSCHILD
Pteraspis („Flügel-
schild") verdankt sei-
nen Namen den flügel-
ähnlichen Panzerplatten an
den Seiten seines Körpers. Sein
Kopf lief in einer spitzen Schnauze
aus. Das Maul stand offen. Vermutlich
schwamm der Fisch nahe der Oberfläche und schlürfte kleine, krabbenähn-
liche Tiere ein.

Durch Anheben des
Schwanzes kippte
der Kopf nach vorn.

Augen lagen über
dem Kopfschild.

BESSERE BALANCE
Cephalaspis war
ein höher entwi-
ckelter Kieferloser
mit paarigen Flos-
sen und Rücken-
flosse. Sinnesorgane befanden sich oben und
seitlich am Kopf, unter dem Kopf lag der Mund.

PTERASPIS
- Gruppe: Agnatha
- Ordnung: Heterostraci
- Zeit: Devon
  (410-355 Mio. Jahre)
- Größe: 20 cm lang
- Nahrung: Kleine Wassertiere
- Lebensraum: Seichte Meere

PANZERFISCHE

PLACODERMEN („PLATTENHÄUTE") waren primitive Fische mit Kiefer, die nach den Knochenplatten über Kopf und Körper benannt sind. Einige lebten im Meer, andere in Süßwasser. Die Größe der Panzerfische schwankte zwischen 8 cm und 8 m. Panzerfische waren eine erfolgreiche Gruppe und könnten zusammen mit Haien einen gemeinsamen Vorfahren gehabt haben.

BOTHRIOLEPIS

Jeder „Arm" war eine Flosse in einer Knochenröhre.

Fossilien von Kopf- und Brustschild

STEINPLATTE MIT ZAHLREICHEN FOSSILIEN VON BOTHRIOLEPIS

FISCHE MIT „ARMEN"
Bothriolepis war der seltsamste Knochenfisch. Das bis zu 1 m lange Tier hatte gegliederte „Arme" aus Knochenröhren, die seine langen Brustflossen umgaben. Er könnte mit diesen Armen im Schlamm nach Nahrung gegraben oder sich aufs Land geschleppt haben, um in einen anderen Teich zu gelangen.

FLACHER FISCH
Der flach gebaute *Gemuendina* gehörte einer alten Gruppe von Panzerfischen an, den Rhenanida. Ähnlich wie heutige Rochen schwamm er mit welligen Bewegungen seiner breiten Brustflossen. Ein kurzer, knochiger Schild schützte den Vorderteil des Körpers und Knochenplatten verliefen entlang des Schwanzes.

GEMUENDINA-FOSSIL IN FEINKÖRNIGEM GESTEIN

Kopf- und Brustschild
durch Kugelgelenk
verbunden

*Rücken-
flosse*

*Ungeschütz-
ter Schwanz*

*Knochige
Zahnplatten*

Scharfe
„Zähne"

KOPF- UND BRUST-
SCHILD VON
DUNKLEOSTEUS

DUNKLEOSTEUS
Einer der größten
Panzerfische war der nach
dem amerikanischen Paläontologen D. H. Dunkle benannte
Dunkleosteus. Er hatte einen massigen
Kopf und wurde bis zu 5 m lang. Nur Kopf
und Schultern waren von einem
schützenden Schild bedeckt.
So blieben die Brustflossen
beweglich. Über Gestalt und
Lebensweise von *Dunkleosteus* weiß
man wenig. Er könnte einem Aal
oder einem Hai geähnelt haben.

DUNKLEOSTEUS
- Gruppe: Arthrodira
- Familie: Diniochtyloidea
- Zeit: Devon
  (412-355 Mio. Jahre)
- Größe: 5 m oder länger
- Nahrung: Fische
- Lebensraum: Ozeane

HAIE UND ROCHEN

HAIE GEHÖREN SEIT über 400 Mio. Jahren zu den erfolgreichsten Räubern der Meere. Ihre typischen Merkmale – der stromlinienförmige Körper und die in mehreren Reihen stehenden scharfen Zähne – veränderten sich in all dieser Zeit kaum, obwohl sich gleichzeitig viele haiähnliche Fische entwickelten, darunter Seeratten und Rochen. Haie und ihre Verwandten bilden die Gruppe der Chondrichthyes (Knorpelfische).

Stromlinienförmiger, torpedoartiger Körper

CLADOSELACHE
Gut erhaltene Fossilien von *Cladoselache*, einem der ältesten bekannten Haie, fand man im Gestein des Oberdevon. Dieser Karnivore jagte Fische, Tintenfische und Krebse.

CLADOSELACHE

Die Flossenstrahlen erinnern an Sonnenstrahlen.

SONNENROCHEN
Der Stachelrochen *Heliobatis* („Sonnenstrahl") war ein Süßwasserfisch, der vor ca. 50 Mio. Jahren in Nordamerika lebte. Sein bis zu 30 cm langer, scheibenförmiger Körper ging in einen peitschenartigen Schwanz über.

CLADOSELACHE
- Gruppe: Elasmobranchii
- Familie: Cladoselachidae
- Zeit: Devon (410–355 Mio. Jahre)
- Größe: Bis zu 2 m lang
- Nahrung: Fisch, Schalentiere
- Lebensraum: Meere

WEIT VERBREITETE RAUBFISCHE
Hybodus war ein stumpfnasiger, im Mesozoikum weit verbreiteter Hai. Er besaß auffällige Stachelflossen und besonders geformte Schuppen. Mit seiner Länge von 2,5 m ähnelte er stark heutigen Haien, hatte jedoch zwei Typen von Zähnen. Mit den vorderen spitzen Zähnen packte er seine Beute, mit den hinteren stumpfen zerquetschte er sie.

Dornen auf dem Kopf des Hybodus-Männchens

Große Brustflossen erleichterten das Manövrieren.

HYBODUS

Schnauze stumpfer als bei heutigen Haien

Große Brustflossen

HAI ODER ROCHEN?
Urzeitliche Knorpelfische können häufig nur anhand ihrer Zähne identifiziert werden. Haie hatten scharfe Zähne mit Sägerändern, Rochen dagegen flache Zahnplatten.

SCHARFER ZAHN EINES HAIS

FLACHE ZAHNPLATTE EINES ROCHENS

Mit Stacheln bedeckter „Turm"

STETHACANTHUS

STACHLIGE BRUST
Stethacanthus („Stachlige Brust") war ein kleiner Hai, der vor 360 Mio. Jahren lebte. Das Männchen trug auf dem Rücken einen bizarren Turm.

STACHELHAIE

ACANTHODII ODER „STACHELHAIE" könnten den
Placodermen als erste Fische mit Kiefer zuvorge-
kommen sein. Ihren Namen verdanken sie dem
haiähnlichen Körperbau und den scharfen Stacheln
an den Flossenspitzen. Obwohl die Wirbelsäule aus
Knorpel an Haie erinnert, ähnelten Schädel, Kiemen und andere Merkmale mehr denen heutiger
Knochenfische.

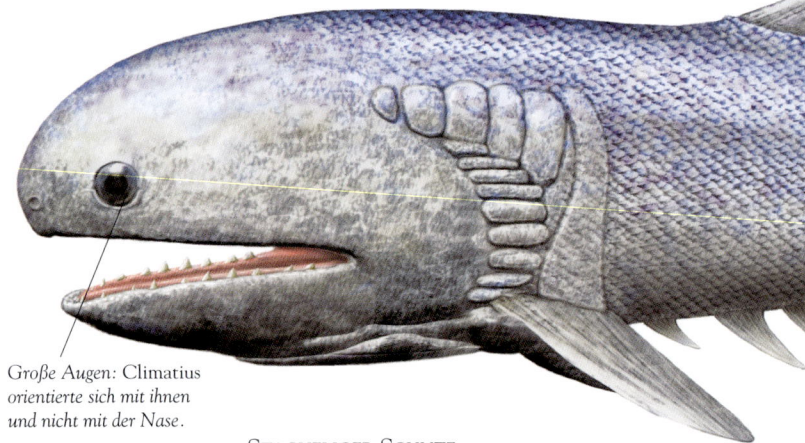

*Große Augen: Climatius
orientierte sich mit ihnen
und nicht mit der Nase.*

*Deutliche
Leisten auf der
Oberfläche*

STACHELIGER SCHUTZ

Bis zu 40 cm lange Flossenstacheln sind die bekanntesten Überreste des Stachelhais *Gyracanthus*. Fossilien der
Art fand man in Karbongestein aus Nordamerika
und Europa. Einige dieser Acanthodier besaßen bis zu 20 cm lange Brustflossensta-
chel, die zum Schutz gegen größere Raubfische dienten.

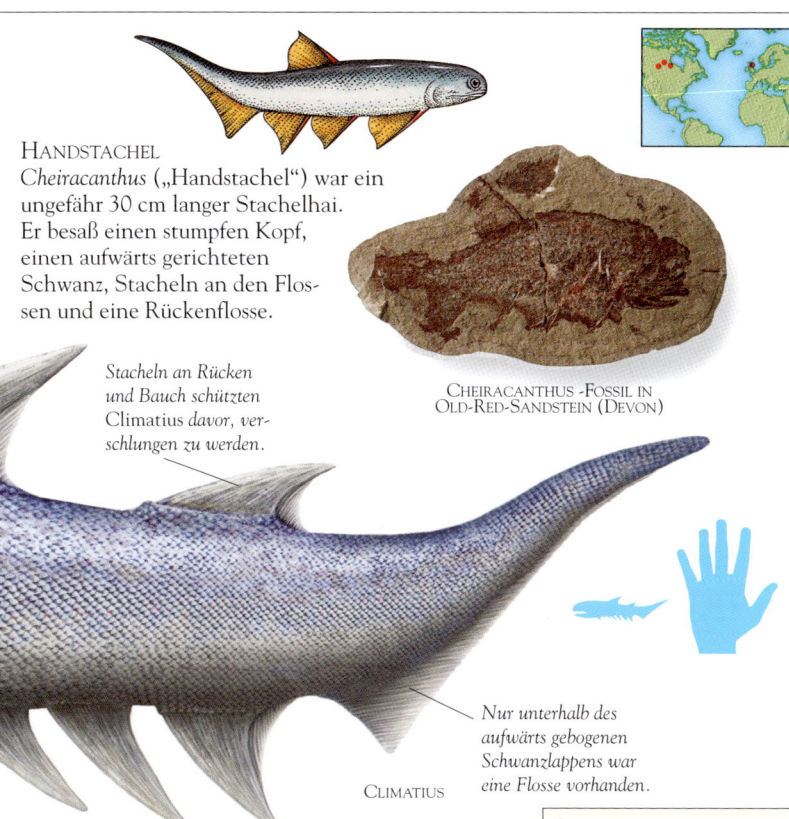

HANDSTACHEL
Cheiracanthus („Handstachel") war ein
ungefähr 30 cm langer Stachelhai.
Er besaß einen stumpfen Kopf,
einen aufwärts gerichteten
Schwanz, Stacheln an den Flossen und eine Rückenflosse.

*Stacheln an Rücken
und Bauch schützten
Climatius davor, ver-
schlungen zu werden.*

CHEIRACANTHUS -FOSSIL IN
OLD-RED-SANDSTEIN (DEVON)

CLIMATIUS

*Nur unterhalb des
aufwärts gebogenen
Schwanzlappens war
eine Flosse vorhanden.*

GENEIGTER FISCH
Climatius („Geneigter Fisch") wurde nach seinem
aufwärts geneigten Schwanz benannt. Der kleine
Flussfisch gehörte den Climatiiformae an, der frühesten Gruppe von Acanthodiern. Mit seinen großen Augen und scharfen Zähnen könnte er ein
Raubfisch gewesen sein. Wahrscheinlich schwamm
er auf der Jagd in geringer Höhe über dem Grund.

CLIMATIUS
• Gruppe: Acanthodii
• Familie: Climatiidae
• Zeit: Obersilur bis Unter- devon (435–355 Mio. Jahre)
• Größe: 7,3 cm lang
• Nahrung: Kleine Fische und Schalentiere
• Lebensraum: Flüsse

FRÜHE STRAHLENFLOSSER

KNOCHENFISCHE SIND die artenreichste Gruppe der heutigen Wirbeltiere, und 20 000 dieser Arten gehören der Gruppe der Actinopterygii oder Strahlenflosser an. Benannt sind sie nach den starren Knochenstrahlen, die die Flossen verstärken. Die frühesten bekannten Strahlenflosser lebten vor 410 Mio. Jahren.

LEBENDE FOSSILIEN
Flösselhechte sind in Afrika lebende, an Aale erinnernde Strahlenflosser. Ihre Vorfahren lebten vor 400 Mio. Jahren.

HANDFLOSSE
Cheirolepis („Handflosse") war einer der ersten Strahlenflosser. Nur Teile seiner Wirbelsäule bestanden tatsächlich aus Knochen. Der Rest war aus Knorpel und versteinerte nicht so gut. Der breitmaulige Raubfisch war ein schneller Schwimmer. Er lebte in klaren Teichen und Wasserläufen.

Relativ große Augen

Mit vielen kleinen Zähnen bestückte Kiefer

Fleischige Brustflossenansätze

REDFIELDIUS
Der 20 cm lange *Redfieldius* lebte vor ungefähr 210 Mio. Jahren. Seine Gruppe, die Redfieldiiden, könnte sich in Australien oder Südafrika entwickelt und im frühen Mesozoikum über Nordafrika und Nordamerika ausgebreitet haben.

LEPISOSTEUS

Bei diesem ca. 70 cm langen
Süßwasser-Raubfisch
saßen Rücken- und After-
flosse in der Nähe des Schwanzes.
Trotz seiner „altmodischen" mit Ganoin
überzogenen Schuppen war er weiter entwickelt als
die ersten Strahlenflosser. Vor ungefähr 50 Mio. Jahren
lauerte *Lepisosteus* in seichten Gewässern, die dort lagen,
wo heute Wyoming (USA) ist.

LEPISOSTEUS-FOSSIL AUS
DEM EOZÄN

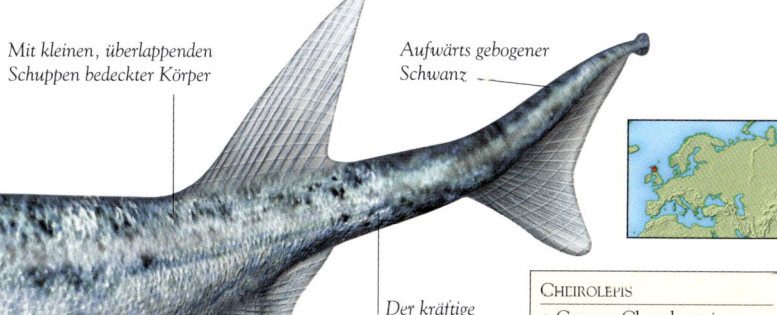

*Mit kleinen, überlappenden
Schuppen bedeckter Körper*

*Aufwärts gebogener
Schwanz*

*Der kräftige
Schwanz ermög-
lichte schnelles
Schwimmen.*

CHEIROLEPIS

CHEIROLEPIS
- Gruppe: Chondrostei
- Familie: Cheirolepidae
- Zeit: Devon
  (410–355 Mio. Jahre)
- Größe: 25 cm lang
- Nahrung: Kleine Wirbellose
- Lebensraum: Süßwasser

STÖRE

Störe sind lebende „urzeitliche"
Fische, deren Eier als Kaviar in den
Handel gelangen. Heute gibt es in
nördlichen Meeren etwa zwei Dut-
zend Arten, die zum Laichen Flüsse
aufsuchen. Mehrere Arten sind
infolge von Überfischen und
Umweltverschmutzung bedroht.

HÖHERE STRAHLENFLOSSER

VERBESSERTE FORMEN von Strahlenflossern, die Neopterygier („Neue Flossen"), zeigten sich im Mesozoikum. Sie zerkleinerten ihre Nahrung mit Zahnplatten. Veränderungen an Flossen und Schwanz machten sie zu besseren Schwimmern. Am höchsten entwickelt waren die Teleostei („Vollkommene Knochen").

Dicke Schuppen hemmten die Beweglichkeit.

RAUE SCHUPPEN
Der Knochenfisch *Lepidotes* („Von rauen Schuppen bedeckt") wurde fast so lang wie ein Mensch. Wie bei früheren Strahlenflossern war sein Körper von einer Schicht harter Schuppen bedeckt. *Lepidotes* war größer als frühere Formen. Er jagte in seichten Küstengewässern und wurde mitunter von Spinosauriern gefressen.

Relativ breiter Körper

LEPIDOTES

Leptolepides, ein kleiner Knochenfisch aus dem Oberen Jura Europas.

PRIMITIVE TELEOSTEI
Der handgroße *Leptolepides* war ein Knochenfisch, der vor ungefähr 150 Mio. Jahren dort, wo heute Deutschland ist, durch tropische Lagunen schwamm. Er ist der Vorfahre der Karpfen und anderer heutiger Teleostei.

LEPIDOTES
• Gruppe: Neopterygii
• Familie: Semionotidae
• Zeit: Trias bis Kreide (250–65 Mio. Jahre)
• Größe: Bis zu 1,7 m lang
• Nahrung: Muscheln
• Lebensraum: Seen und seichte Meere

ALTER ACARA
Priscacara war ein barsch-
ähnlicher Knochenfisch, der
vor 45 Mio. Jahren in Nordamerika lebte. Steife Stacheln
schützten seine Rücken- und
Afterflosse. Mit den spitzen
Zähnen zerkleinerte er
Schnecken.

*Der kurze, breite
Körper erinnert
an Acara, heute
lebende Bunt-
barscharten.*

PRISCACARA

*Beide
Schwanz-
lappen
gleich lang*

*Die mit einer dicken Schicht
Schmelz überzogenen
Schuppen erinnern an glän-
zende Dachziegel.*

SCHWERTSTRAHL
Xiphactinus, ein primitiver Knochenfisch, lebte
in den Meeren der Oberkreide. Er erreichte 4,2 m
Länge und konnte Fische verschlingen, die so
lang wie ein Mensch waren. Im Bauch eines fossilen *Xiphactinus* fand
man Überreste des 1,8 m
langen Neopterygiers
Gillicus.

*Großer
Unterkiefer*

XIPHACTINUS

FLEISCHFLOSSER

DIE VOR 400 MIO. JAHREN lebenden Knochenfische teilt man in zwei Gruppen ein: Fleischflosser und Strahlenflosser. Die Flossen der Fleischflosser (Sarcopterygia) wuchsen an muskulösen, von Knochen gestützten Lappen. Viele von ihnen besaßen zusätzlich zu ihren Kiemen eine Lunge und konnten sowohl auf dem Land als auch im Wasser atmen. Es gab zwei Hauptgruppen von Fleischflossern: Lungenfische und Quastenflosser.

PANDERS FISCH
In den 90er-Jahren des 20. Jh. entdeckten Wissenschaftler, dass der zur Gruppe der Rhipidistia („Fächersegel") zählende Fleischflosser *Panderichthys* aus dem Oberdevon einer der nächsten Vorfahren der vierfüßigen Wirbeltiere war.

GERIPPTE OBERE UND
UNTERE ZAHNPLATTE VON
CERATODUS

HORNZÄHNE
Ceratodus („Hornzähne") war ein im Zeitalter der Dinosaurier lebender Lungenfisch. Er hatte Kiemen, konnte aber auch an der Wasseroberfläche durch die Nasenlöcher atmen.

Die Augen saßen bei Panderichthys *oben* auf dem breiten Kopf.

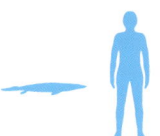

LEBENDER HOHLSTACHLER
Latimeria ist ein 1,5 m langer
Fleischflosser aus der
Gruppe der Coelacanthini
(„Hohlstachler"), der sich
einige Merkmale mit den
vor 350 Mio. Jahren leben-
den Vorfahren teilt.

*Keine Rücken-
flossen*

*Fleischiger,
von Flossen
gesäumter
Schwanz*

PANDERICHTHYS

- Gruppe: Sarcopterygii
- Familie: Panderichthydae
- Zeit: Devon
  (410–355 Mio. Jahre)
- Größe: 1 m lang
- Nahrung: Fisch, Schalentiere
- Lebensraum: Seichte Teiche

PANDERICHTHYS

„GUTE STARKE FLOSSE"
Eusthenopteron („Gute starke
Flosse") war ein räuberischer Süßwasserfisch mit dreifach gelapp-
tem Schwanz. Schädel, Zähne,
Wirbelsäule und Flossenknochen
ähnelten in bestimmten Details
denen der ersten Vierfüßer.

EUSTHENOPTERON-
FOSSIL

*Große, muskulöse Brust-
flossen, von „Armkno-
chen" gestützt.*

EUSTHENOPTERON

Kräftige Flossen

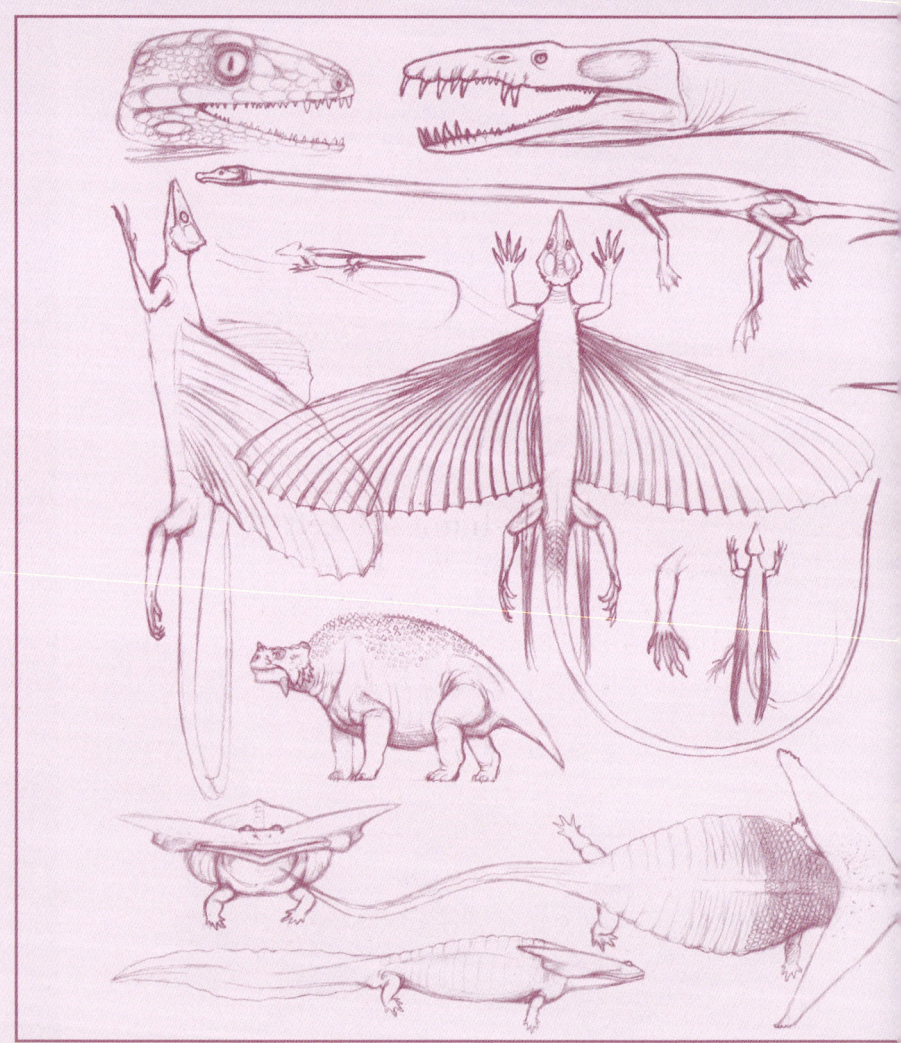

AMPHIBIEN UND REPTILIEN

V<small>OR ETWA</small> 360 M<small>IO</small>. Jahren kroch ein Fisch ans Ufer, der mit einer Lunge atmete und seine Flossen wie Beine einsetzte. So begann die Geschichte der Wirbeltiere auf dem Land. Aus frühen Amphibien entwickelten sich mit der Zeit Reptilien, die ihre von fester Schale umgebenen Eier an Land ablegen konnten. Bald herrschten sie über Land, Meere und Luft.

STAMMBAUM DER FRÜHEN TETRAPODEN UND AMPHIBIEN

TETRAPODEN passten sich an ein Leben an Land an. Sie entwickelten stärkere Glieder mit je fünf Fingern und einige der bei Fischen vorhandenen Schädelknochen bildeten sich zurück. Die Verbindung zwischen Wirbelsäule und Becken wurde kräftiger.

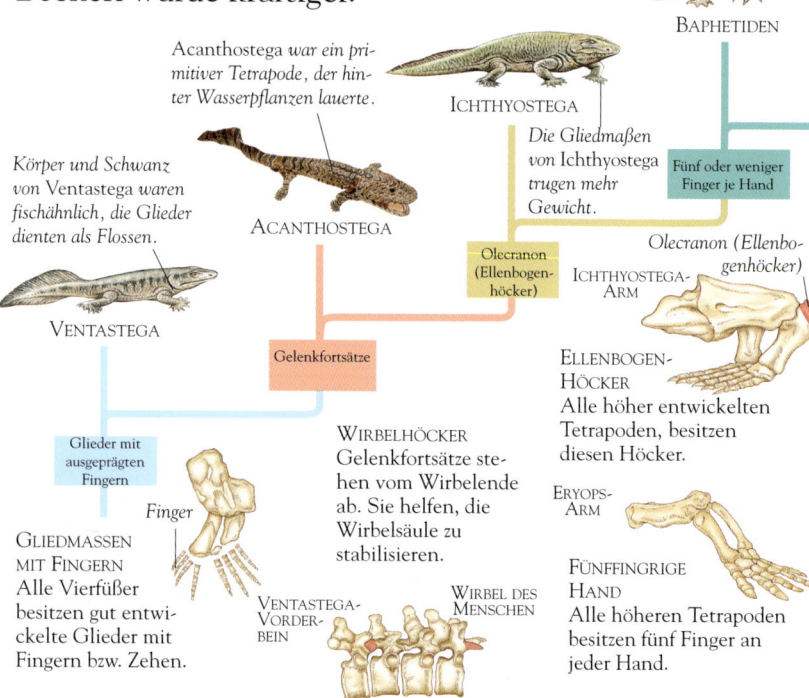

Eucritta aus dem Karbon

BAPHETIDEN

Acanthostega war ein primitiver Tetrapode, der hinter Wasserpflanzen lauerte.

ICHTHYOSTEGA

Die Gliedmaßen von Ichthyostega trugen mehr Gewicht.

Fünf oder weniger Finger je Hand

Körper und Schwanz von Ventastega waren fischähnlich, die Glieder dienten als Flossen.

ACANTHOSTEGA

Olecranon (Ellenbogenhöcker)

Olecranon (Ellenbogenhöcker)

ICHTHYOSTEGA-ARM

VENTASTEGA

Gelenkfortsätze

ELLENBOGEN-HÖCKER
Alle höher entwickelten Tetrapoden, besitzen diesen Höcker.

Glieder mit ausgeprägten Fingern

Finger

WIRBELHÖCKER
Gelenkfortsätze stehen vom Wirbelende ab. Sie helfen, die Wirbelsäule zu stabilisieren.

ERYOPS-ARM

GLIEDMASSEN MIT FINGERN
Alle Vierfüßer besitzen gut entwickelte Glieder mit Fingern bzw. Zehen.

VENTASTEGA-VORDERBEIN

WIRBEL DES MENSCHEN

FÜNFFINGRIGE HAND
Alle höheren Tetrapoden besitzen fünf Finger an jeder Hand.

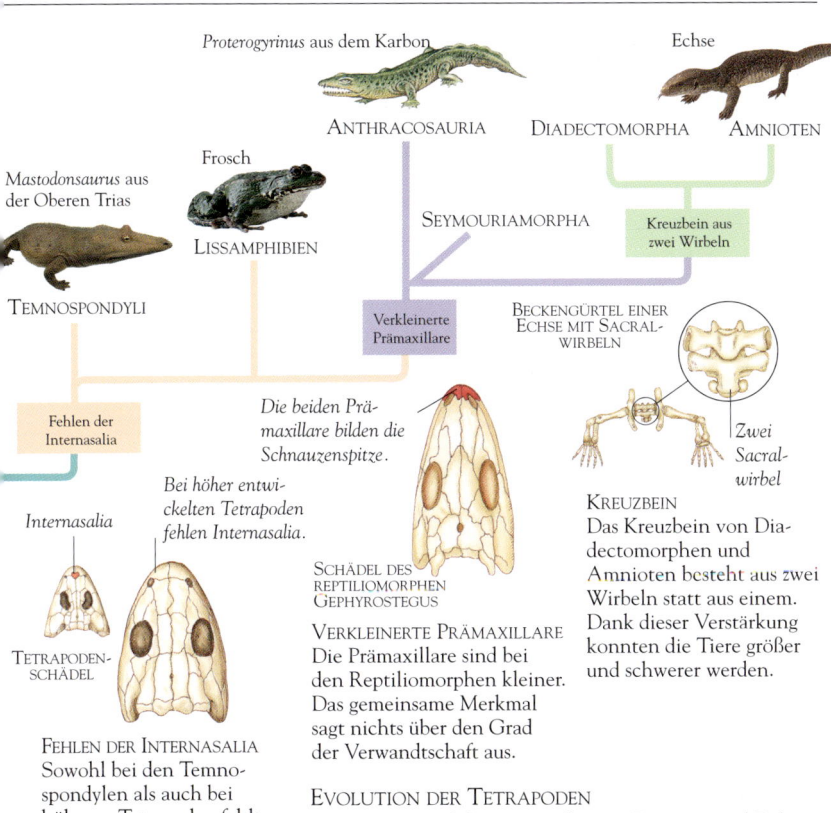

Proterogyrinus aus dem Karbon

Echse

ANTHRACOSAURIA   DIADECTOMORPHA   AMNIOTEN

Mastodonsaurus aus
der Oberen Trias

Frosch

SEYMOURIAMORPHA

Kreuzbein aus
zwei Wirbeln

LISSAMPHIBIEN

TEMNOSPONDYLI

Verkleinerte
Prämaxillare

BECKENGÜRTEL EINER
ECHSE MIT SACRAL-
WIRBELN

Fehlen der
Internasalia

*Die beiden Prä-
maxillare bilden die
Schnauzenspitze.*

*Zwei
Sacral-
wirbel*

*Bei höher entwi-
ckelten Tetrapoden
fehlen Internasalia.*

Internasalia

KREUZBEIN
Das Kreuzbein von Dia-
dectomorphen und
Amnioten besteht aus zwei
Wirbeln statt aus einem.
Dank dieser Verstärkung
konnten die Tiere größer
und schwerer werden.

SCHÄDEL DES
REPTILIOMORPHEN
GEPHYROSTEGUS

TETRAPODEN-
SCHÄDEL

VERKLEINERTE PRÄMAXILLARE
Die Prämaxillare sind bei
den Reptiliomorphen kleiner.
Das gemeinsame Merkmal
sagt nichts über den Grad
der Verwandtschaft aus.

FEHLEN DER INTERNASALIA
Sowohl bei den Temno-
spondylen als auch bei
höheren Tetrapoden fehlt
aus bisher unbekannten
Gründen das Zwischenna-
senschild (Internasalia).

EVOLUTION DER TETRAPODEN
Primitive Vierfüßer mit mehreren Fingern und Zehen
lebten vermutlich nur in Wassernähe. Durch Fossilien wissen wir, dass sich die Tetrapoden mit fünffing-
rigen Händen, die sie früh im Karbon entwickelt hatten, rasch in neue Arten verzweigten. In weniger als
30 Mio. Jahren entstanden die meisten großen Gruppen. Alle Tetrapoden, die keine Amnioten sind, wurden früher Amphibien genannt, obwohl nicht alle
Gruppen miteinander verwandt sind.

FRÜHE TETRAPODEN

DIE TETRAPODEN („Vierfüßer") sind eine Gruppe, der alle Wirbeltiere angehören, die vier Gliedmaßen und Finger besitzen. Frühe Tetrapoden konnten nur im Wasser überleben. Sie haben ruderförmige Glieder, Kiemen und Schwanzflossen. Doch sie besaßen auch Merkmale, die spätere Formen erbten, darunger Finger, Arme mit Gelenken und Wirbelhöcker.

Knochige Strahlen verstärkten die Flossen.

Frühe Tetrapoden waren mit 0,5 bis 1 m Körperlänge relativ groß.

Die Hinterbeine waren zur Seite und nach hinten ausgerichtet und eigeneten sich gut als Ruder.

ELGINERPETON

Ruderförmige Glieder

URSPRUNG DER TETRAPODEN

Zu den ersten Tetrapoden zählt man *Elginerpeton* aus dem schottischen Devon. Die frühesten Tetrapoden, darunter *Obruchevichthys* aus Lettland und *Metaxygnathus* aus Australien lebten vor ca. 365 Mio. Jahren im Oberdevon. In Australien gefundene Fußabdrücke beweisen, dass Vierfüßer bereits zu dieser Zeit an Land herumliefen.

ACANTHOSTEGA

- Gruppe: Labyrinthodontia
- Ordnung: Acanthostegidae
- Zeit: Devon (410–355 Mio. Jahre)
- Größe: 1 m lang
- Nahrung: Insekten, Fische, kleine Artgenossen
- Lebensraum: Seen und Teiche

Bei allen frühen Wirbeltieren mit Gliedmaßen wies der Schädel ein Knochenmuster auf.

ACANTHOSTEGA-
SCHÄDEL

FISCHÄHNLICHER SCHÄDEL

Acanthostega besaß einen Schädel, der sich gut für das Packen von Wasserbewohnern eignete. Dieser gut erhaltene Schädel ähnelt denjenigen der Fleischflosser, Vorfahren der frühesten Wirbeltiere.

ACANTHOSTEGA

Tetrapoden wie *Ichthyostega* und *Acanthostega* aus dem Oberdevon Grönlands verfügten über fischähnliche Merkmale wie Schwanzflosse, Kieferknochen und ruderähnliche Vordergliedmaßen. Weil sie viele Finger hatten nimmt man an, dass die Ausbildung von Gliedmaßen und Fingern im Wasser und nicht auf dem Land stattfand. *Acanthostega* könnte sich mitunter an Land gewagt haben.

Acanthostega hatte eine steife Wirbelsäule mit Gelenkfortsätzen.

Die acht Finger waren vermutlich durch Schwimmhäute verbunden.

Große, aufwärts und seitwärts gerichtete Augen.

EVOLUTION DER FINGER

Finger entwickelten sich aus den Flossenknochen der Fleischflosser. Viele frühe Wirbeltiere wiesen mehr als fünf Finger auf. Offenbar erwiesen sich fünf Finger als optimal für das Laufen.

Das Flossenskelett der Fleischflosser besteht aus vielen kleinen Knochen.

FLOSSE/HAND DES
ICHTHYOSTEGA

TEMNOSPONDYLEN

SIE BILDETEN EINE große Gruppe von im Wasser, amphibisch und auf dem Land lebenden Tieren. Die meisten frühen Temnospondylen waren Wasserbewohner, einige Fleisch fressende Arten jedoch lebten an Land. Manche spätere an Land lebende Formen besaßen gepanzerte Rücken.

MASTODONSAURUS

REKONSTRUIERTES BUETTNERIA-SKELETT

Für einen Landbewohner waren die Beine zu klein.

METOPOSAURIER
Die mit *Mastodonsaurus* verwandten Metoposaurier waren groß und lebten überwiegend im Wasser. Alle Metoposaurier einschließlich *Buettneria* besaßen große, flache Schädel.

MASSENSTERBEN
Einige Temnospondylen-Arten starben zu hunderten und blieben als Fossilien erhalten, darunter auch *Trimerorhachis*, Temnospondylen aus dem nordamerikanischen Perm.

FOSSILIEN EINES MASSENSTERBENS VON TRIMERORHACHI

Kerben am hinteren Teil des Schädels fingen Vibrationen auf.

Mastodonsaurus konnte vermutlich knapp unter der Wasseroberfläche lauern.

Der Schädel war bis zu 1,4 m lang.

Stoßzähne zum Festhalten der Beutetiere.

MASTODON-ECHSE

Mastodonsaurus war ein massiger Temnospondyle, der einer Gruppe weiterentwickelter, überwiegend triassischer Tiere angehörte, den Capitosauriern. Er hatte einen kurzen Körper, stämmige Glieder, einen kurzen Schwanz und einen langen Schädel. Zwei Stoßzähne wuchsen aus dem Unterkiefer und ragten durch Öffnungen im Gaumen hervor.

MASTODONSAURUS
• Gruppe: Temnospondyli
• Familie: Capitosauroidea
• Zeit: Trias (250–203 Mio. Jahre)
• Größe: 2 m lang
• Nahrung: Andere Temnospondylen, Fische
• Lebensraum: Seen, Teiche und Sümpfe

SIDEROPS

Der kurze Schwanz könnte als Paddel gedient haben.

Kleine Zähne säumten die Kiefer.

Siderops wurde bis zu 2 m lang.

KREIDEZEIT-ÜBERLEBENDE

Temnospondylen überlebten bis in die Oberkreide hinein. *Siderops* aus dem australischen Jura besaß einen großen Kopf und messerartige Zähne.

91

Leben im Sumpfwald

Im Laufe des Karbon entwickelten sich neue Typen landbewohnender Wirbeltiere. Üppig bewachsene Sümpfe mit sehr sauerstoffreicher Luft begünstigten das Auftreten riesiger Gliederfüßer sowie amphibischer, im Wasser und an Land lebender Fleischfresser.

Riesen-Gliederfüsser
Mit einer Spannweite von 70 cm war *Meganeura* das größte fliegende Insekt aller Zeiten. Im Karbon gab es auch große Skorpione und Tausendfüßer.

Eryops war ein räuberischer Wasserbewohner

Jäger im Wasser
Viele große räuberische Tiere jagten in den dunklen Gewässern des Karbon, darunter auch amphibische Temnospondylen: die Eryopide („Lange Gesichter"), die bis ins Perm hinein überlebten. Ihre Schädel waren lang und abgeflacht und sie hatten viele Zähne. Augen und Nasenlöcher saßen hoch auf dem Kopf, sodass sie aus dem Wasser ragten, wenn das Tier auf der Lauer lag.

Frühe Reptilien wie Hylonomus suchten im toten Laub nach Insekten.

PFLANZEN IM KARBON

In den Sümpfen des Karbon wuchs eine Vielzahl von Pflanzen, darunter Bärlappgewächse, Schachtelhalm und Farne. Die größten Bärlappgewächse wie *Lepidodendron* erreichten 50 m Höhe, Schachtelhalmgewächse wurden bis zu 15 m hoch.

ERYOPS
- Gruppe: Temnospondyli
- Familie: Eryopidae
- Zeit: Karbon (355–295 Mio. Jahre)
- Größe: 2 m lang
- Nahrung: Fische, amphibische Tetrapoden
- Lebensraum: Sümpfe, Seen.

Eryops könnte zum Sonnen oder Ausruhen ans Ufer gekrochen sein.

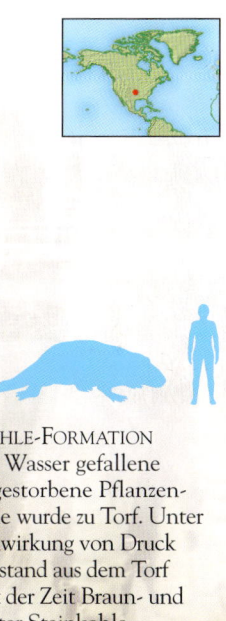

KOHLE-FORMATION

Ins Wasser gefallene abgestorbene Pflanzenteile wurde zu Torf. Unter Einwirkung von Druck entstand aus dem Torf mit der Zeit Braun- und später Steinkohle.

LEPOSPONDYLEN UND LISSAMPHIBIEN

LEPOSPONDYLEN BILDETEN eine Gruppe von Tetrapoden, der wahrscheinlich auch die Vorfahren der Lissamphibien angehörten, zu denen Frösche und Salamander zählen. Sie lebten in einer warmen und feuchten Welt. Einige waren gut an das Leben an Land angepasst, andere lebten im Wasser.

SCHLANGEÄHNLICHE AISTOPODA

Eine der seltsamsten Gruppen pläozoischer Tetrapoden sind die aalähnlichen Aistopoda. Sie hatten über 200 Wirbel, aber keine Glieder.

Keinerlei Anzeichen von Gliedern

AISTOPODE AORNERPETON

BUMERANG-KOPF

Diplocaulus aus dem texanischen Perm war einer der ungewöhnlichsten Lepospondylen. Die an einen Bumerang erinnernde Schädelform entstand durch Auswüchse an der Hinterseite des Schädels. Bei Nectridiern (salamanderähnliche Lepospondylen) fallen einige Besonderheiten auf, z. B. besaßen später auftretende Arten extrem lange Schnauzen.

ARTENVIELFALT DER LISSAMPHIBIEN

Lisamphibien entwickelten sich zu einer sehr vielfältigen Gruppe. Frösche weisen ein stark vereinfachtes Skelett auf: Sie haben keinen Schwanz, stark verkürzte Rippen und nur wenige Wirbel. Salamander traten ebenso wie Blindwühlen erstmals im Jura auf und moderne Gruppen wie Riesensalamander gibt es seit dem Eozän.

RIESENSALAMANDER ANDRIAS

Im Wasser steuerte
er mit der Schwanz-
flosse.

Mit seinem kurzen Körper
war Diplocaulus am Boden
der Gewässer gut getarnt.

Füße mit
fünf Zehen

Die oben liegenden Augen
weisen darauf hin, dass
sich Diplocaulus viel
auf dem Boden von
Gewässern aufhielt.

Breites Maul,
zum Schnappen von
Beute geeignet.

FUNKTION DES KOPFES
Vielleicht verhinderte der breite
Kopf von Diplocaulus, dass er
von Fressfeinden ver-
schlungen werden
konnte. Die Hörner
könnten dem Kopf auch Auftrieb
beim Schwimmen gegeben haben.

SCHÄDEL UND WIRBEL
VON DIPLOCAULUS.

DIPLOCAULUS

- Gruppe: Lepospondyli
- Familie: Keraterpetonidae
- Zeit: Perm
  (295–250 Mio. Jahre)
- Größe: 1 m lang
- Nahrung: Fische, Wirbel-
  tiere, Schalentiere
- Lebensraum: Seen, Flüsse
  und Bäche

REPTILIOMORPHE

DER GRUPPE DER Reptiliomorphen
gehören sowohl die Amnioten – zu
denen auch die Reptilien zählen – als
auch deren Vorfahren an. Obwohl einige
Reptiliomorphe amphibisch oder im Wasser lebten, eigneten sich ihre Skelette
mit der Zeit immer besser für das
Leben auf dem Land, sodass die
Tiere fern vom Wasser
leben konnten.

*Der Schwanz
war vermutlich
lang und half
beim Schwimmen.*

*Tonnenförmiger
Leib*

*Hinten am Schädel
waren kräftige Kau-
muskeln verankert.*

*Diadectes besaß
einen robusten
Schädel.*

*Zum Graben
geeignete Finger*

*Löffelförmige
Vorderzähne*

DIADECTES

*Seitlich abste-
hende Glieder*

ERSTE HERBIVORE

Diadectomorphe waren reptilienähnliche
Tiere mit kurzen, starken Gliedmaßen.
Diadectes aus Nordamerika und Europa ist
der am besten erforschte Diadectomorphe.
Die Form ihrer Zähne weist sie als die
ersten an Land lebenden Herbivoren aus.

SELTSAMES WASSERWESEN

Crassigyrinus aus dem schottischen Unterkarbon wird von einigen Forschern als reptiliomorph angesehen. Das Tier war ungefähr 2 m lang und hatte einen massigen Kopf und zarte Glieder. Es war auf ein Leben im Wasser spezialisiert und besaß sehr primitive Merkmale.

Große Augen hoch oben auf dem Kopf

Lange, scharfe Zähne

CRASSIGYRINUS

Nutzlose, winzige Glieder

Kurzer Schwanz

SKELETTAUFBAU DES SEYMOURIA

Die massiven Knochen der Glieder stützten kräftige Muskeln.

Kurze, dicke Zehen

DIADECTES
• Gruppe: Ungeklärt
• Familie: Diadectidae
• Zeit: Unterperm (295–250 Mio. Jahre)
• Größe: 3 m lang
• Nahrung: Farne, Moose und andere Pflanzen
• Lebensraum: Buschland

SEYMOURIAMORPHE

Sie waren eine Gruppe kleiner räuberischer Reptiliomorphe. Viele lebten im Wasser und atmeten in der Jugend mit Kiemen. *Seymouria* lebte an Land.

Die Gliedmaßen waren an das Leben am Boden angepasst.

Westlothiana jagte vermutlich Insekten.

LIZZIE DIE ECHSE

Westlothiana aus dem schottischen Unterkarbon erhielt den Spitznamen „Lizzie die Echse", weil man sie zuerst für ein Reptil hielt. Später erwies sie sich als reptiliomorph. Vielleicht ist sie mit den Amnioten nicht einmal eng verwandt.

Langer beweglicher Körper

WESTLOTHIANA

Schwanz wie bei Eidechsen

WAS SIND AMNIOTEN?

AMNIOTEN WAREN Tiere, die im Oberkarbon begannen, weltweit das Land zu beherrschen. Sie legten hartschalige Eier mit Dottersack, sodass sich die Embryonen auch fern des Wassers entwickeln konnten. Man unterscheidet zwei Gruppen: Synapsiden (Säugetiere und ihre Verwandten) und Reptilien.

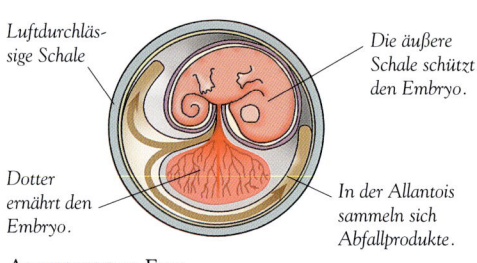

Luftdurchlässige Schale

Die äußere Schale schützt den Embryo.

Dotter ernährt den Embryo.

In der Allantois sammeln sich Abfallprodukte.

AMNIOTISCHE EIER
Die Schale amniotischer Eier lässt Gase ein- und ausströmen. Sie bewahrt den Embryo davor, auszutrocknen. Dotter ernährt den Embryo und die Allantois speichert seine Abfallprodukte.

Die Baumstümpfe, die für Hylonomus zur Todesfalle wurden, stammten von Sigillaria, einem 30 m hohen Bärlappgewächs.

Hylonomus wurde von Tausendfüßern und anderen Insekten angelockt, die in das Loch gefallen waren.

Hylonomus konnte sich aus dem hohlen Baumstumpf nicht mehr befreien und musste verhungern.

PALEOTHYRIS-SCHÄDEL

FRÜHE AMNIOTEN
Bestimmte Merkmale sind nur für Synapsiden und Reptilien charakteristisch, z. B. ihre Zähne. Daran erkennen Paläontologen frühe fossile Amnioten, auch wenn Hinweise auf amniotische Eier fehlen.

Hylonomus *und andere frühe Reptilien besaßen kräftigere Kaumuskeln als frühe Tetrapoden.*

Kräftiger Schädel und spitze Zähne

HYLONOMUS
- Gruppe: Captorhinomorpha
- Familie: Protorothyrididae
- Zeit: Karbon (355–295 Mio. Jahre)
- Größe: 20 cm lang
- Nahrung: Tausendfüßer u. a. Arthopoden
- Lebensraum: Tropischer Wald

LEBEN UND STERBEN DES HYLONOMUS

Das frühe Reptil *Hylonomus* („Waldmaus") stammt von einer berühmten Fossilienfundstelle: Joggins im kanadischen Nova Scotia. Viele Exemplare sind als vollständige Skelette erhalten geblieben. Der Zustand der Fossilien war deshalb so gut, weil sie in fossilen Baumstümpfen gefangen gewesen waren.

Überflutungen lagerten am Fuße eines Baumes Schlamm ab. Das Sediment wurde später zu Gestein zusammengepresst.

STAMMBAUM DER REPTILIEN

IM PALÄOZOIKUM und Mesozoikum beherrschten Reptilien die Erde. Zuerst traten Parareptilien auf, die Vorfahren der Schildkröten. Es folgten die ersten Insekten fressenden Reptilien. Diapsiden, die Gruppe, der Eidechsen und Schlagen angehören, entwickelten sich im Oberkarbon. Im Oberperm erschienen die Archosaurier: Dinosaurier, Vögel, Krokodile.

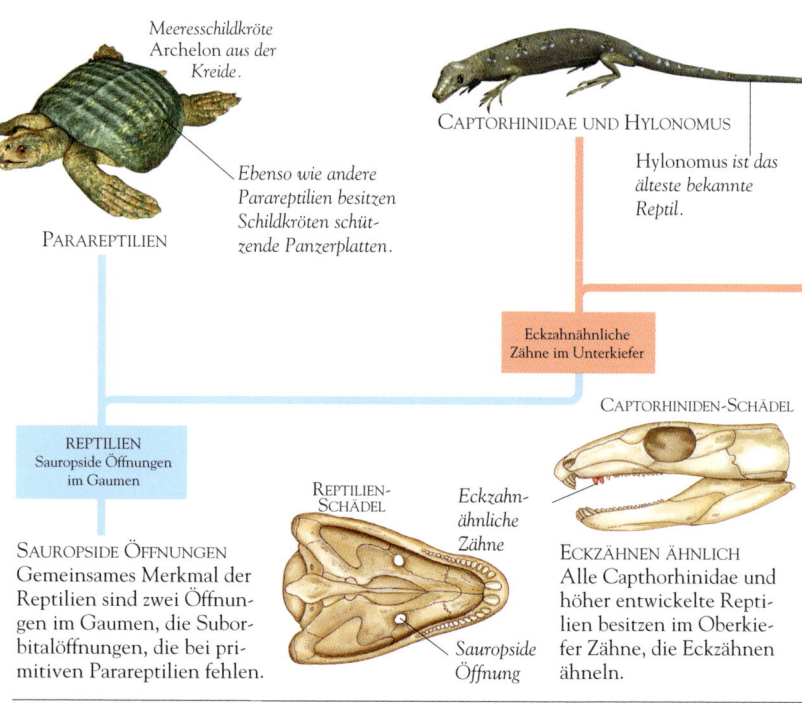

Meeresschildkröte Archelon aus der Kreide.

CAPTORHINIDAE UND HYLONOMUS

Hylonomus ist das älteste bekannte Reptil.

Ebenso wie andere Parareptilien besitzen Schildkröten schützende Panzerplatten.

PARAREPTILIEN

Eckzahnähnliche Zähne im Unterkiefer

CAPTORHINIDEN-SCHÄDEL

REPTILIEN
Sauropside Öffnungen im Gaumen

REPTILIEN-SCHÄDEL

Eckzahnähnliche Zähne

SAUROPSIDE ÖFFNUNGEN
Gemeinsames Merkmal der Reptilien sind zwei Öffnungen im Gaumen, die Suborbitalöffnungen, die bei primitiven Parareptilien fehlen.

Sauropside Öffnung

ECKZÄHNEN ÄHNLICH
Alle Capthorhinidae und höher entwickelte Reptilien besitzen im Oberkiefer Zähne, die Eckzähnen ähneln.

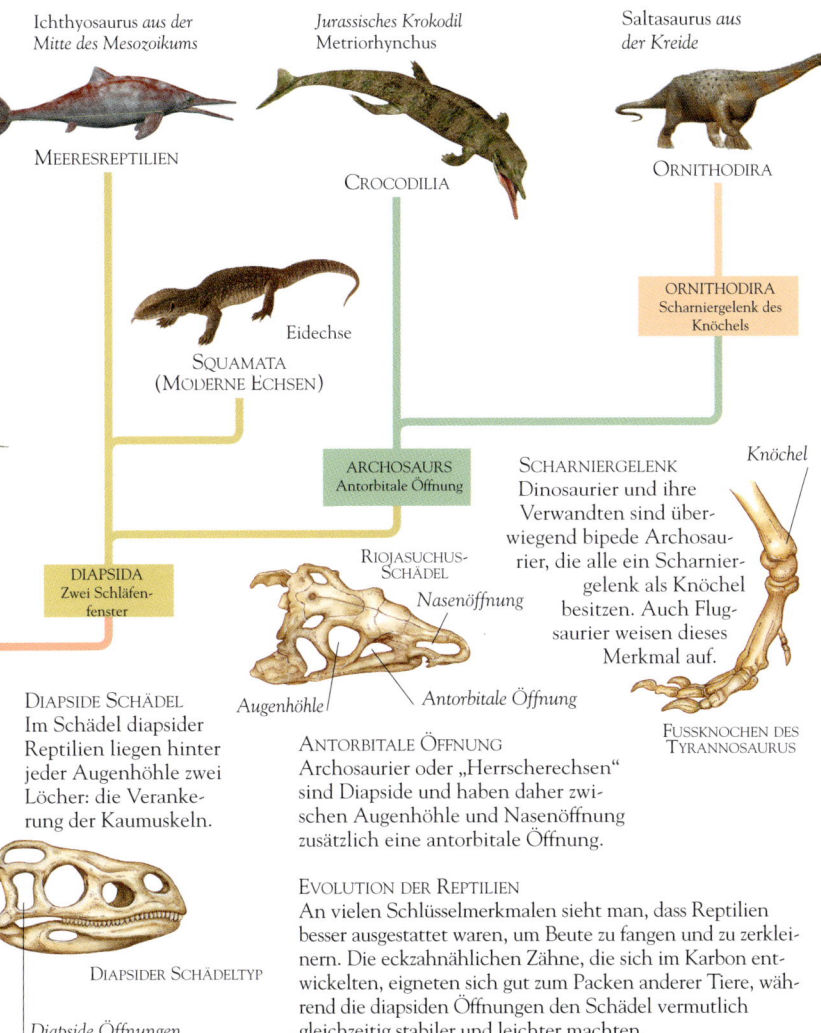

Ichthyosaurus *aus der Mitte des Mesozoikums*

MEERESREPTILIEN

Jurassisches Krokodil Metriorhynchus

CROCODILIA

Saltasaurus *aus der Kreide*

ORNITHODIRA

ORNITHODIRA
Scharniergelenk des Knöchels

Eidechse

SQUAMATA
(MODERNE ECHSEN)

ARCHOSAURS
Antorbitale Öffnung

DIAPSIDA
Zwei Schläfenfenster

RIOJASUCHUS-SCHÄDEL

Nasenöffnung

Augenhöhle

Antorbitale Öffnung

Knöchel

SCHARNIERGELENK
Dinosaurier und ihre Verwandten sind überwiegend bipede Archosaurier, die alle ein Scharniergelenk als Knöchel besitzen. Auch Flugsaurier weisen dieses Merkmal auf.

FUSSKNOCHEN DES
TYRANNOSAURUS

DIAPSIDE SCHÄDEL
Im Schädel diapsider Reptilien liegen hinter jeder Augenhöhle zwei Löcher: die Verankerung der Kaumuskeln.

ANTORBITALE ÖFFNUNG
Archosaurier oder „Herrscherechsen" sind Diapside und haben daher zwischen Augenhöhle und Nasenöffnung zusätzlich eine antorbitale Öffnung.

EVOLUTION DER REPTILIEN
An vielen Schlüsselmerkmalen sieht man, dass Reptilien besser ausgestattet waren, um Beute zu fangen und zu zerkleinern. Die eckzahnähnlichen Zähne, die sich im Karbon entwickelten, eigneten sich gut zum Packen anderer Tiere, während die diapsiden Öffnungen den Schädel vermutlich gleichzeitig stabiler und leichter machten.

DIAPSIDER SCHÄDELTYP

Diapside Öffnungen

PARAREPTILIEN

DIESER GRUPPE ungewöhnlicher Reptilien gehörten kleine eidechsenartige Formen ebenso an wie größere Tiere. Anders als die meisten Reptilien hatten die Parareptilien im hinteren Teil ihres Schädels keine Öffnungen. Viele Parareptilien scheinen Pflanzenfresser gewesen zu sein.

Kegelförmige Stacheln

Kurzer Schwanz

PROCOLOPHONIDE
Die Procolophoniden waren Parareptilien, die vom Oberperm bis zur Obertrias weltweit vorkamen. Sie waren wie stämmige Echsen gebaut und hatten breite Schädel mit dicken Wangen, an denen je ein Stachel saß.

Mit den großen Augen sah er scharf.

Die kräftigen Gliedmaßen eigeneten sich zum Graben.

BRUCHTEILE EINES PROCOLOPHON-FOSSILS

Geräumiger Leib

SCUTOSAURUS

Schädel mit knochigen Auswüchsen

PANZERSCHÄDEL
Elginia war ein Parareptil des Oberperm. Sein Kopf trug Stacheln und zwei lange Hörner.

Mit kurzen Beinen und Zehen war Procolophon kein schneller Läufer.

ELGINIA-SCHÄDEL

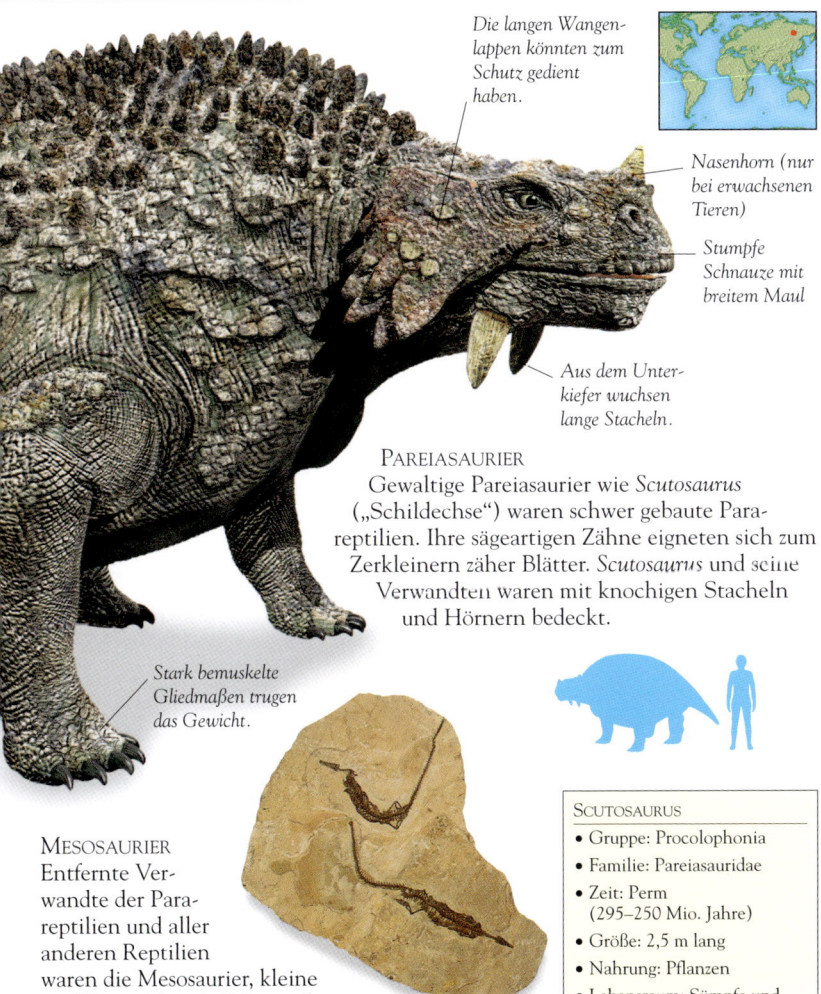

Die langen Wangen-
lappen könnten zum
Schutz gedient
haben.

Nasenhorn (nur
bei erwachsenen
Tieren)

Stumpfe
Schnauze mit
breitem Maul

Aus dem Unter-
kiefer wuchsen
lange Stacheln.

PAREIASAURIER

Gewaltige Pareiasaurier wie *Scutosaurus*
(„Schildechse") waren schwer gebaute Para-
reptilien. Ihre sägeartigen Zähne eigneten sich zum
Zerkleinern zäher Blätter. *Scutosaurus* und seine
Verwandten waren mit knochigen Stacheln
und Hörnern bedeckt.

Stark bemuskelte
Gliedmaßen trugen
das Gewicht.

MESOSAURIER

Entfernte Ver-
wandte der Para-
reptilien und aller
anderen Reptilien
waren die Mesosaurier, kleine
im Wasser lebende Echsen, die
Fische und Gliederfüßer jagten.

FOSSILER MESOSAURIER

SCUTOSAURUS

- Gruppe: Procolophonia
- Familie: Pareiasauridae
- Zeit: Perm
  (295–250 Mio. Jahre)
- Größe: 2,5 m lang
- Nahrung: Pflanzen
- Lebensraum: Sümpfe und
  Schwemmebenen

SCHILDKRÖTEN

SCHILDKRÖTEN (Chelonia) sind einzigartige Reptilien, die erstmals in der
Trias als kleine amphibische Allesfresser auftraten. Im Mesozoikum spalteten sie sich in
Pflanzen fressende Landbewohner, im Süßwasser
lebende Allesfresser und Karnivore sowie in riesige Meeresbewohner auf, die sich von Schwämmen und Quallen ernährten. Heute gibt es mehr
als 250 Schildkrötenarten.

*Die Schädel der
größten Meiola-
niiden waren
über 30 cm
breit.*

MEIOLANIIDEN-
SCHÄDEL

*Die Hörner
könnten im
Kampf eingesetzt
worden sein.*

*Nasenlöcher
oben auf der
Schnauze*

GEHÖRNTE LANDSCHILDKRÖTEN
Die Meiolaniiden waren riesige
Landschildkröten, die von der
Kreidezeit bis in die jüngere
Vergangenheit hinein lebten.
Hörner hinderten sie am Ein-
ziehen des Kopfes.

RIESE DER MEERE
Meeresschildkröten gibt es seit der Unterkreide.
Sie sind eine der vielen Gruppen, die Riesenfor-
men ausbildeten. *Archelon*, eine der größten,
erreichte knapp 4 m. Das ist doppelt so lang wie
eine heutige Meeresschildkröte. Viel größer
wurden die Tiere nicht, da sie zum Eierlegen an
Land kommen und ihre Beine hier in der Lage
sein mussten, das Körpergewicht zu tragen.

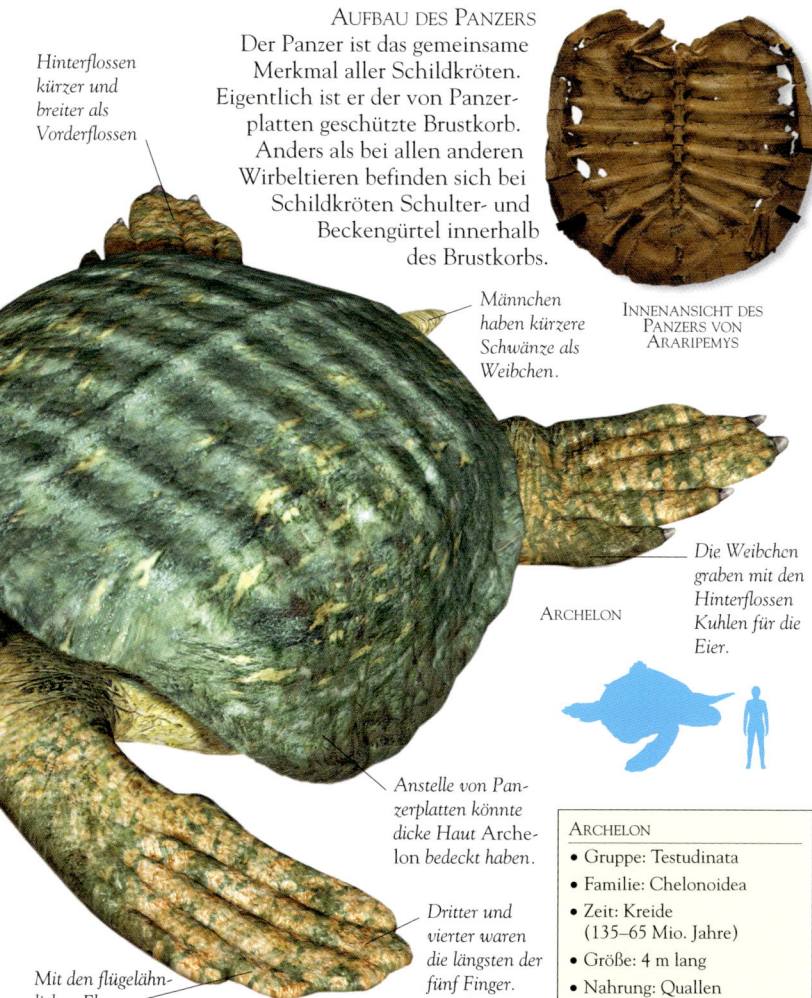

AUFBAU DES PANZERS

Der Panzer ist das gemeinsame Merkmal aller Schildkröten. Eigentlich ist er der von Panzerplatten geschützte Brustkorb. Anders als bei allen anderen Wirbeltieren befinden sich bei Schildkröten Schulter- und Beckengürtel innerhalb des Brustkorbs.

Hinterflossen kürzer und breiter als Vorderflossen

Männchen haben kürzere Schwänze als Weibchen.

INNENANSICHT DES PANZERS VON ARARIPEMYS

ARCHELON

Die Weibchen graben mit den Hinterflossen Kuhlen für die Eier.

Anstelle von Panzerplatten könnte dicke Haut Archelon bedeckt haben.

Dritter und vierter waren die längsten der fünf Finger.

Mit den flügelähnlichen Flossen schwamm sie schnell.

ARCHELON

- Gruppe: Testudinata
- Familie: Chelonoidea
- Zeit: Kreide (135–65 Mio. Jahre)
- Größe: 4 m lang
- Nahrung: Quallen
- Lebensraum: Warme Meere

VIELFALT DER DIAPSIDEN

IM OBERPERM machten die Diapsiden – die Reptiliengruppe, der Echsen, Archosaurier, Ichthyosaurier und Plesiosaurier angehören – eine erstaunliche Entwicklung durch. Aus den kleinen, Insekten fressenden Vorfahren aus dem Karbon entwickelten sich Gleiter, Schwimmer und Gräber. Sie bilden die Gruppe der Neodiapsiden.

Jeder Flügel wurde von 22 gebogenen Knochenstrahlen gestützt.

Gezackte Krause

Der hintere Teil des Schädels ähnelt dem der Eidechsen. Deshalb hielt man die Younginiformen für deren Vorfahren.

Lange, schmale Schnauze

YOUNGINA-SCHÄDEL

Scharfe Zähne, typisch für Insektenfresser

YOUNGINA UND VERWANDTE

Die Younginiformen zählen zu den primitivsten Neodiapsiden. Sie waren flinke Reptilien des Perm mit kurzen Hälsen und großen Öffnungen im hinteren Schädelbereich. Die meisten lebten auf dem Land.

COELUROSAURAVUS

- Gruppe: Diapsida
- Familie: Coelurosauravidae
- Zeit: Perm (295–250 Mio. Jahre)
- Größe: 60 cm lang
- Nahrung: Insekten
- Lebensraum: Lichte Wälder

Im Ruhezustand wurden die „Flügel" angelegt.

Der Körper war lang gestreckt und flach.

FRÜHE GLEITER

Weigeltisauriden lebten auf Bäumen. Für den Gleitflug streckten diese Diapsiden ihre mit Haut bespannten Knochenstrahlen aus. Die Knochenstrahlen des bekanntesten Weigeltisauriden *Coelurosauravus* hielt man zunächst für Flossenstrahlen eines Fischs.

Zwischen den Strahlen spannte sich Haut.

COELUROSAURAVUS

HOVASAURUS

Hovasaurus bewegte sich auch an Land.

LEBEN IM WASSER

Neodiapsiden des Perm gehörten zu den ersten im Wasser lebenden Reptilien. *Hovasaurus* besaß einen ruderartigen Schwanz.

CHORISTODERE

Die Choristoderen waren eine Gruppe im Wasser und auf dem Land lebender Neodiapsiden. Einige, wie *Champsosaurus*, ähnelten oberflächlich Süßwasserkrokodilen und jagten vermutlich Fische.

Die Wirbel weisen auf eine schwimmende Lebensweise hin.

Längere Kiefer als bei anderen Choristoderen

CHAMPSOSAURUS

MOSASAURIER

MOSASAURIER genannte Meerechsen beherrschten die seichten Meere der Kreide. Mit 15 m Länge zählten sie zu den beeindruckendsten räuberischen Meeresbewohnern aller Zeiten. Sie ernährten sich von Fischen, Schildkröten und Plesiosauriern.

Breiter, flacher Schwanz wie bei heutiger Seeschlange

TYLOSAURUS
Dieser langschädelige Mosasaurier gehörte der Gruppe der Varanoidea an. Eines seiner auffälligsten Merkmale war die knochige Schnauzenspitze. Vielleicht setzte er damit seine Beute außer Gefecht.

Ähnlich wie moderne Meeresbewohner war Tylosaurus vermutlich oben dunkel und unten hell.

Der Körper war mit Schuppen bedeckt.

TYLOSAURUS

Knochige Schnauzenspitze

Mosasaurier hatten nicht nur auf den Kieferrändern, sondern auch am Gaumen Zähne.

MOSASAURIER-SINNE
Wahrscheinlich besaßen Mosasaurier ebenso wie ihre Echsenverwandten auf dem Land lange gespaltene Zungen. An den Schädeln erkennt man, dass sie das Jacobsonsche Organ besaßen, mit dem auch Schlangen Geruchspartikel aufspüren.

WARAN

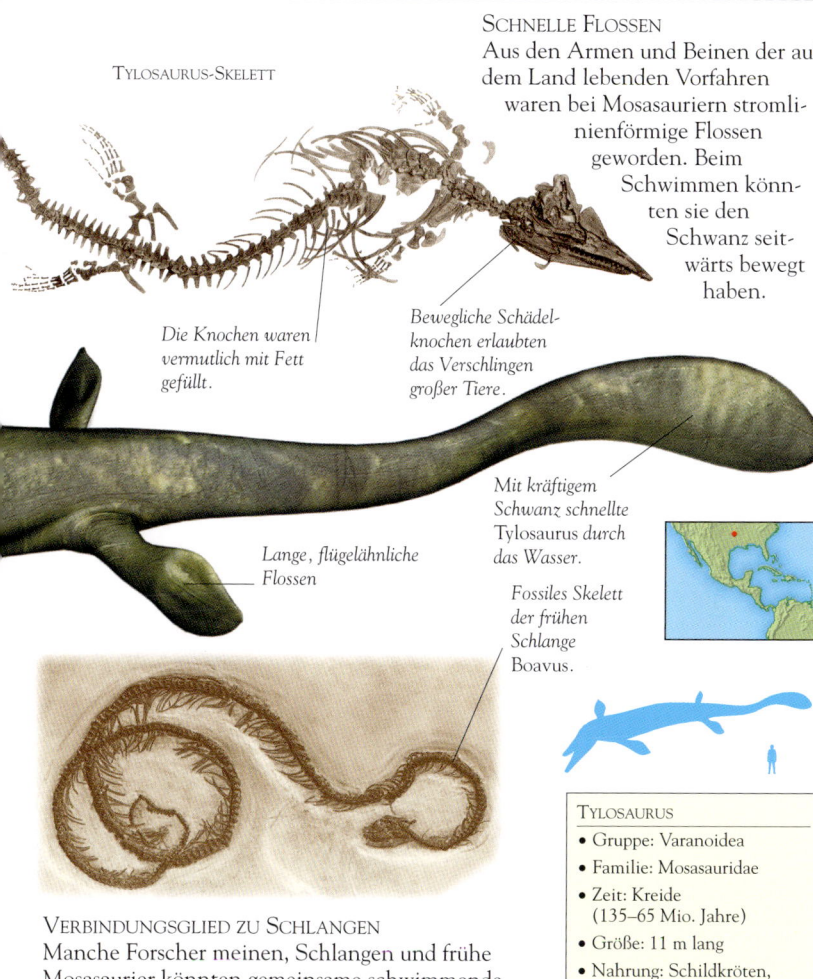

TYLOSAURUS-SKELETT

SCHNELLE FLOSSEN

Aus den Armen und Beinen der auf dem Land lebenden Vorfahren waren bei Mosasauriern stromlinienförmige Flossen geworden. Beim Schwimmen könnten sie den Schwanz seitwärts bewegt haben.

Die Knochen waren vermutlich mit Fett gefüllt.

Bewegliche Schädelknochen erlaubten das Verschlingen großer Tiere.

Lange, flügelähnliche Flossen

Mit kräftigem Schwanz schnellte Tylosaurus durch das Wasser.

Fossiles Skelett der frühen Schlange Boavus.

VERBINDUNGSGLIED ZU SCHLANGEN

Manche Forscher meinen, Schlangen und frühe Mosasaurier könnten gemeinsame schwimmende Vorfahren gehabt haben. Andere sind der Ansicht, es bestünde keinerlei Verwandtschaft.

TYLOSAURUS

- Gruppe: Varanoidea
- Familie: Mosasauridae
- Zeit: Kreide (135–65 Mio. Jahre)
- Größe: 11 m lang
- Nahrung: Schildkröten, Fische, Mosasaurier
- Lebensraum: Seichte Meere

PLACODONTIER UND NOTHOSAURIER

DIESE BEIDEN REPTILIENGRUPPEN lebten in Meeren der Trias. Sie waren mit den Plesiosauriern verwandt und Teil einer größeren Gruppe: der Sauropterygia. Placodontier und Nothosaurier kamen fast nur in den warmen, seichten Meeren Europas, Nordafrikas und Asiens vor und erreichten ungefähr 1 m Länge.

Spitze Zähne

Die Knochen von Schulter und Brust bildeten flache Platten.

NOTHOSAURUS

NOTHOSAURUS

Nothosaurier lebten räuberisch und amphibisch. Der bekannteste von ihnen war *Nothosaurus*, von dem in Europa und dem Nahen Osten acht Arten gefunden wurden. In der Unteren Trias lebte *Nothosaurus* in einem seichten Meer über dem heutigen Israel.

Flache Zähne zum Zerquetschen der Nahrung

Vorn im Kiefer wuchsen stiftähnliche Zähne.

MUSCHEL-MENÜ

Einige Placodontier, darunter *Placodus*, hatten stiftartige Zähne, mit denen sie vermutlich Muscheln vom Meeresboden pflückten.

Breite, runde Zähne des Unterkiefers

OBERKIEFER DES PLACODUS

UNTERKIEFER DES PLACODUS

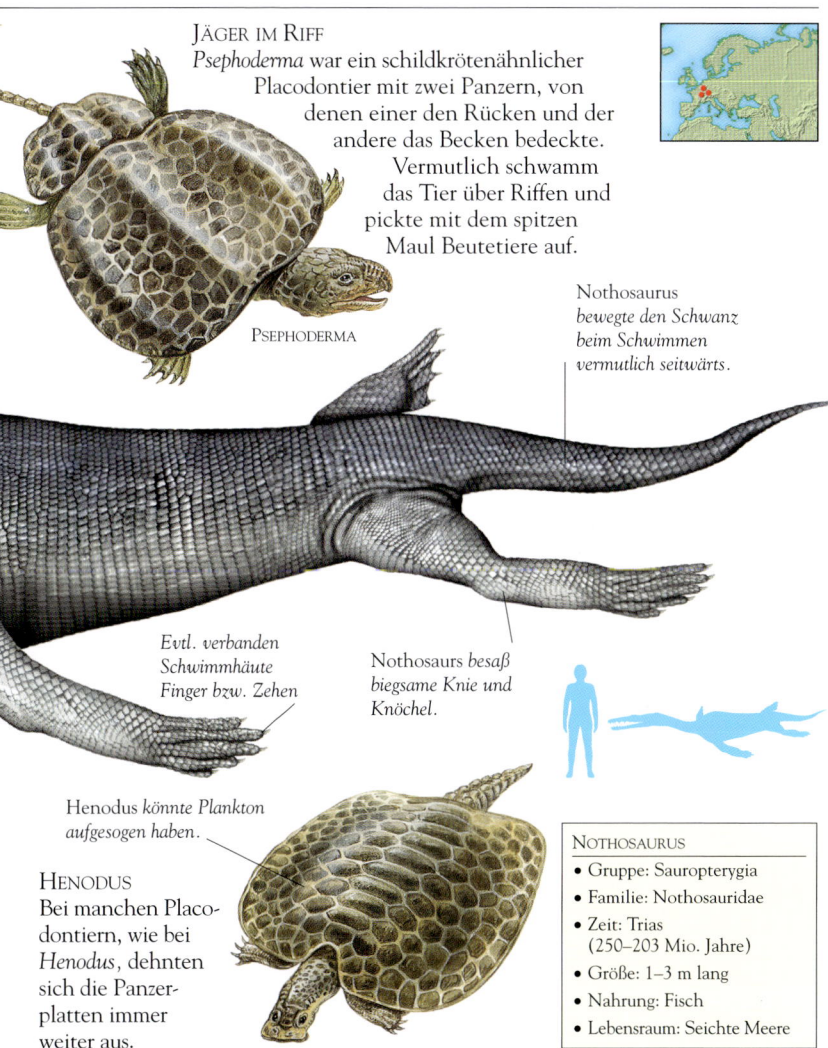

JÄGER IM RIFF
Psephoderma war ein schildkrötenähnlicher Placodontier mit zwei Panzern, von denen einer den Rücken und der andere das Becken bedeckte. Vermutlich schwamm das Tier über Riffen und pickte mit dem spitzen Maul Beutetiere auf.

PSEPHODERMA

Nothosaurus *bewegte den Schwanz beim Schwimmen vermutlich seitwärts.*

Evtl. verbanden Schwimmhäute Finger bzw. Zehen

Nothosaurs *besaß biegsame Knie und Knöchel.*

Henodus *könnte Plankton aufgesogen haben.*

HENODUS
Bei manchen Placodontiern, wie bei *Henodus*, dehnten sich die Panzerplatten immer weiter aus.

NOTHOSAURUS
• Gruppe: Sauropterygia
• Familie: Nothosauridae
• Zeit: Trias (250–203 Mio. Jahre)
• Größe: 1–3 m lang
• Nahrung: Fisch
• Lebensraum: Seichte Meere

KURZHALSIGE PLESIOSAURIER

PLESIOSAURIER WAREN Meeresreptilien aus der Gruppe der Sauropterygia. Ihre Flossen setzten sie vermutlich ähnlich wie Schidkröten oder Pinguine so ein, dass sie unter Wasser „flogen". Viele Plesiosaurier hatten lange Hälse und kleine Schädel, die Pliosaurier dagegen besaßen kurze Hälse und riesige Schädel.

GIGANT DER SÜDHALBKUGEL
Kronosaurus war ein riesiger Pliosaurier Australiens und Südamerikas. Er wurde besonders durch das rekonstruierte Skelett bekannt, das im Museum für Vergleichende Zoologie in Harward (USA) ausgestellt ist. Pliosaurier wie *Kronosaurus* kamen während Jura und Kreide weltweit vor.

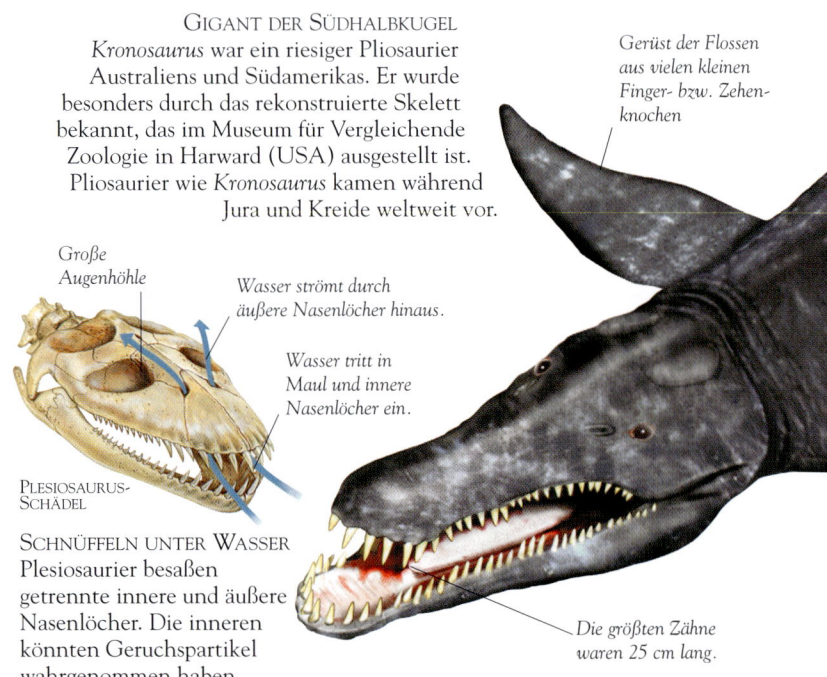

Gerüst der Flossen aus vielen kleinen Finger- bzw. Zehenknochen

Große Augenhöhle

Wasser strömt durch äußere Nasenlöcher hinaus.

Wasser tritt in Maul und innere Nasenlöcher ein.

PLESIOSAURUS-SCHÄDEL

SCHNÜFFELN UNTER WASSER
Plesiosaurier besaßen getrennte innere und äußere Nasenlöcher. Die inneren könnten Geruchspartikel wahrgenommen haben.

Die größten Zähne waren 25 cm lang.

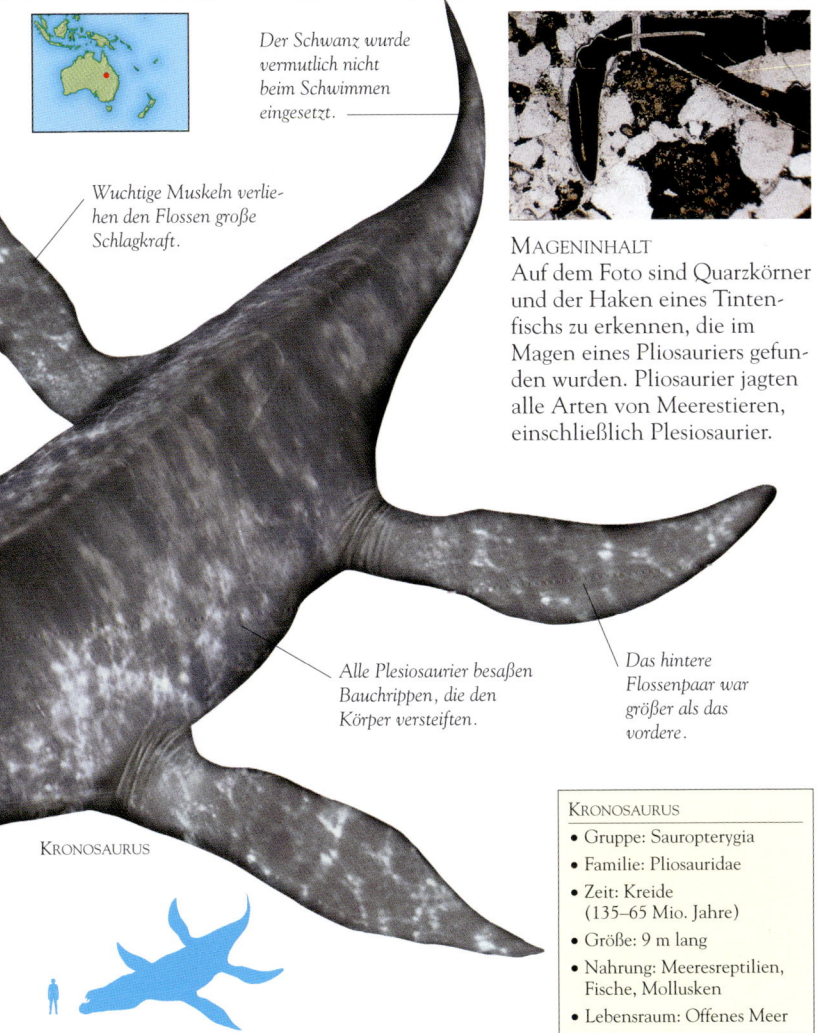

Der Schwanz wurde vermutlich nicht beim Schwimmen eingesetzt.

Wuchtige Muskeln verliehen den Flossen große Schlagkraft.

MAGENINHALT

Auf dem Foto sind Quarzkörner und der Haken eines Tintenfischs zu erkennen, die im Magen eines Pliosauriers gefunden wurden. Pliosaurier jagten alle Arten von Meerestieren, einschließlich Plesiosaurier.

Alle Plesiosaurier besaßen Bauchrippen, die den Körper versteiften.

Das hintere Flossenpaar war größer als das vordere.

KRONOSAURUS

KRONOSAURUS
- Gruppe: Sauropterygia
- Familie: Pliosauridae
- Zeit: Kreide (135–65 Mio. Jahre)
- Größe: 9 m lang
- Nahrung: Meeresreptilien, Fische, Mollusken
- Lebensraum: Offenes Meer

LANGHALSIGE PLESIOSAURIER

EINIGE PLESIOSAURIER hatten ausgesprochen große Köpfe, andere kleine Schädel und sehr lange Hälse. Die Hälse der Elasmosaurier – einer Gruppe der Plesiosaurier – waren bis zu 5 m lang. Die meisten langhalsigen Plesiosaurier ernährten sich von Fischen und Mollusken. Einige könnten auch auf dem Meeresboden lebende Wirbellose gefressen oder andere Meeresreptililen gejagt haben. Ende der Kreidezeit starben alle Plesiosaurier aus.

LANGE HÄLSE
Elasmosaurus besaß 72 Halswirbel – mehr als die übrigen Plesiosaurier und alle anderen Tiere. Man nimmt an, dass die Hälse sehr biegsam waren, weiß aber nicht, wie die Tiere sie einsetzten.

Leichter Schädel mit ineinander greifenden Zähnen

PLATTENECHSE

Elasmosaurus war ein in der Oberkreide
lebender Vertreter der Elasmosaurier, einer
Gruppe langhalsiger Plesiosaurier, die erstmals im Jura auftraten. Der Name bedeutet
„Plattenechse" und spielt auf die platten-
artigen Schulterknochen an. Die kräftigen
Muskeln, die die Schultern bewegten, waren
an diesen Knochen verankert.

ELASMOSAURUS
- Gruppe: Plesiosauria
- Familie: Elasmosauridae
- Zeit: Kreide
  (135–65 Mio. Jahre)
- Größe: 14 m lang
- Nahrung: Fische, schwim-
  mende Mollusken
- Lebensraum: Seichte Meere

Spitze
Flossenenden

ICHTHYOSAURIER

DIESE MEERESREPTILIEN AUS dem Mesozoikum erinnern an Haie oder Delfine. Versteinerte Hautabdrücke zeigen, dass *Ichthyosaurus* ähnlich wie ein Hai eine dreieckige Rückenflosse und eine gespaltene senkrechte Schwanzflosse besaß. Während kleinere Ichthyosaurier nur ca. 1 m lang wurden, erreichten große Ichthyosaurier über 20 m Länge.

REPTIL MIT HAIKÖRPER
Zahlreiche Exemplare von *Ichthyosaurus*, dem bekanntesten Ichthyosaurier, fand man in englischem und deutschem jurassischen Gestein .

Kleine, spitze
Zähne

Nasenöffnungen in
Augennähe

ICHTHYOSAURUS

Langer,
schmaler Kiefer

Bei diesem versteinerten
Ichthyosaurier-Weibchen
blieben die ungeborenen
Jungen erhalten.

GEBURT UND JUNGE
Im fossilen Körper einiger Ichthyosaurier fand man die Knochen von Jungen der gleichen Art. Zunächst nahm man an, sie hätten sich im Magen befunden.

FOSSIL EINES TRÄCHTIGEN STENOPTERYGIUS

WIE SCHWAMM EIN ICHTHYOSAURIER?
Ichthyosaurier schnellten vermutlich
mithilfe des Schwanzes durchs Wasser.
Die kräftigen Schultern und die Flos-
senform deuten darauf hin, dass sie die
Brustflossen wie Flügel einsetzten.

STENOPTERYGIUS-
FOSSIL

Dreieckige
Rückenflosse

Erhalten gebliebene Haut
ist glatt. Offenbar war
sie nicht von Schuppen
bedeckt.

Gespaltene,
haiartige
Schwanzflosse

Die kleinen Bauch-
flossen könnten das
Tier stabilisiert haben.

JUNGER ICHTHYOSAURUS

Riesige Augen mit
großem Knochenring

ICHTHYOSAURUS-
SCHÄDEL

GROSSE AUGEN FÜR DUNKLE REGIONEN
Ichthyosaurier hatten sehr große Augenhöhlen, in
denen verknöcherte Ringe das schwere Auge stützten.
Aufgrund der Größe der Augen nimmt man an, dass
die Tiere auch nachts oder in großer Tiefe jagten.

ICHTHYOSAURUS
- Gruppe: Ichthyopterygia
- Familie: Ichthyosauridae
- Zeit: Jura
  (203–135 Mio. Jahre)
- Größe: 3 m lang
- Nahrung: Fisch, Tintenfisch
- Lebensraum: Offenes Meer

FRÜHE HERRSCHERECHSEN

ARCHOSAURIER – die Gruppe, der Krokodile, Dinosaurier und Vögel angehören – ist Teil der größeren Gruppe der Archosauromorphen ("Herrscherechsenformen"), aus der sich wiederum die karnivoren Prolacertiformen, die herbivoren Trilophosaurier und Rhynchosaurier entwickelten.

FISCHER MIT GIRAFFENHALS
Bei *Tanystropheus*, einem Reptil der Trias, war der Hals doppelt so lang wie der Körper. Die meisten Exemplare wurden in Meeresgestein entdeckt.

Eidechsenähnliche Gestalt

Tanystropheus besaß lange Beine.

Möglicherweise hatte er Schwimmhäute.

Alle Trilophosaurier waren kürzer als 1 m.

TRILOPHOSAURS
Er gehörte zu den Archosauromorphen und besaß einen massigen Schädel mit schnabelartiger Schnauze und breiten Backenzähnen.

Die langen Glieder eigneten sich zum Laufen und Graben.

TRILOPHOSAURUS-
SKELETT

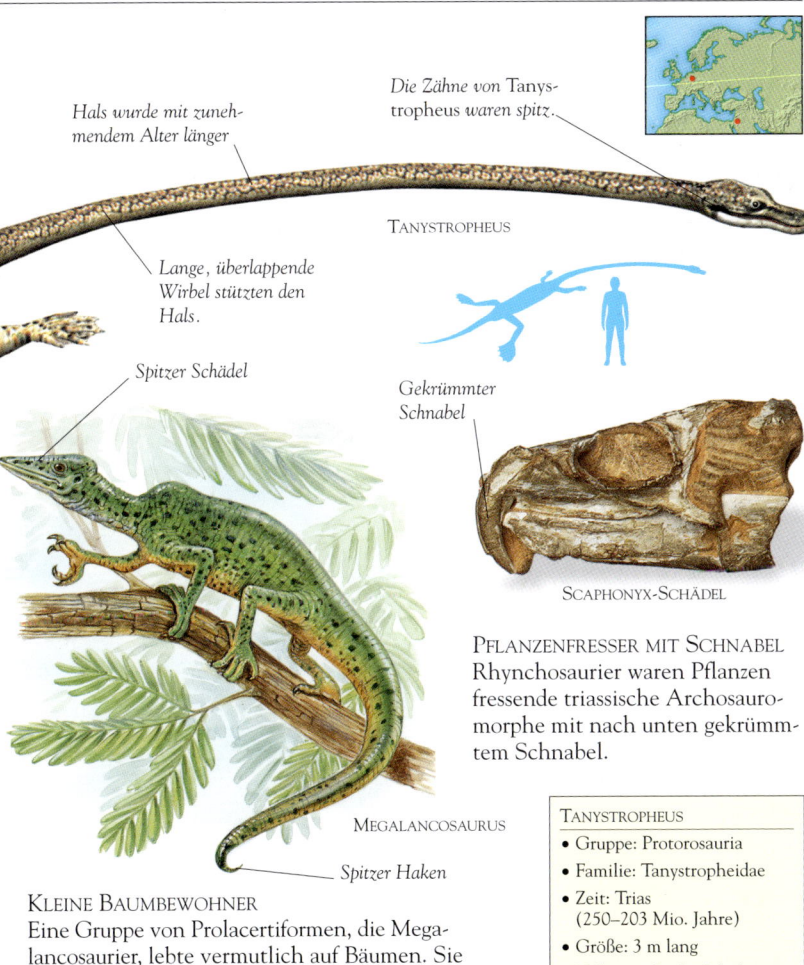

Hals wurde mit zunehmendem Alter länger

Die Zähne von Tanystropheus waren spitz.

TANYSTROPHEUS

Lange, überlappende Wirbel stützten den Hals.

Spitzer Schädel

Gekrümmter Schnabel

SCAPHONYX-SCHÄDEL

PFLANZENFRESSER MIT SCHNABEL
Rhynchosaurier waren Pflanzen fressende triassische Archosauromorphe mit nach unten gekrümmtem Schnabel.

MEGALANCOSAURUS

Spitzer Haken

KLEINE BAUMBEWOHNER
Eine Gruppe von Prolacertiformen, die Megalancosaurier, lebte vermutlich auf Bäumen. Sie erreichten weniger als 30 cm Körperlänge und ähnelten unseren Chamäleons. Die spitzen Zähne weisen sie als Insektenfresser aus.

TANYSTROPHEUS
- Gruppe: Protorosauria
- Familie: Tanystropheidae
- Zeit: Trias
  (250–203 Mio. Jahre)
- Größe: 3 m lang
- Nahrung: Fisch, Schalentiere
- Lebensraum: Seichte Meere, Küstengewässer

119

FRÜHE KROKODILGRUPPEN

DIE ARCHOSAURIER – Krokodile, Flugsaurier, Dinosaurier und ihre Verwandten – fächerten sich in der Trias in viele verschiedene Gruppen auf. Schon früh teilten sich Archosaurier in zwei Schwestergruppen auf, von denen es heute noch Vertreter gibt. Zu den Ornithodira zählen Flugsaurier, Dinosaurier und Vögel, zu den Crocodylotarsia ausgestorbene Arten und Krokodile.

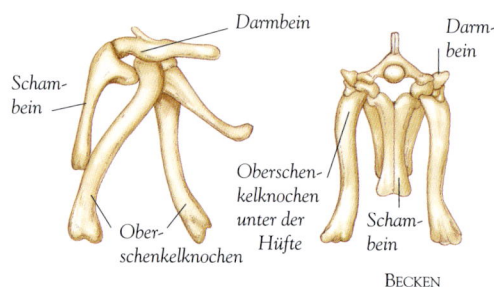

Langer Schwanz

BREITSCHÄDELIGE RIESEN
Viele Reptilien der Krokodilgruppe waren an Land lebende Räuber, die Rauisuchier. Manche wurden bis zu 10 m lang. *Prestosuchus* war aus der Trias Brasiliens. Ähnliche Rauisuchier lebten in Europa, Argentinien und anderswo.

Mit den kräftigen Beinen war Prestosuchus ein schneller Läufer.

WIE RAUISUCHIER LIEFEN
Rauisuchier hatten eine ähnliche Haltung wie Dinosaurier, da ihre Beine gerade unter dem Körper standen. Die Beweglichkeit des Rückgrats lässt auf eine springende Fortbewegung schließen.

Darmbein

Schambein

Oberschenkelknochen

BECKEN (SEITENANSICHT)

Darmbein

Oberschenkelknochen unter der Hüfte

Schambein

BECKEN (VORDERANSICHT)

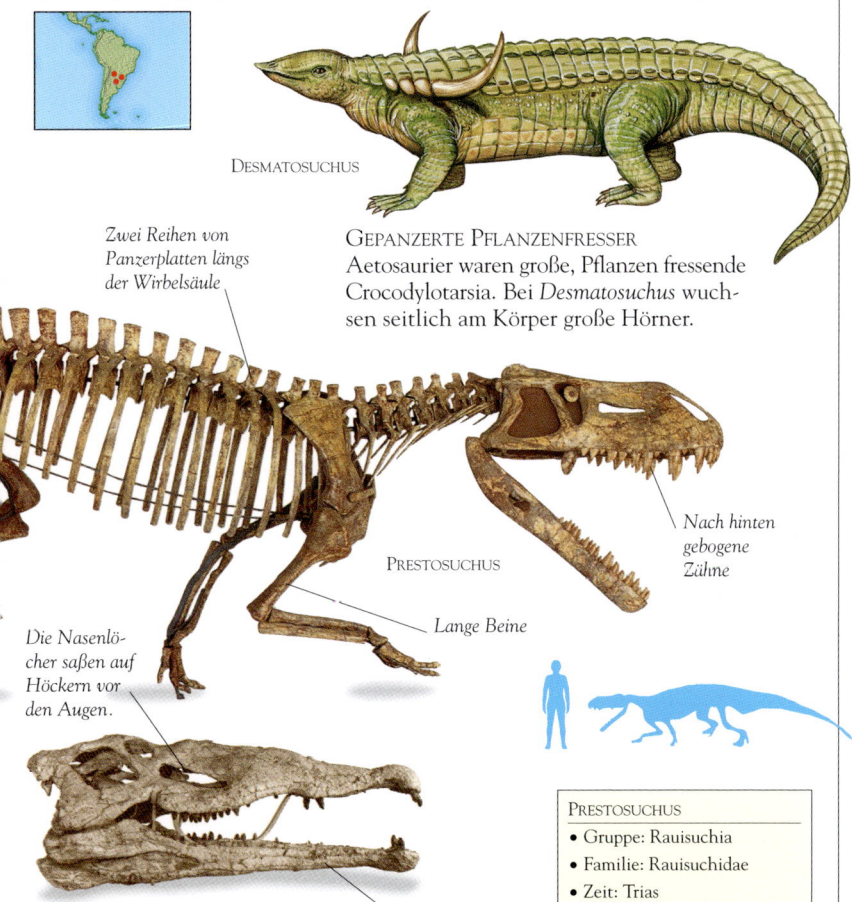

DESMATOSUCHUS

Zwei Reihen von Panzerplatten längs der Wirbelsäule

GEPANZERTE PFLANZENFRESSER
Aetosaurier waren große, Pflanzen fressende Crocodylotarsia. Bei *Desmatosuchus* wuchsen seitlich am Körper große Hörner.

PRESTOSUCHUS

Nach hinten gebogene Zähne

Lange Beine

Die Nasenlöcher saßen auf Höckern vor den Augen.

ALTE KROKODILE
Phytosaurier wie *Machaeroprosopus* waren primitive, amphibisch lebende Crododylotarsia der Oberen Trias, die lange vor den Krokodilen auftraten.

Lange, mächtige Kiefer mit spitzen Zähnen.

PRESTOSUCHUS
- Gruppe: Rauisuchia
- Familie: Rauisuchidae
- Zeit: Trias (250–203 Mio. Jahre)
- Größe: 5 m lang
- Nahrung: Große Wirbeltiere
- Lebensraum: Buschland, offenes Waldland

KROKODILIER

ABGESEHEN VON DEN Vögeln sind die Krokodilier die letzten überlebenden Archosaurier. Sie entwickelten sich nahezu gleichzeitig mit den Dinosauriern und haben eine 200 Mio. Jahre alte Geschichte. Im warmen Klima des Dinosaurierzeitalters breiteten sich die wechselwarmen Tiere weltweit aus.

Der Körper war nicht gepanzert.

Hinter den Augen war der Schädel breiter.

Lange Kiefer mit spitzen Zähnen

Kleine scharfe Zähne

Schmale Kiefer

MEERESUNGEHEUER
Metriorhynchus lebte in mesozoischen Meeren. Schwimmhäute machten ihn zu einem ausgezeichneten Schwimmer. Seine scharfen Zähne packten Fische und Tintenfische mit festem Griff.

BETAGTER FISCHFRESSER
Gaviale gibt es bereits seit 50 Mio. Jahren. Heute kommen sie nur noch in Indien vor.

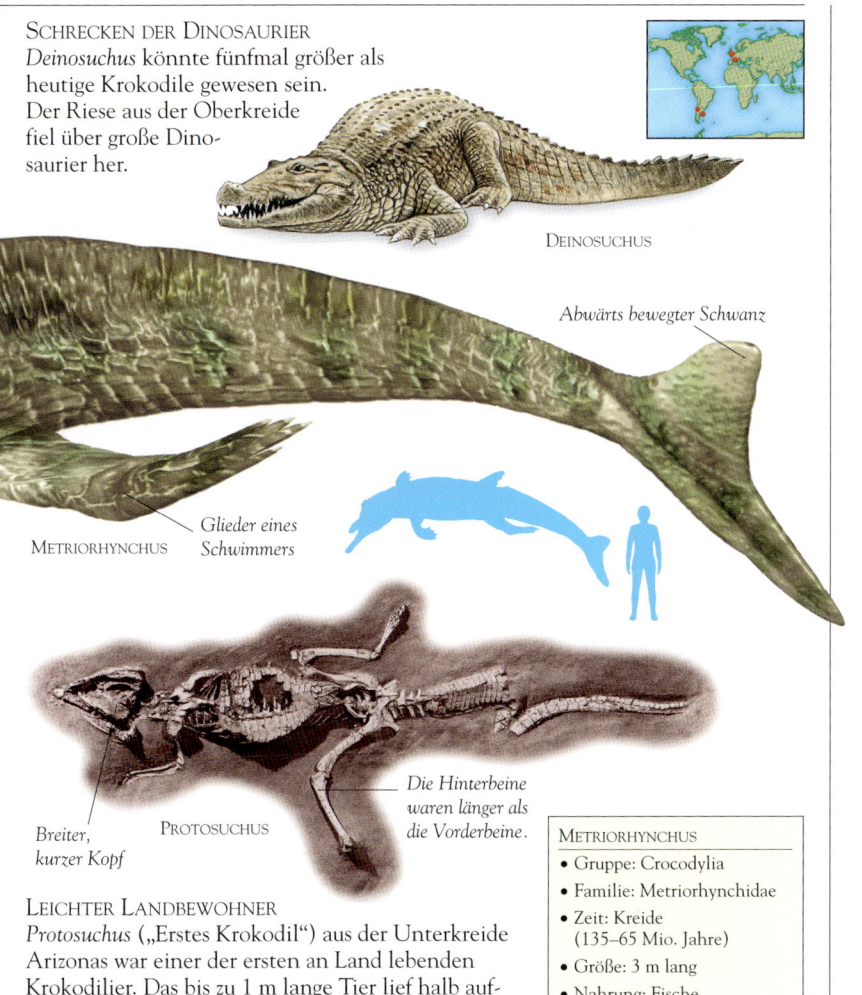

SCHRECKEN DER DINOSAURIER
Deinosuchus könnte fünfmal größer als heutige Krokodile gewesen sein. Der Riese aus der Oberkreide fiel über große Dinosaurier her.

DEINOSUCHUS

Abwärts bewegter Schwanz

METRIORHYNCHUS

Glieder eines Schwimmers

Breiter, kurzer Kopf

PROTOSUCHUS

Die Hinterbeine waren länger als die Vorderbeine.

LEICHTER LANDBEWOHNER
Protosuchus („Erstes Krokodil") aus der Unterkreide Arizonas war einer der ersten an Land lebenden Krokodilier. Das bis zu 1 m lange Tier lief halb aufrecht auf den langen Hinterbeinen und jagte schnelle Eidechsen und Säugetiere.

METRIORHYNCHUS
- Gruppe: Crocodylia
- Familie: Metriorhynchidae
- Zeit: Kreide (135–65 Mio. Jahre)
- Größe: 3 m lang
- Nahrung: Fische
- Lebensraum: Meere

FRÜHE FLUGSAURIER

FLUGSAURIER (Pterosaurier) waren flugfähige Archosaurier und möglicherweise eng mit den Dinosauriern verwandt. Ihre Flügel bestanden aus einer großen Membran, die am langen vierten Finger und an den Beinen angewachsen war. Durch Fossilien wissen wir, dass einige Flugsaurier ein Fell hatten und daher Warmblüter gewesen sein könnten.

Fossiles Skelett des Dimorphodon

PRIMITIVE FLUGSAURIER
Dimorphodon war ein Flugsaurier aus dem Unteren Jura. Bemerkenswert ist der riesige Schädel.

FLUGKÜNSTLER
Jene Teile des Gehirns, die für das Sehvermögen und die Steuerungen der Bewegungen zuständig sind, waren bei Pterosauriern ähnlich gut entwickelt wie bei heutigen Vögeln.

Kurze Handgelenksknochen

ANUROGNATHUS

INSEKTENJÄGER
Anorognathiden besaßen kurze, hoch gewölbte Schädel, scharfe, spitze Zähne und lange, schlanke Flügel. Sie könnten schnell fliegende Insektenjäger gewesen sein.

ANUROGNATHUS

- Gruppe: Pterosauria
- Familie: Rhamphorhynchoidea
- Zeit: Jura (203–135 Mio. Jahre)
- Größe: Spannweite 50 cm
- Nahrung: Insekten, möglicherweise Florfliegen
- Lebensraum: Küsten, Flussufer, Waldland

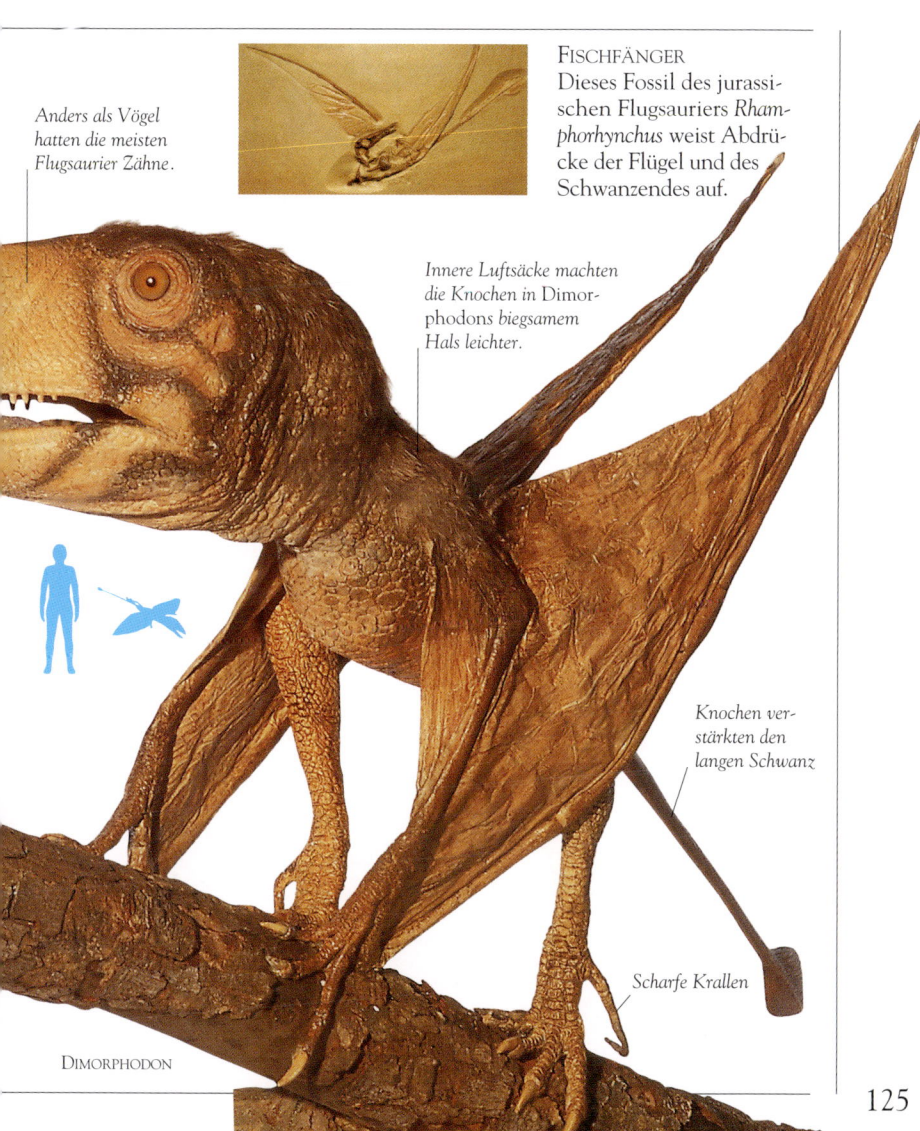

Anders als Vögel hatten die meisten Flugsaurier Zähne.

FISCHFÄNGER
Dieses Fossil des jurassischen Flugsauriers *Rhamphorhynchus* weist Abdrücke der Flügel und des Schwanzendes auf.

Innere Luftsäcke machten die Knochen in Dimorphodons biegsamem Hals leichter.

Knochen verstärkten den langen Schwanz

Scharfe Krallen

DIMORPHODON

125

DIMORPHODON

DAS AUFFÄLLIGSTE Merkmal von *Dimorphodon* („Zweiförmiger Zahn") war sein dicker Kopf. Er hatte einen kurzen Hals und einen langen, in ein rautenförmiges Gebilde auslaufenden Schwanz, den er nur am Ansatz bewegen konnte. *Dimorphodon* hatte lange Vorderzähne und kleinere Zähne weiter hinten im Kiefer. Am Boden bewegte er sich vermutlich unbeholfen.

Ledrige Flügel

Großer Schnabel

Das rautenförmige Gebilde am Schwanzende könnte als Ruder gedient haben.

DIMORPHODON
- Gruppe: Rhamphorhynchoidea
- Familie: Dimorphodontidae
- Zeit: Jura (203–135 Mio. Jahre)
- Größe 1,4 m lang
- Nahrung: Fische, Insekten u. a. kleinere Tiere
- Lebensraum: Küsten, Ufer

OPPORTUNISTISCHER JÄGER

Überreste von *Dimorphodon* und mit ihm verwandter Flugsaurier wurden sowohl in Gestein von Meeresböden als auch von Flusslandschaften gefunden. Möglicherweise waren sie in vielen Lebensräumen verbreitet. Flugsaurier jagten vermutlich kleinere Tiere wie Insekten, Eidechsen und andere kleinere Reptilien, Fische und Schalentiere. *Dimorphodon* könnte sich viel auf Klippen oder Ästen aufgehalten haben, von denen aus er losflog.

HÖHERE FLUGSAURIER

PTERODACTYLOIDE eroberten den Himmel der Kreidezeit. Am Ende der Oberkreide aber waren nur ein oder zwei Arten von Flugsauriern übrig. Sie könnten ausgestorben sein, weil neu aufgetretene Wasservögel sie aus ihrem Lebensraum verdrängten.

FLÜGEL UND KEINE ZÄHNE

Pteranodon bedeutet „Flügel und keine Zähne" und bezeichnet einen der berühmtesten Flugsaurier, der in Nordamerika lebte. Er hatte einen großen Kamm, und die Form seines Unterkiefers lässt darauf schließen, dass er einen Kehlsack besaß.

Nach hinten weisender Kamm

MÄNNLICH UND WEIBLICH

Die einzelnen *Pteranodon*-Exemplare haben unterschiedlich geformte Kämme. Bei manchen waren sie sehr auffällig, bei anderen eher klein. Da man Tiere mit unterschiedlichen Kämmen am gleichen Ort fand, nimmt man an, dass es sich um Männchen und Weibchen der gleichen Art handelte.

Weibchen

Männchen

PTEANODON STERNBERGI

PTERODAUSTRO

Einige Pterodactyloide verfügten über lange Kiefer mit hunderten schmaler Zähne, darunter der südamerikanische *Pterodaustro*. In seinem Unterkiefer steckten ungefähr 1000 borstenähnliche Zähne, mit denen er Plankton gefiltert haben könnte.

Borstenähnliche Zähne

Flügelknochen

Strahlen aus harten, aber biegsamen Fasern verstärkten die Flugmembran.

Die Spannweite von Pteranodon betrug bis zu 9 m.

TROPEOGNATHUS

DSUNGARIPTERUS

GERMANODACTYLUS

ANHANGUERA

GNATHOSAURUS

PTERANODON INGENS

DIE FUNKTION DER KÄMME

Viele Pterodactyloide besaßen Kämme und mitunter auch Auswüchse des Unterkiefers. Die Kämme könnten zum Anlocken von Partnern oder aber als Stabilisatoren im Flug gedient haben. Bei einigen besonders gut erhaltenen Fossilien sind Kammauswüchse aus weichem Gewebe erhalten.

Schwimmhäute erleichterten das Steuern.

Die Beine von Pteranodon waren kurz und schwach bemuskelt.

PTERANODON INGENS

Quetzalcoatlus im Flug

GIGANTEN IM GLEITFLUG

Azhdarchiden hatten einen langen Hals und langen Kiefer und eine extrem große Spannweite. Bei *Quetzalcoatlus*, dem bekanntesten, betrug sie 11 m.

PTERANODON

- Gruppe: Pterosauria
- Familie: Pterodactyloidea
- Zeit: Kreide (135–65 Mio. Jahre)
- Größe: Spannweite 7–9 m
- Nahrung: Fische
- Lebensraum: Seichte interkontinentale Meere

DINOSAURIER UND VÖGEL

KAUM VORSTELLBAR, dass ein Kolibri mit einer Echse verwandt sein soll, die so groß wie ein Blauwal ist. Dennoch scheint gesichert, dass die Vögel von gefiederten Dinosauriern abstammen. Dieser Teil des Buches widmet sich jenen urzeitlichen Reptilien, die 160 Mio. Jahre lang das prähistorische Land beherrschten.

WAS SIND DINOSAURIER?

VOR UNGEFÄHR 225 MIO. JAHREN erschien eine neue Gruppe von Reptilien. Wie alle Reptilien besaßen sie eine wasserdichte, von Schuppen bedeckte Haut und ihre Jungen entwickelten sich in Eiern. Sie beherrschten 160 Mio. Jahre lang die Erde und starben dann aus.

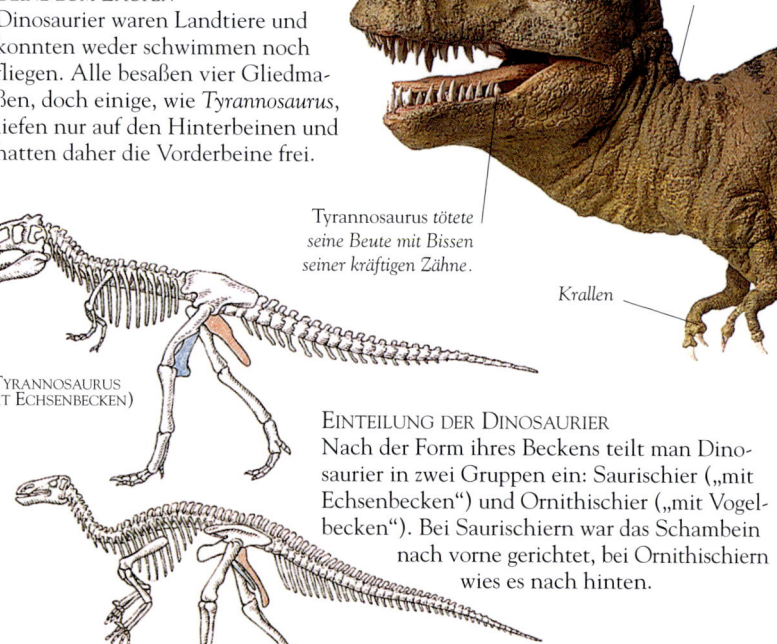

Kräftige Muskeln ermöglichten das Zerreißen der Beute.

BEINE ZUM LAUFEN

Dinosaurier waren Landtiere und konnten weder schwimmen noch fliegen. Alle besaßen vier Gliedmaßen, doch einige, wie *Tyrannosaurus*, liefen nur auf den Hinterbeinen und hatten daher die Vorderbeine frei.

Tyrannosaurus tötete seine Beute mit Bissen seiner kräftigen Zähne.

Krallen

TYRANNOSAURUS
(MIT ECHSENBECKEN)

EINTEILUNG DER DINOSAURIER

Nach der Form ihres Beckens teilt man Dinosaurier in zwei Gruppen ein: Saurischier („mit Echsenbecken") und Ornithischier („mit Vogelbecken"). Bei Saurischiern war das Schambein nach vorne gerichtet, bei Ornithischiern wies es nach hinten.

IGUANODON
(MIT VOGEL-
BECKEN)

Periode	Vor Mio. Jahren	Dinosaurier dieser Periode (Beispiele)	
KREIDE	135-65		Triceratops
JURA	203-135		Stegosaurus
TRIAS	250-203		Herrerasaurus

ZEITTAFEL
Dinosaurier lebten während drei Perioden der Erdgeschichte: Trias, Jura und Kreide. In jeder dieser Perioden waren andere Arten von ihnen verbreitet. Die einzelnen Arten lebten vermutlich jeweils 2 bis 3 Mio. Jahre.

Mit Schuppen bedeckte Haut

Der schwere Schwanz balancierte den Körper aus.

LEBENDE REPTILIEN
Moderne Reptilien, wie dieser Leguan, haben mit den Dinosauriern viele Merkmale gemeinsam. Forscher glauben jedoch, dass die heutigen Vögel mit den Dinosauriern enger verwandt sind als die heutigen Echsen.

Kräftige Beine

133

DINOSAURIER-TYPEN

ES GAB DIE unterschiedlichsten Formen. Die Sauropoden waren die größten Landtiere aller Zeiten. Die kleinsten Dinosaurier waren nur hühnergroß. Bei manchen Arten schützten harte Platten den Körper. Andere Dinosaurier waren schnelle Läufer.

HUNGRIGE JÄGER
Tyrannosaurus und andere große, Fleisch fressende Dinosaurier besaßen scharfe Zähne und kräftige Kiefer.

PFLANZENFRESSER
Unter den Dinosauriern gab es wesentlich mehr Herbivore (Pflanzenfresser) als Karnivore (Fleischfresser). Der Herbivore *Stegosaurus* biss Blätter mit einem scharfen Schnabel ab.

EINER DER GRÖSSTEN
Der Sauropode *Barosaurus* konnte 24 m lang werden und mehr wiegen als acht Elefanten. Er war einer der größten Dinosaurier.

Compsognathus
reichte Barosaurus
bis zum Knöchel.

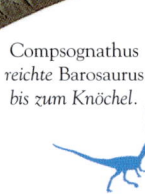

Der Schwanz von
Barosaurus *war*
ca. 13 m lang.

Compsognathus war ein schneller Läufer.

Beachte den Größenvergleich von Compsognathus mit Barosaurus unten auf Seite 134.

Beachte den Größenvergleich von Compsognathus mit Barosaurus unten auf Seite 134.

Der lange Schwanz von Barosaurus diente als Gegengewicht für den Hals.

EINER DER KLEINSTEN
Mit 1 m Körperlänge zählte *Compsognathus* zu den kleinsten Dinosauriern.

Dicke Panzerplatten

Breite seitliche Stacheln

Stämmige Beine

DINOSAURIER-FAKTEN

- Es gab ungefähr 30 mal mehr Pflanzenfresser als Fleischfresser.
- Die schnellsten Dinosaurier waren die auf zwei Beinen laufenden Theropoden.
- Dinosaurier lebten nicht im Meer.
- Die Sauropoden waren die größten.

STACHLIGER SCHUTZ
Die Pflanzen fressenden, langsamen Ankylosaurier waren mit Panzern vor Fressfeinden geschützt. *Edmontonia* besaß knochige Platten und Stacheln. Dieser Dinosaurier lebte zur gleichen Zeit und in den gleichen Regionen wie *Tyrannosaurus* und konnte diesen Schutz vermutlich sehr gut brauchen.

135

WEITERE DINOSAURIER-TYPEN

WIR WERDEN NIEMALS erfahren, wie viele Dinosaurierarten es wirklich gab. Wir wissen nur, dass ein Teil der entdeckten Fossilien von Verwandten der Dinosaurier stammte.

Kräftige Kiefer und Mahlzähne

Arme, auch zum Laufen geeignet

IGUANODON

Biegsamer Hals

Lange Kiefer

Daumen-kralle

Baryonyx lief auf zwei Beinen.

BARYONYX

SEHR VERBREITET
Iguanodon war ein sehr verbreiteter Dinosaurier. In einer belgischen Kohlegrube fanden Arbeiter von 1878 bis 1881 39 *Iguanodon*-Skelette

SEHR SELTEN
Baryonyx ist einer der seltensten bekannten Dinosaurier. Bisher wurde nur ein Exemplar dieses Karnivoren gefunden.

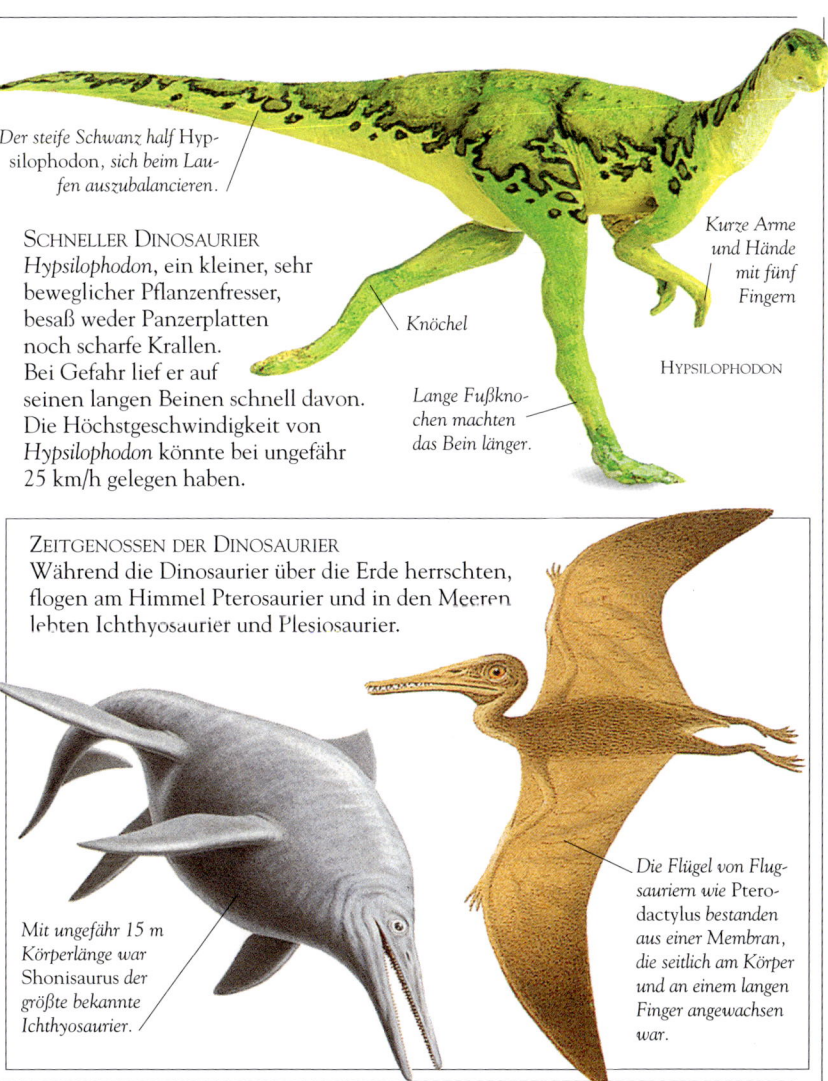

Der steife Schwanz half Hypsilophodon, sich beim Laufen auszubalancieren.

SCHNELLER DINOSAURIER
Hypsilophodon, ein kleiner, sehr beweglicher Pflanzenfresser, besaß weder Panzerplatten noch scharfe Krallen. Bei Gefahr lief er auf seinen langen Beinen schnell davon. Die Höchstgeschwindigkeit von *Hypsilophodon* könnte bei ungefähr 25 km/h gelegen haben.

Knöchel

Lange Fußknochen machten das Bein länger.

Kurze Arme und Hände mit fünf Fingern

HYPSILOPHODON

ZEITGENOSSEN DER DINOSAURIER
Während die Dinosaurier über die Erde herrschten, flogen am Himmel Pterosaurier und in den Meeren lebten Ichthyosaurier und Plesiosaurier.

Mit ungefähr 15 m Körperlänge war Shonisaurus der größte bekannte Ichthyosaurier.

Die Flügel von Flugsauriern wie Pterodactylus bestanden aus einer Membran, die seitlich am Körper und an einem langen Finger angewachsen war.

ANATOMIE DER DINOSAURIER

DIE FORM VON von Kopf, Rumpf und Beinen hilft uns, Dinosaurier voneinander zu unterscheiden und ermöglicht Rückschlüsse auf ihre Lebensweise. Skelett, Panzerplatten und weitere als Fossilien erhaltene Teile liefern uns wertvolle Informationen über diese faszinierenden Tiere.

KÖRPERKRAFT

Die Muskeln von Schultern und Becken waren für die kleinen, schnellen Läufer ebenso wichtig wie für langsame, schwerfällige Tiere. Die größten Dinosaurier waren nicht immer die stärksten.

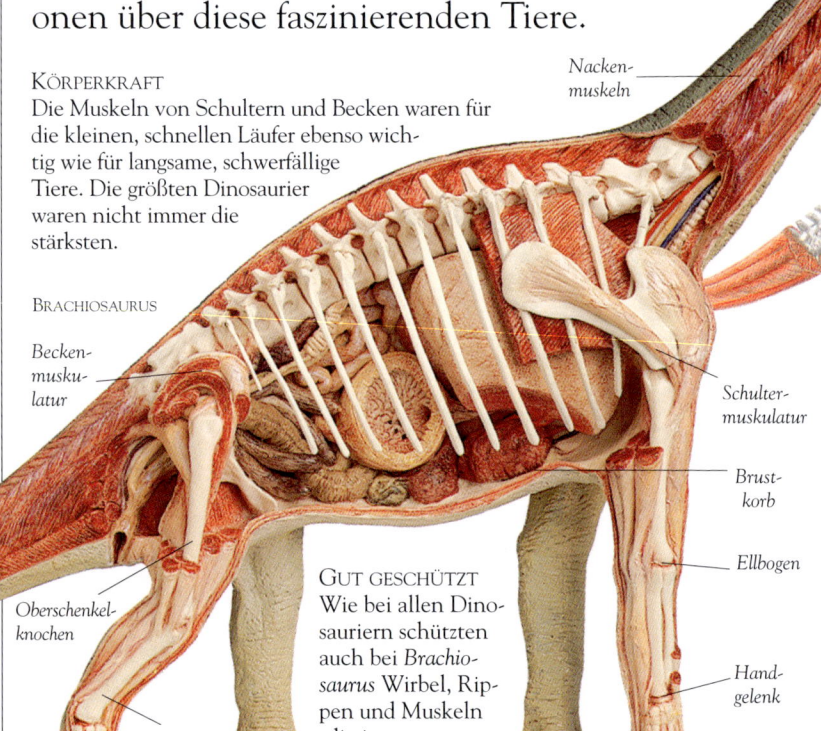

BRACHIOSAURUS

Nacken-
muskeln

Becken-
muskulatur

Schulter-
muskulatur

Brust-
korb

Ellbogen

Oberschenkel-
knochen

GUT GESCHÜTZT

Wie bei allen Dinosauriern schützten auch bei *Brachiosaurus* Wirbel, Rippen und Muskeln die inneren Organe.

Hand-
gelenk

Schienbein

Zehen-
knochen

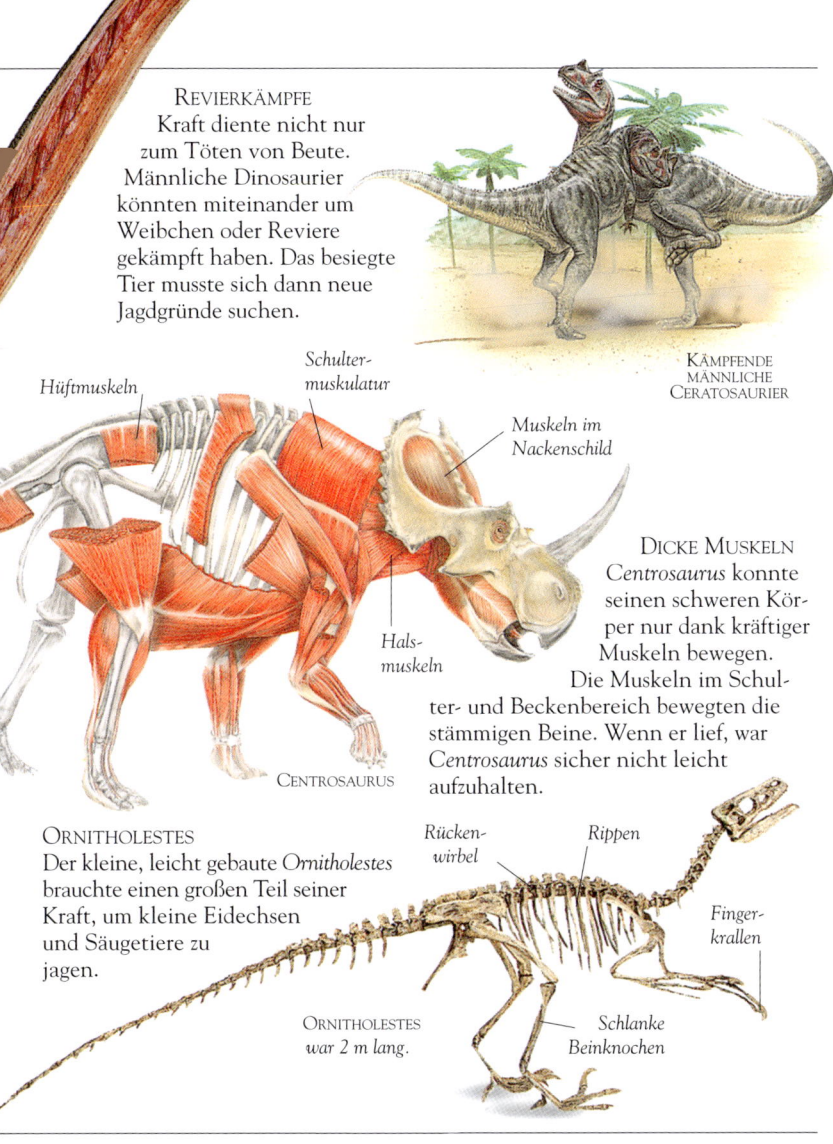

REVIERKÄMPFE
Kraft diente nicht nur zum Töten von Beute. Männliche Dinosaurier könnten miteinander um Weibchen oder Reviere gekämpft haben. Das besiegte Tier musste sich dann neue Jagdgründe suchen.

KÄMPFENDE
MÄNNLICHE
CERATOSAURIER

Hüftmuskeln

Schulter-
muskulatur

Muskeln im
Nackenschild

DICKE MUSKELN
Centrosaurus konnte seinen schweren Körper nur dank kräftiger Muskeln bewegen. Die Muskeln im Schulter- und Beckenbereich bewegten die stämmigen Beine. Wenn er lief, war Centrosaurus sicher nicht leicht aufzuhalten.

Hals-
muskeln

CENTROSAURUS

ORNITHOLESTES
Der kleine, leicht gebaute Ornitholestes brauchte einen großen Teil seiner Kraft, um kleine Eidechsen und Säugetiere zu jagen.

Rücken-
wirbel

Rippen

Finger-
krallen

ORNITHOLESTES
war 2 m lang.

Schlanke
Beinknochen

KÖPFE

KÄMME, SCHILDE und Hörner schmückten die Köpfe vieler Dinosaurier. Diese Merkmale halfen Artgenossen, einander zu erkennen oder dienten als Signale. Eindrucksvoller Kopfschmuck flößte kleineren Artgenossen Respekt ein, Hörner dienten als Schutz gegen Fleischfresser.

Große Augenhöhle

Zahnlose Kiefer

VOGELSCHNABEL
Gallimimus fraß mit seinem zahnlosen Schnabel Pflanzen, Insekten und Eidechsen. Sein Schädel erinnert an den eines großen Vogels.

Die Größe des Kamms könnte als Zeichen von Stärke gesehen worden sein.

OVIRAPTOR

Schnabelartige Schnauze

CENTROSAURUS-KOPF

KÄMME
Oviraptoren könnten einander mit dem Kamm zeichen gegeben haben. Sie besaßen zwar keine Zähne, dafür aber einen Schnabel, mit dem sie Hartes knacken konnten.

HÖRNER UND SCHILDE
Tiere aus der Gruppe der Ceratopsier hatten unterschiedlich geformte Schilde und Hörner. Die Pflanzenfresser könnten damit Angreifer abgewehrt oder Partner angelockt haben.

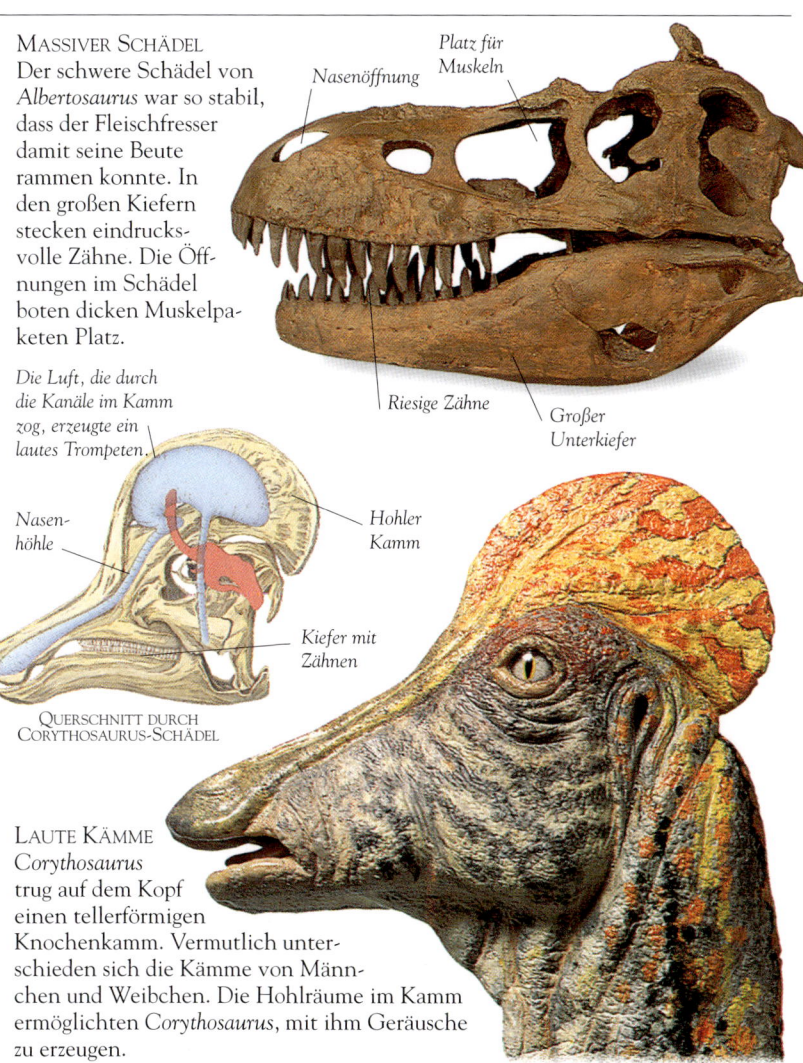

MASSIVER SCHÄDEL
Der schwere Schädel von
Albertosaurus war so stabil,
dass der Fleischfresser
damit seine Beute
rammen konnte. In
den großen Kiefern
stecken eindrucks-
volle Zähne. Die Öff-
nungen im Schädel
boten dicken Muskelpa-
keten Platz.

Nasenöffnung

Platz für
Muskeln

Riesige Zähne

Großer
Unterkiefer

*Die Luft, die durch
die Kanäle im Kamm
zog, erzeugte ein
lautes Trompeten.*

Nasen-
höhle

Hohler
Kamm

Kiefer mit
Zähnen

QUERSCHNITT DURCH
CORYTHOSAURUS-SCHÄDEL

LAUTE KÄMME
Corythosaurus
trug auf dem Kopf
einen tellerförmigen
Knochenkamm. Vermutlich unterschieden sich die Kämme von Männchen und Weibchen. Die Hohlräume im Kamm
ermöglichten *Corythosaurus*, mit ihm Geräusche
zu erzeugen.

HÄLSE

DER HALS stellt eine Verbindung zwischen Kopf und Körper her. Durch den Hals wandert die Nahrung in den Magen und Luft strömt in die Lunge ein. Im Hals verlaufende Nerven ermöglichen die Kommunikation zwischen Kopf und Körper. Halswirbel und Muskeln stützen den Hals.

HALSWIRBEL VON BAROSAURUS

LANG UND BIEGSAM

Langhalsige Pflanzenfresser wie *Barosaurus* konnten dank ihres langen Halses eine große Zahl belaubter Äste abweiden, ohne sich von der Stelle bewegen zu müssen. Bei Bedarf erreichten sie auch die Blätter der Baumkronen.

Die Muskeln waren an den Wirbeln angewachsen.

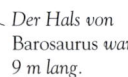

Der Hals von Barosaurus *war 9 m lang.*

KRÄFTIG UND DOCH LEICHT

Der lange Hals von *Diplodocus* bestand aus 15 Wirbeln. Dank großer Öffnungen waren diese Knochen stark und gleichzeitig leicht. Jeder Wirbel besaß einen Höcker, an dem Bändern verankert waren, die den Hals so stützten, wie Kabel eine Hängebrücke halten.

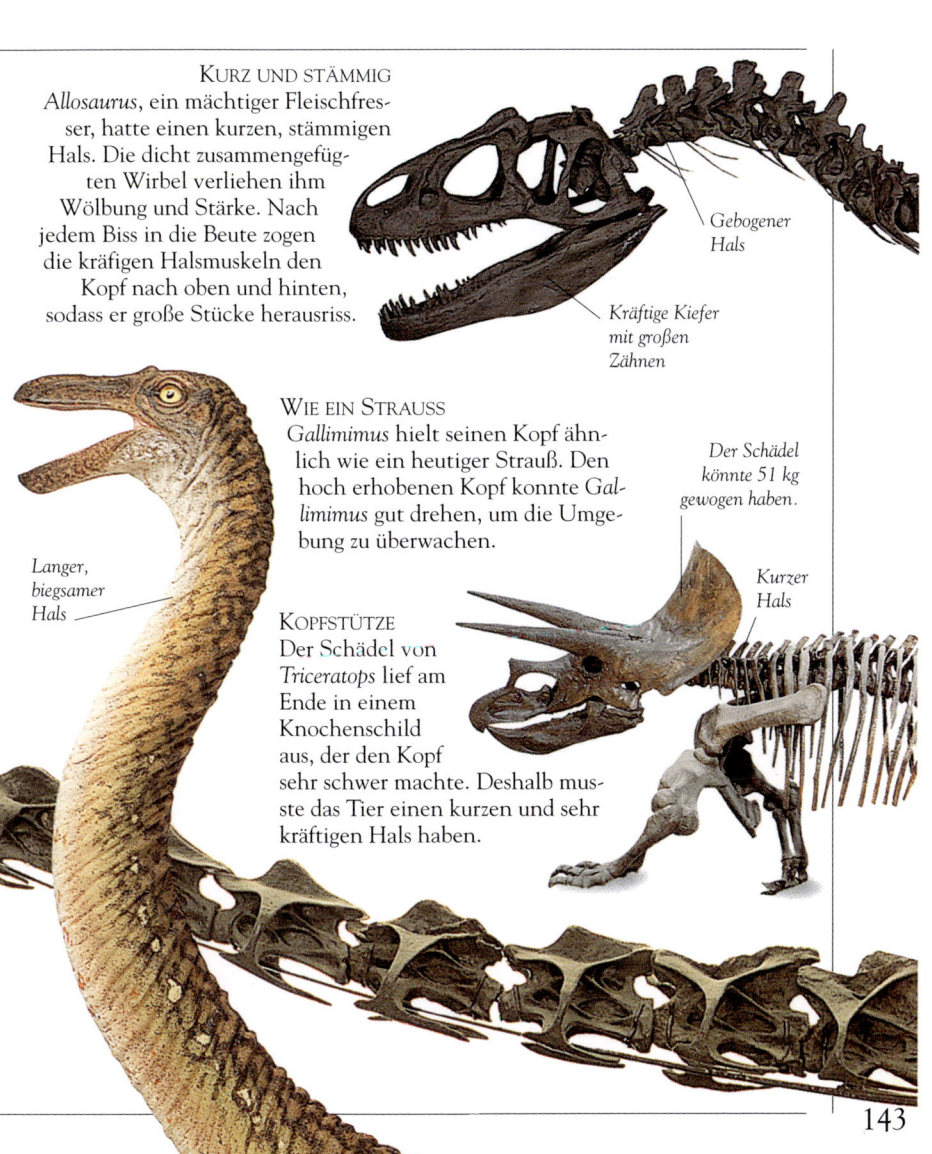

KURZ UND STÄMMIG
Allosaurus, ein mächtiger Fleischfresser, hatte einen kurzen, stämmigen Hals. Die dicht zusammengefügten Wirbel verliehen ihm Wölbung und Stärke. Nach jedem Biss in die Beute zogen die kräftigen Halsmuskeln den Kopf nach oben und hinten, sodass er große Stücke herausriss.

Gebogener Hals

Kräftige Kiefer mit großen Zähnen

WIE EIN STRAUSS
Gallimimus hielt seinen Kopf ähnlich wie ein heutiger Strauß. Den hoch erhobenen Kopf konnte *Gallimimus* gut drehen, um die Umgebung zu überwachen.

Der Schädel könnte 51 kg gewogen haben.

Kurzer Hals

Langer, biegsamer Hals

KOPFSTÜTZE
Der Schädel von *Triceratops* lief am Ende in einem Knochenschild aus, der den Kopf sehr schwer machte. Deshalb musste das Tier einen kurzen und sehr kräftigen Hals haben.

143

GLIEDMASSEN

BEI DINOSAURIERN
standen die Beine unter
dem Körper, anders als bei
anderen Reptilien, die mit
abgespreizten Beinen krie-
chen. Große Pflanzenfresser
wie *Diplodocus* liefen auf allen
Vieren, große Fleischfresser, wie z. B.
Albertosaurus dagegen auf den
Hinterbeinen.

IGUANODON-
FUSSKNOCHEN

Oberschenkel-
knochen

Knie

Muskel

Knöchel

Mittelfuß-
knochen

Zehe

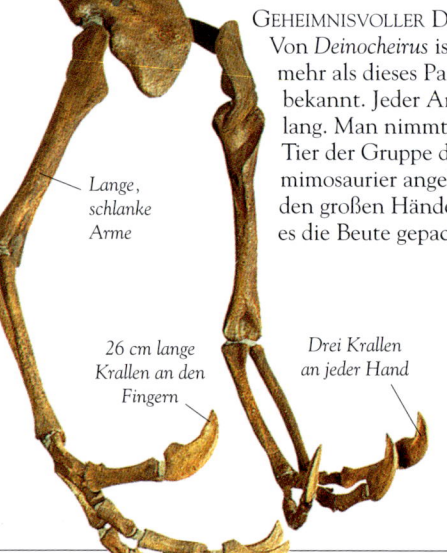

Lange,
schlanke
Arme

GEHEIMNISVOLLER DINOSAURIER
Von *Deinocheirus* ist wenig
mehr als dieses Paar Arme
bekannt. Jeder Arm ist 2,4 m
lang. Man nimmt an, dass das
Tier der Gruppe der Ornithomimosaurier angehörte. Mit
den großen Händen könnte
es die Beute gepackt haben.

26 cm lange
Krallen an den
Fingern

Drei Krallen
an jeder Hand

FLEISCH UND KNOCHEN
Große Muskeln bewegten die
Hinterbeine von *Albertosaurus*.
Die Mittelfußknochen verlän-
gerten das Bein und ermöglich-
ten größere Schritte.

144

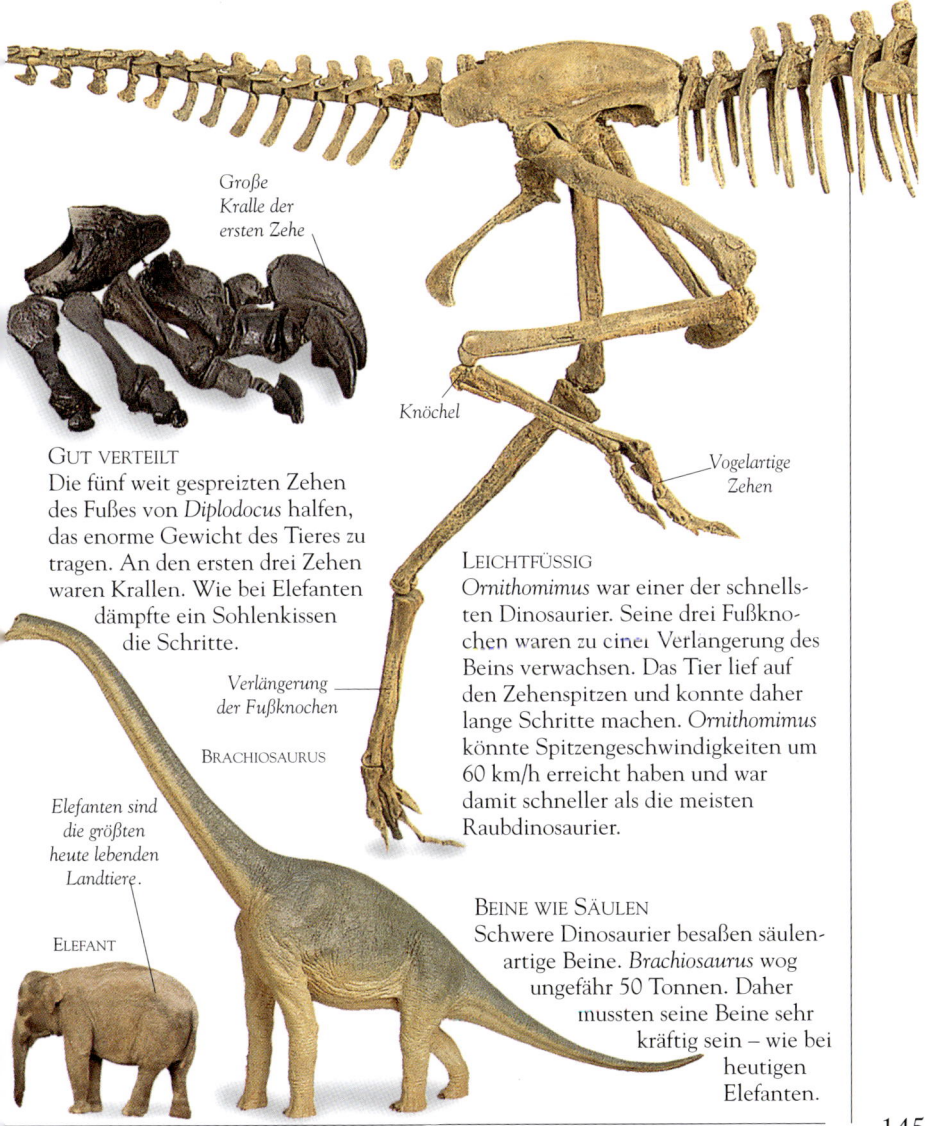

Große
Kralle der
ersten Zehe

Knöchel

Vogelartige
Zehen

GUT VERTEILT

Die fünf weit gespreizten Zehen
des Fußes von *Diplodocus* halfen,
das enorme Gewicht des Tieres zu
tragen. An den ersten drei Zehen
waren Krallen. Wie bei Elefanten
dämpfte ein Sohlenkissen
die Schritte.

Verlängerung
der Fußknochen

BRACHIOSAURUS

Elefanten sind
die größten
heute lebenden
Landtiere.

ELEFANT

LEICHTFÜSSIG

Ornithomimus war einer der schnellsten Dinosaurier. Seine drei Fußknochen waren zu einer Verlangerung des
Beins verwachsen. Das Tier lief auf
den Zehenspitzen und konnte daher
lange Schritte machen. *Ornithomimus*
könnte Spitzengeschwindigkeiten um
60 km/h erreicht haben und war
damit schneller als die meisten
Raubdinosaurier.

BEINE WIE SÄULEN

Schwere Dinosaurier besaßen säulenartige Beine. *Brachiosaurus* wog
ungefähr 50 Tonnen. Daher
mussten seine Beine sehr
kräftig sein – wie bei
heutigen
Elefanten.

145

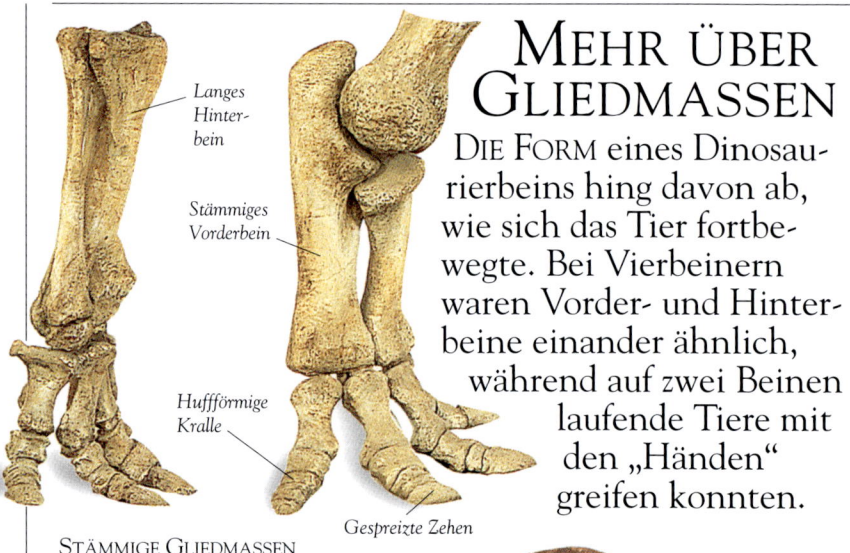

Langes
Hinter-
bein

Stämmiges
Vorderbein

Huffförmige
Kralle

Gespreizte Zehen

MEHR ÜBER GLIEDMASSEN

DIE FORM eines Dinosaurierbeins hing davon ab, wie sich das Tier fortbewegte. Bei Vierbeinern waren Vorder- und Hinterbeine einander ähnlich, während auf zwei Beinen laufende Tiere mit den „Händen" greifen konnten.

STÄMMIGE GLIEDMASSEN
Gespreizte Zehen und dicke Beinknochen halfen *Triceratops*, das Gewicht seines massigen Körpers zu verteilen. Die kürzeren Vorderbeine trugen das Gewicht des schweren Kopfs von *Triceratops*. Der Hauptteil der Last aber ruhte auf den langen, kräftigen Hinterbeinen. Die kurzen Zehen liefen in hufartigen Krallen aus.

Eine Kralle war das erste, was man von Baryonyx *entdeckte. Deshalb erhielt er den Namen „Schwere Kralle".*

RIESENKRALLE
Der mächtige Karnivore *Baryonyx* besaß mit die größten bekannten Krallen. Die längste davon erreichte 31 cm und stellte an der Hand von *Baryonyx* eine gefährliche Waffe dar.

146

SCHUTZKRALLE
Der Sauropode *Apatosaurus* trug an jeder Hand eine Daumenkralle, mit der er sich verteidigt haben könnte.

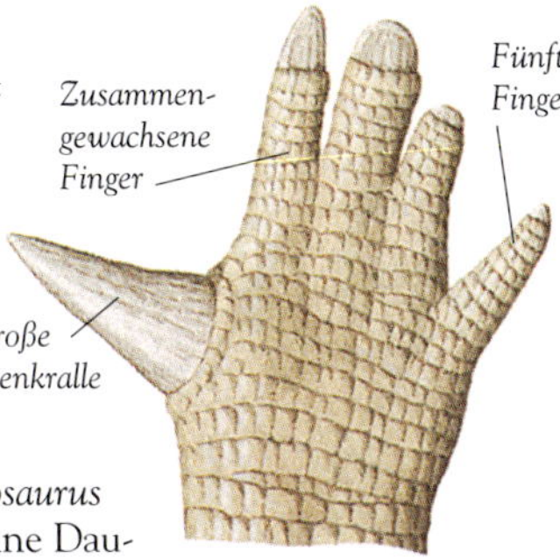

Diese Kralle ist 25 cm lang.

Zusammengewachsene Finger

Fünfter Finger

Große Daumenkralle

IGUANODON-HAND
Iguanodon setzte seine Hände vielseitig ein. Auf den in Hufe auslaufenden, zusammengewachsenen mittleren Fingern konnte er laufen, mit dem fünften Finger vermochte er Pflanzen festzuhalten. Die Daumenkralle war eine brauchbare Waffe.

VERSTEINERTER FUSS-ABDRUCK VON IGUANODON

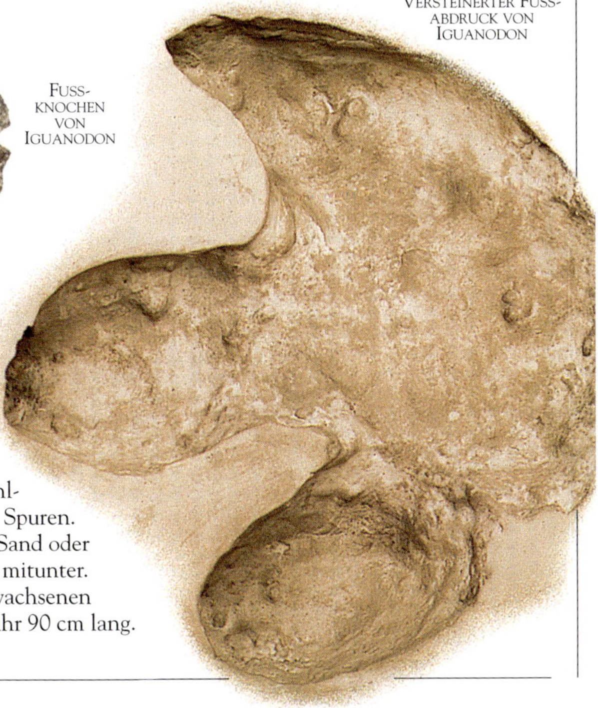

FUSS-KNOCHEN VON IGUANODON

Der dreizehige Abdruck passt zu den fossilen Fußknochen

DINOSAURIERABDRUCK
Iguanodon hinterließ zahlreiche fossile Reste und Spuren. Abdrücke in feuchtem Sand oder Schlamm versteinerten mitunter. Die Trittsiegel eines erwachsenen *Iguanodon* waren ungefähr 90 cm lang.

DINOSAURIER UND VÖGEL

SCHWÄNZE

DIE EINZELNEN Arten
setzten ihre Schwänze
sehr unterschiedlich ein.
Die Schwänze der gewalti-
gen Sauropoden waren lang
und biegsam, die der auf zwei
Beinen laufenden Tiere dagegen
steif, weil sie beim Ausbalancieren
helfen mussten. In Keulen und
Stacheln endende Schwänze
dienten als Waffen.

*Leichter Kopf auf
langem Hals*

*Dicht stehende
Schwanzwirbel*

BALANCEAKT
Früher nahm man an, *Parasaurolophus*
hätte seinen Schwanz beim Schwimmen
eingesetzt. Heute dagegen glaubt man,
dass der Schwanz als Gegengewicht für
den Körper diente.

PEITSCHENDER SCHWANZ
Um sich gegen Angreifer zu wehren, setzte *Diplodocus* seinen Schwanz wie eine Peitsche ein. Der spitz zulaufende,
aus 73 Wirbeln bestehende Schwanz stellte eine
wirksame Waffe dar.

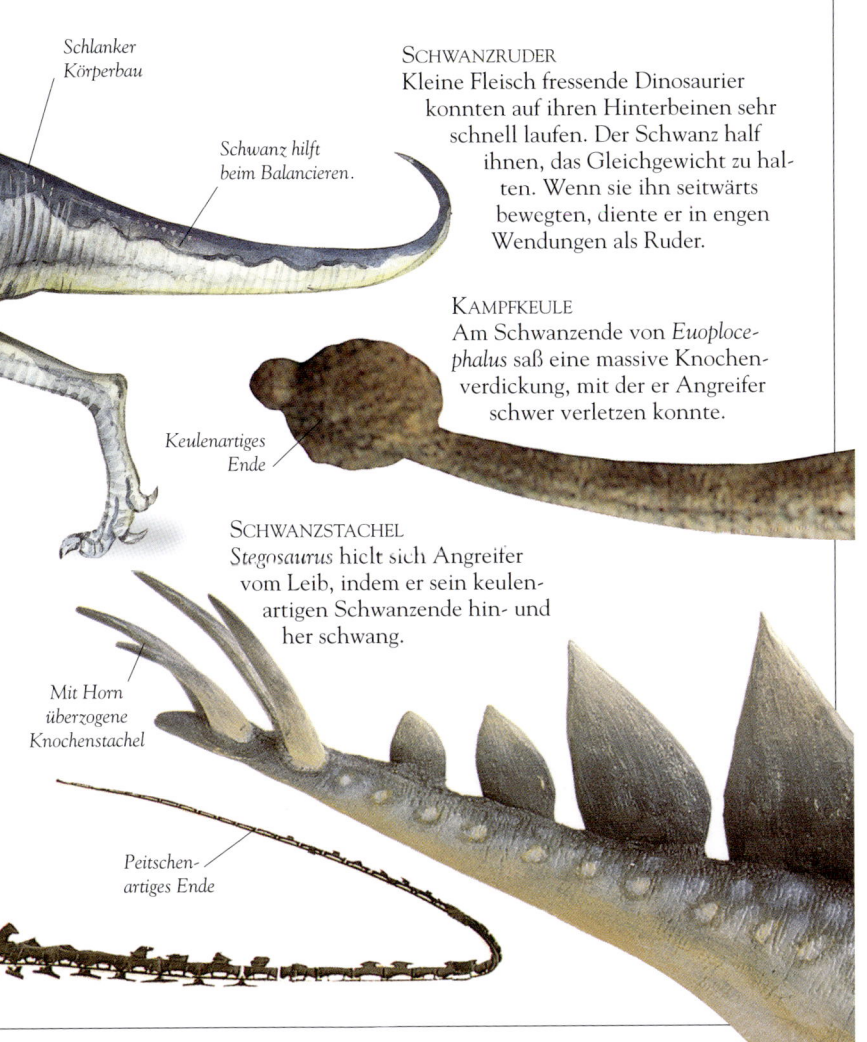

Schlanker
Körperbau

Schwanz hilft
beim Balancieren.

SCHWANZRUDER

Kleine Fleisch fressende Dinosaurier
konnten auf ihren Hinterbeinen sehr
schnell laufen. Der Schwanz half
ihnen, das Gleichgewicht zu halten. Wenn sie ihn seitwärts
bewegten, diente er in engen
Wendungen als Ruder.

KAMPFKEULE

Am Schwanzende von *Euoplocephalus* saß eine massive Knochen-
verdickung, mit der er Angreifer
schwer verletzen konnte.

Keulenartiges
Ende

SCHWANZSTACHEL

Stegosaurus hielt sich Angreifer
vom Leib, indem er sein keulen-
artigen Schwanzende hin- und
her schwang.

Mit Horn
überzogene
Knochenstachel

Peitschen-
artiges Ende

HAUT

DICKE, SCHUPPIGE Haut ist ein Kennzeichen aller Reptilien – auch der Dinosaurier. An fossilen Hautabdrücken erkennt man, dass in die Haut vieler Arten größere oder kleinere Horn- oder Knochenplatten oder Stachel eingebettet waren.

UNEBENHEITEN
In die Haut von *Polacanthus*, einem frühen Verwandten der Ankylosaurier, waren Knochenplatten (oben) eingelagert.

GUT GEPANZERT
Eine Schicht von hornüberzogenen Knochenplatten schützte *Polacanthus* vor den Zähnen hungriger Fleischfresser.

Fossile Platte

KROKODILSCHUPPEN
Die Haut der Krokodile ist ledrig und von dicken Schuppen bedeckt. Ebenso wie bei Dinosauriern besitzen auch sie in den Rücken eingebettete Knochenplatten. Die Haut von Krokodilen u. a. Reptilien ist außerdem völlig wasserundurchlässig.

Nahaufnahme der Haut

150

PANZERTRÄGER
Ankylosaurier zählen zu den am besten geschützten Dinosauriern. Der obere Teil des Körpers war von nebeneinander liegenden Platten bedeckt.

STACHELSCHUTZ
Neben den Knochenplatten besaß *Euoplocephalus* an den Schultern dicke, dornartige Stacheln.

Schulter-
dorn

FOSSILE ANKYLOSAURIER-
PANZERPLATTE

Kammartige
Erhebung in
der Mitte

EUOPLOCEPHALUS

EINGEWICKELT
Mitunter kam es vor, dass ein Dinosaurier-Kadaver nicht verfaulte, sondern vertrocknete und schrumpfte. Bei diesem Fossil von *Edmontosaurus* blieb die Haut erhalten und hüllte das Skelett ein.

Kleine
Schuppen

HAUTSTRUKTUR
Corythosaurus besaß keinen schützenden Panzer. Seine Haut war von unzähligen, dicken kleinen Schuppen bedeckt und bildete über Gelenken Falten.

Dieses
Fossil ist
65 Mio. Jahre alt.

SINNE

GUT ENTWICKELTE SINNE waren auch für die Dinosaurier lebenswichtig. Fleischfresser spürten ihre Beute mithilfe von Geruchssinn und Gehör auf. In Herden lebende Dinosaurier hielten nach Raubdinosauriern Ausschau und achteten auf verräterische Geräusche.

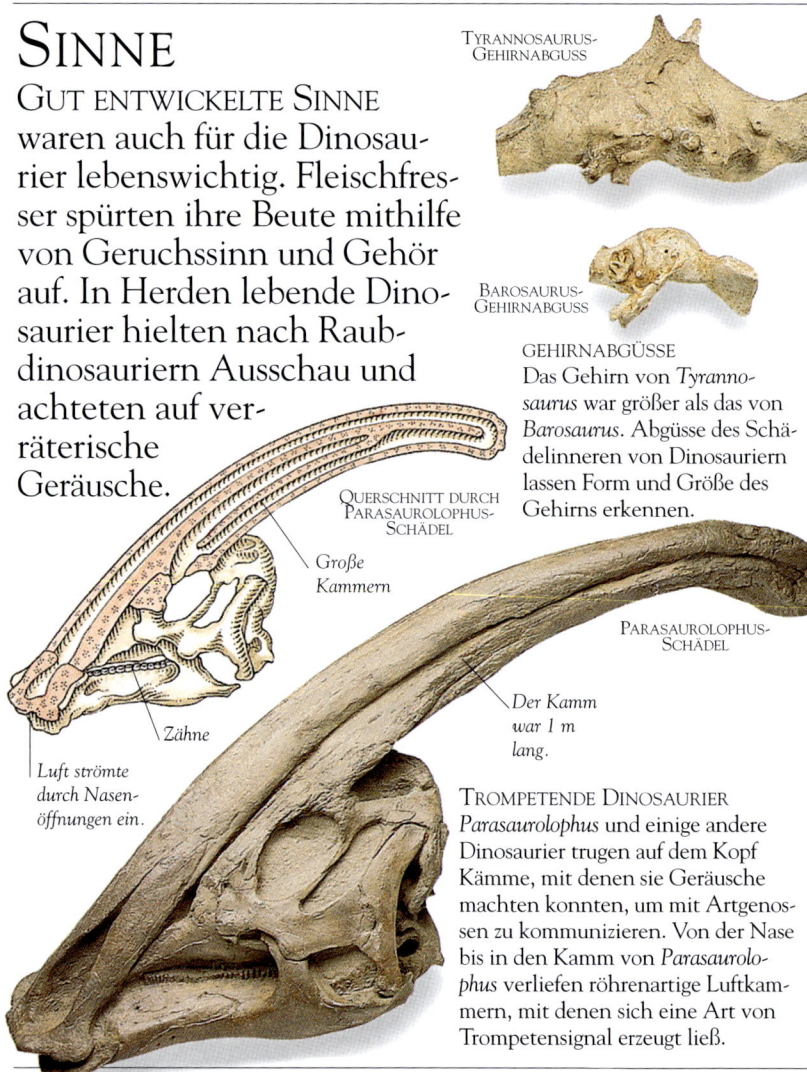

TYRANNOSAURUS-GEHIRNABGUSS

BAROSAURUS-GEHIRNABGUSS

GEHIRNABGÜSSE
Das Gehirn von *Tyrannosaurus* war größer als das von *Barosaurus*. Abgüsse des Schädelinneren von Dinosauriern lassen Form und Größe des Gehirns erkennen.

QUERSCHNITT DURCH PARASAUROLOPHUS-SCHÄDEL

Große Kammern

Zähne

Luft strömte durch Nasenöffnungen ein.

PARASAUROLOPHUS-SCHÄDEL

Der Kamm war 1 m lang.

TROMPETENDE DINOSAURIER
Parasaurolophus und einige andere Dinosaurier trugen auf dem Kopf Kämme, mit denen sie Geräusche machen konnten, um mit Artgenossen zu kommunizieren. Von der Nase bis in den Kamm von *Parasaurolophus* verliefen röhrenartige Luftkammern, mit denen sich eine Art von Trompetensignal erzeugen ließ.

FARBE

LINKES AUGE

RECHTES AUGE

SCHWARZWEISS

LINKES AUGE

RECHTES AUGE

ZWEI SEHFELDER

Wir wissen nicht, ob Dinosaurier
Farben sehen konnten. Die Posi-
tion der Augen am Kopf wirkt sich
auf die Sehweise aus. Seitlich am
Kopf liegende Augen liefern dem
Gehirn zwei verschiedene Bilder.

EIN SEHFELD

Die Größe des Gehirns ist
nicht immer ein Hinweis
auf Intelligenz, doch *Troodon* war vermutlich einer der
cleversten Dinosaurier. *Troodon*
besaß große und hoch entwickelte
Augen. Ebenso wie wir war er in
der Lage, räumlich zu sehen.
Das ermöglichte *Troodon*, beim
Verfolgen und Fangen der Beute Ent-
fernungen genauer einzuschätzen.

FARBE

SCHWARZWEISS

153

WARM- UND KALTBLÜTIG

REPTILIEN SIND KALT- BZW. WECHSELBLÜTIG: Sie sind darauf angewiesen, dass die Sonne ihr Blut erwärmt. Warmblütige Tiere, wie Säugetiere, setzen in der Nahrung enthaltene Energie in Körperwärme um. Zwar waren Dinosaurier Reptilien, doch verhielten sie sich in vielerlei Hinsicht wie Säugetiere. Deshalb könnten einige Arten warmblütig gewesen sein.

An den Wirbeln angewachsene Knochenstrahlen stützten das „Segel".

Blutgefäße

Blutgefäße

QUERSCHNITT DURCH SÄUGETIERKNOCHEN

QUERSCHNITT DURCH REPTILIENKNOCHEN

BLUT UND KNOCHEN
Die Knochen der Dinosaurier waren den stärker durchbluteten Säugetierknochen ähnlicher als den Reptilienknochen.

Seitenansicht

Querschnitt

KLIMAANLAGE
Spinosaurus besaß ein großes Hautsegel, das einen Wärmeausgleich bewirkt haben könnte, indem es morgens von der Sonne erwärmt wurde und später am Tag Körperwärme abstrahlte. Die Platten von *Stegosaurus* könnten eine ähnliche Funktion gehabt haben.

RÜCKENPLATTEN VON
STEGOSAURUS

SPINOSAURUS

KALTBLÜTIGE SONNENANBETER

Kaltblütige Tiere wie Eidechsen verbringen Stunden damit, sich von der Sonne wärmen zu lassen, bis die optimale Körpertemperatur erreicht ist. Überhitzung vermeiden sie, indem sie sich im Schatten abkühlen. Wenn es kalt ist, wie etwa nachts, sind kaltblütige Tiere starr und bewegungsunfähig.

EIDECHSE BEIM SONNENBAD

Lange Kiefer mit spitzen Zähnen eignen sich ideal zum Fische-fangen.

Ein Gehirn in 15 m Höhe über dem Boden wird nur bei hohem Blut-druck versorgt.

Spinosaurus war unge-fähr 12 m lang.

BLUTDRUCK

Langhalsige Dinosaurier benötigten einen hohen Blutdruck, damit auch ihr Gehirn durchblutet war. Auf Höhe der Lunge aber könnte ein hoher Blutdruck tödlich sein. Vielleicht besaßen diese Dinosaurier ein doppeltes Drucksystem, wie Säugetiere es haben.

Gefieder

VELOCIRAPTOR

GUTES BEISPIEL

Velociraptor ist ein gutes Beispiel dafür, dass Dinosaurier warmblütig gewesen sein könnten. Die Lebensweise von *Velociraptor* entsprach eher der heutiger Raubtiere, als der von Eidechsen.

BRACHIOSAURUS

LEBENSWEISEN

OBWOHL DINOSAURIER vor 65 Mio. Jahren ausstarben, ist uns über ihre Lebensweise einiges bekannt. Es gab Pflanzenfresser und Fleischfresser. Manche lebten in Herden oder Familiengruppen und zogen ihre Jungen auf. Ob sie warm- oder kaltblütig waren, muss jedoch noch geklärt werden.

LEBENSWEISE-FAKTEN
• Manche könnten 200 Jahre alt geworden sein.
• *Carcharodontosaurus* ist der größte bekannte landlebende Karnivore.
• Die größten bekannten Dinosauriereier stammten vom Sauropoden *Hypselosaurus*.
• Man fand auch in Eiern versteinerte Dinosaurierembryonen.

FLEISCHFRESSER
Die meisten Karnivoren verfügten über scharfe Zähne und Krallen. Manche jagten im Rudel, andere alleine. Möglicherweise gab es auch Aas fressende Dinosaurier, die verendete Tiere fraßen.

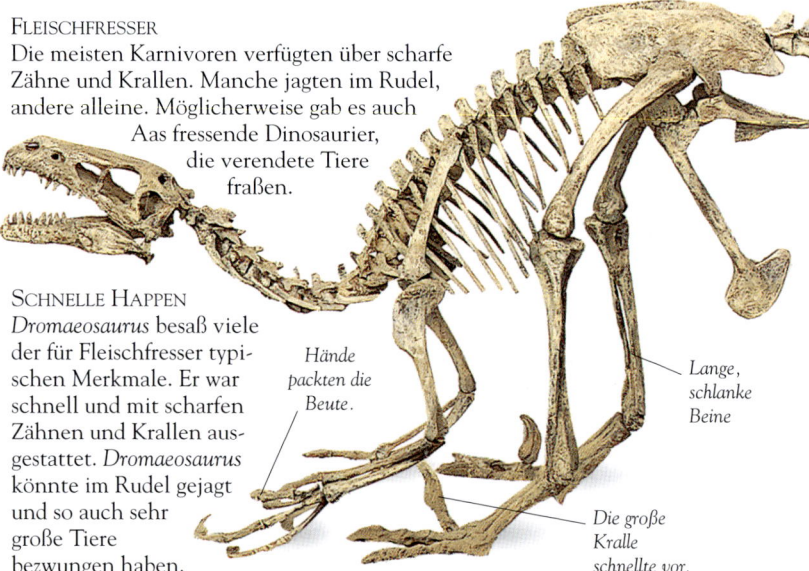

SCHNELLE HAPPEN
Dromaeosaurus besaß viele der für Fleischfresser typischen Merkmale. Er war schnell und mit scharfen Zähnen und Krallen ausgestattet. *Dromaeosaurus* könnte im Rudel gejagt und so auch sehr große Tiere bezwungen haben.

Hände packten die Beute.

Lange, schlanke Beine

Die große Kralle schnellte vor.

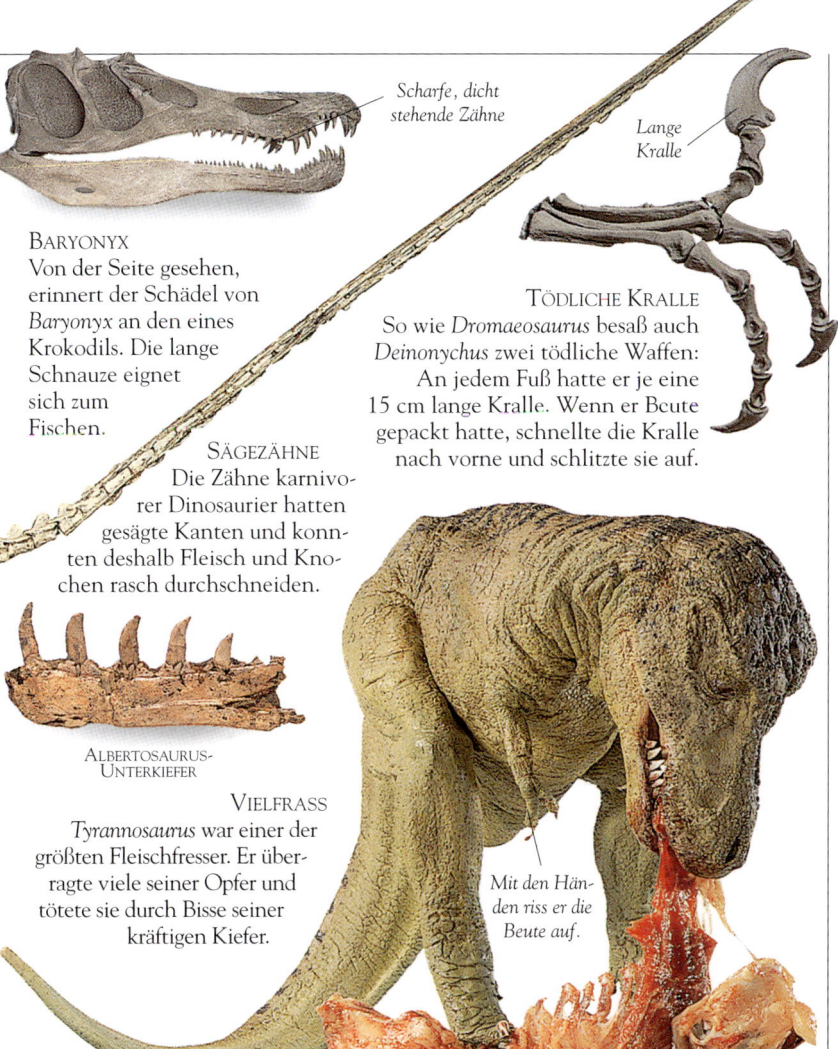

Scharfe, dicht
stehende Zähne

Lange
Kralle

BARYONYX
Von der Seite gesehen,
erinnert der Schädel von
Baryonyx an den eines
Krokodils. Die lange
Schnauze eignet
sich zum
Fischen.

TÖDLICHE KRALLE
So wie *Dromaeosaurus* besaß auch
Deinonychus zwei tödliche Waffen:
An jedem Fuß hatte er je eine
15 cm lange Kralle. Wenn er Beute
gepackt hatte, schnellte die Kralle
nach vorne und schlitzte sie auf.

SÄGEZÄHNE
Die Zähne karnivo-
rer Dinosaurier hatten
gesägte Kanten und konn-
ten deshalb Fleisch und Knochen rasch durchschneiden.

ALBERTOSAURUS-
UNTERKIEFER

VIELFRASS
Tyrannosaurus war einer der
größten Fleischfresser. Er über-
ragte viele seiner Opfer und
tötete sie durch Bisse seiner
kräftigen Kiefer.

Mit den Hän-
den riss er die
Beute auf.

PFLANZENFRESSER

HERBIVORE Dinosaurier mussten große Mengen an Pflanzenteilen fressen, um sich mit Nährstoffen zu versorgen. Die Zähne einiger eigneten sich zum Schneiden und Zermahlen. Andere besaßen scharfe Schnäbel. Das Verdauen könnte Tage gedauert haben.

MAHLWERK
Barosaurus kaute seine Nahrung nicht, sondern schluckte Blätter und Zweige ganz. In einem Teil seines Magens zermahlten Gastrolithen genannte Steine die Pflanzenteile.

GLATTE STEINE
In der Nähe mehrerer Dinosaurierskelette fand man Gastrolithen.

HERBIVOREN-FAKTEN

• Alle Ornithischier waren Herbivore.

• Manche Herbivore hatten bis zu 960 Zähne.

• Erst vor 125 Mio. Jahren traten die ersten Blütenpflanzen auf.

• In trockenen Jahreszeiten könnten Pflanzenfresserherden gewandert sein.

• Einige der Pflanzen, die diese Dinosaurier fraßen, gibt es noch heute, z.B. Kiefern, Farne und Cykadeen.

PFLANZENBREI
Im Ober- und Unterkiefer von *Edmontosaurus* steckten hunderte kräftiger Zähne. Durch mahlende Bewegungen zerrieb das Tier Blätter, Früchte und Samen.

Ansatzpunkt für Muskel

UNTERKIEFER VON EDMONTOSAURUS

Zahnloser Kieferbereich

PARASAUROLOPHUS

Dicht stehende Zähne

Gesägte Schneidefläche

Parasaurolophus zerkaute zähe Pflanzen mit hunderten von Zähnen.

Zahnwurzel

BLATTSCHNEIDER
Die Zähne von Sauropoden wie *Rebbachisaurus* eigneten sich eher zum Schneiden als zum Kauen.

ZÄHES ZEUG
Dank der Erforschung pflanzlicher Fossilien wissen wir, was im Dinosaurierzeitalter wuchs. Mit ihren kräftigen Zähne konnten Herbivore wie *Parasaurolophus* auch Farne und Nadelbaumzweige fressen.

MAGNOLIE

GINKGO

ARAUKARIE

DINOSAURIER-MENÜ
Viele Pflanzen des Dinosaurierzeitalters wachsen heute in Gärten und Parks.

EIER, NESTER UND JUNGE

WIE DIE MEISTEN Reptilien und die Vögel legten auch Dinosaurier Eier. Forscher entdeckten Nistplätze, die zeigen, dass manche Arten ihre Jungen in Nestern aufzogen, bis sie alt genug waren, für sich selbst zu sorgen. Einige Arten suchten jedes Jahr die gleichen Brutplätze auf.

Fossiles Ei mit zerbrochener Schale

EIERFUND
Die ersten Dinosauriereier fand man in den 1920er- Jahren in der Mongolei. Früher schrieb man sie *Proceratops* zu, doch inzwischen weiß man, dass sie von *Oviraptor* stammen.

Harte Schnauze zum Aufbrechen der Schale

KLEINE EIER
Aus Sauropodeneiern mit nur 15 cm Durchmesser wie diesen versteinerten, könnten Junge geschlüpft sein, die ausgewachsen 12 m lang waren. Vermutlich dauerte es Jahre, bis sie ihre endgültige Größe erreichten.

DINOSAURIER-KINDHEIT

Maiasaura-Weibchen gruben ein Loch, polsterten es mit Blättern und Zweigen und legten ungefähr 25 Eier hinein. Die frisch geschlüpften Jungen waren ca. 30 cm lang. Sie verließen das Nest erst, wenn sie etwa 1,5 m Körperlänge erreicht hatten und sich selbst versorgen konnten.

FOSSILES EI
MIT SKELETT
EINES JUNGEN
MAIASAURA

Junge Maiasaura *waren sehr schwach.*

EIERSCHALEN

Früher glaubte man, Dinosaurier-Eier seien weich und ledrig gewesen, wie Eier von Schlangen und anderen Reptilien. Untersuchungen ergaben, dass sie hart und zerbrechlich wie Vogeleier waren. Die Eier von Pterosauriern dagegen scheinen eine ledrige Schale besessen zu haben.

Aufgesprungene Eier

ERSTE DINOSAURIER

BEVOR DIE Dinosaurier auftraten, gab es bereits mehrere Gruppen von Reptilien. Eine davon war die der Thecodontier, Vorfahren der Dinosaurier und vermutlich auch der Pterosaurier und Krokodile. Ebenso wie die ersten Dinosaurier waren Thecodontier Fleischfresser, die geradere Beinen besaßen als andere Reptilien. *Eoraptor*, der früheste bekannte Dinosaurier, erschien vor 228 Mio. Jahren.

FRÜHER DINOSAURIER
Der 1992 in Argentinien entdeckte *Eoraptor* könnte der erste Dinosaurier gewesen sein. Sein Schädel erinnert an den eines Krokodils.

Scharfe, gekrümmte Zähne

Langer Schwanz

STAURIKOSAURUS

Der lange Schwanz glich das Gewicht der vorderen Körperhälfte aus.

Staurikosaurus
war ungefähr 2 m lang.

Vogelähnliche Hinterbeine

FLINKER JÄGER
Staurikosaurus war einer der ersten Fleisch fressenden Dinosaurier. Dank seiner schlanken Beine war er ein schneller Läufer. Die Beute packte er mit den scharfen Zähnen.

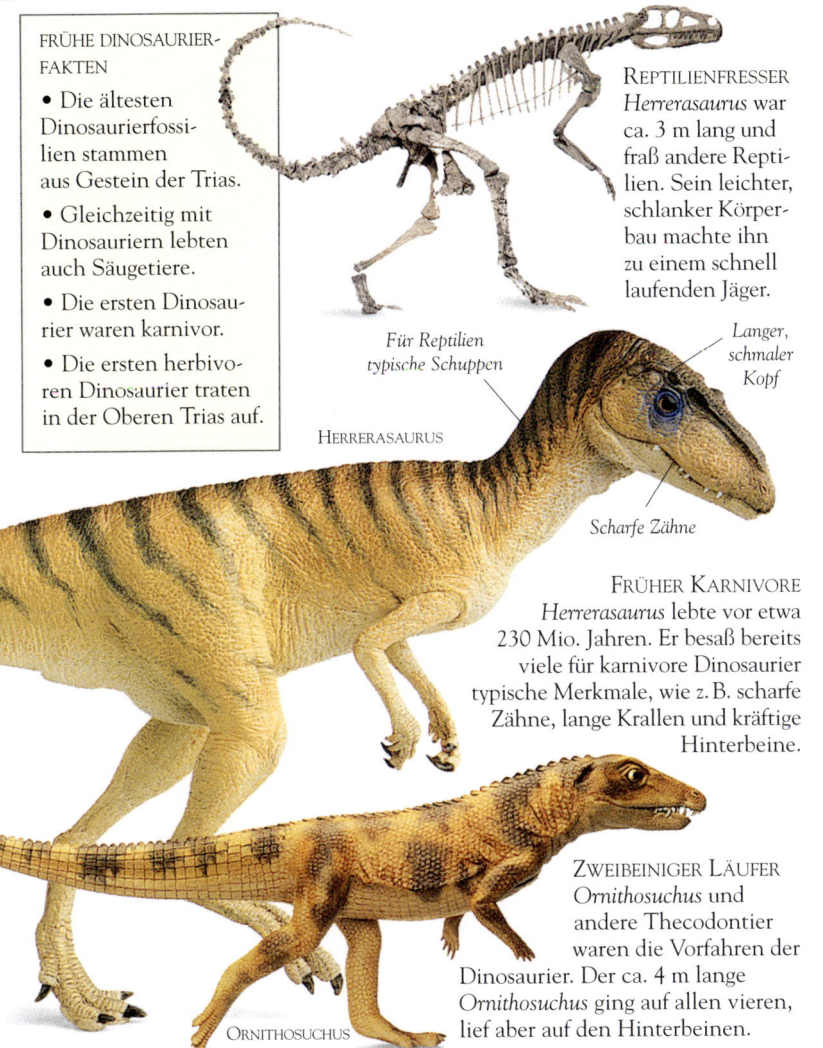

FRÜHE DINOSAURIER-
FAKTEN

• Die ältesten
Dinosaurierfossi-
lien stammen
aus Gestein der Trias.

• Gleichzeitig mit
Dinosauriern lebten
auch Säugetiere.

• Die ersten Dinosau-
rier waren karnivor.

• Die ersten herbivo-
ren Dinosaurier traten
in der Oberen Trias auf.

REPTILIENFRESSER
Herrerasaurus war
ca. 3 m lang und
fraß andere Repti-
lien. Sein leichter,
schlanker Körper-
bau machte ihn
zu einem schnell
laufenden Jäger.

*Für Reptilien
typische Schuppen*

*Langer,
schmaler
Kopf*

HERRERASAURUS

Scharfe Zähne

FRÜHER KARNIVORE
Herrerasaurus lebte vor etwa
230 Mio. Jahren. Er besaß bereits
viele für karnivore Dinosaurier
typische Merkmale, wie z. B. scharfe
Zähne, lange Krallen und kräftige
Hinterbeine.

ZWEIBEINIGER LÄUFER
Ornithosuchus und
andere Thecodontier
waren die Vorfahren der
Dinosaurier. Der ca. 4 m lange
Ornithosuchus ging auf allen vieren,
lief aber auf den Hinterbeinen.

ORNITHOSUCHUS

DAS ENDE DER DINOSAURIER

VOR UNGEFÄHR 65 MIO. JAHREN starben die Dinosaurier aus, gleichzeitig mit vielen anderen Arten wie den im Meer lebenden Reptilien und den Flugsauriern. Dazu gibt es viele Theorien, doch konnte bisher noch nicht eindeutig geklärt werden, was wirklich geschah.

TYRANNOSAURUS

METEORITEN-THEORIE
Gegen Ende der Kreidezeit traf ein Meteorit die Erde. Der Aufprall ließ eine Staubwolke emporsteigen, die die Erde umkreiste und Klimaveränderungen auslöste.

MIT DER ZEIT
Manche Forscher nehmen an, dass sich das Aussterben über mehrere Mio. Jahre hinzog.

MAGNOLIE

BLUMEN
Bestimmte giftige
Blütenpflanzen könnten zum
Aussterben der Dinosaurier bei-
getragen haben. Vielleicht starben herbivore Dinosaurier durch
sie, und mit der Zeit gab es für
karnivore Dinosaurier nicht
mehr genügend Beutetiere.

VULKANTHEORIE
Während der Kreidezeit waren viele Vulkane
aktiv. Dort, wo heute Indien liegt, flossen
gewaltige Lavaströme. Diese müssen sehr große
Mengen an Kohlendioxid abgegeben haben,
das zu Klimaerwärmung, saurem Regen und der
Zerstörung der schützenden
Ozonschicht
führte.

*Krokodile veränderten ihr
Aussehen im Laufe der
Jahrtausende kaum.*

*Megazostrodon
war ein Säugetier,
das in der Trias
lebte.*

SÄUGETIERE
Säugetiere erschienen
in der Trias und waren Zeitgenossen der Dinosaurier.
Nach deren Aussterben wurden sie zur beherrschenden
Tiergruppe an Land.

ZÄHE ÜBERLEBENDE
Krokodile lebten
bereits auf der Erde,
bevor Dinosaurier
auftraten, und auch heute gibt es sie
noch. Niemand weiß, warum sie das
Ende der Kreidezeit überstanden.

DINOSAURIER HEUTE

AUF ALLEN KONTINENTEN fand man Überreste von
Dinosauriern. Paläontologen, Hobbyforscher, aber
auch Bau- und Bergwerksarbeiter entdecken ständig
neue Fossilien. Diese Karte zeigt die wichtigsten
Fundstätten.

NORDAMERIKA
Da große Flächen von
Gestein aus dem Dino-
saurierzeitalter freiliegen,
finden laufend Grabungen statt.
Unter den in Nordamerika entdeckten Dinosauriern sind:

- Allosaurus
- Triceratops
- Deinonychus
- Camarasaurus
- Parasaurolophus
- Corythosaurus
- Stegosaurus
- Apatosaurus
- Coelophysis

SÜDAMERIKA
In Südamerika
fand man
einige der frühesten
bekannten Dinosaurier.
Die meisten Funde stam-
men aus Argentinien und
Brasilien. Zu den südame-
rikanischen Dinosauriern
zählen:

- Saltasaurus
- Herrerasaurus
- Patagosaurus
- Staurikosaurus
- Piatnitzkysaurus

ANTARKTIKA
Im Dinosau-
rierzeitalter
war das Klima
der Antarktis wesentlich wärmer
als heute. Man fand hier Knochen mehrerer Dinosaurier der
Kreide, darunter einen Verwandten des kleinen Ornithopoden
Hypsilophodon.

EUROPA

Hier wurden im 19. Jh. die ersten Dinosaurierfossilien gesammelt und beschrieben und die Bezeichnung „Dinosaurier" entstand. Zu den europäischen Funden zählen:

- Hypsilophodon
- Iguanodon
- Plateosaurus
- Baryonyx
- Compsognathus
- Eustreptospondylus

ASIEN

In der Wüste Gobi kam es zu vielen faszinierenden Entdeckungen. In Indien und China macht man laufend neue Funde. Zu den in Asien ausgegrabenen Dinosauriern zählen:

- Velociraptor
- Oviraptor
- Protoceratops
- Tuojiangosaurus
- Mamenchisaurus
- Gallimimus

AUSTRALIEN UND NEUSEELAND

In Australien wurden viele Dinosaurier gefunden, in Neuseeland einer. Vermutlich gibt es in beiden Ländern reiche Fundstätten, die noch nicht entdeckt wurden. Bisher fand man Fossilien von:

- Muttaburrasaurus
- Leaellynosaura
- Austrosaurus
- Rhoetosaurus
- Minmi

AFRIKA

Afrika ist eine bedeutende Quelle von Dinosaurierfossilien. Wichtige Funde machte man in einer Region Tansanias. Zu den in Afrika entdeckten Fossilien zählen:

- Spinosaurus
- Brachiosaurus
- Barosaurus
- Massospondylus

STAMMBAUM DER DINOSAURIER

DIE KLASSIFIKATION der Dinosaurier steht noch nicht endgültig fest. Dieser Stammbaum teilt sie in drei Hauptgruppen ein: Herrerasaurier, Saurischier und Ornithischier. Vögel werden mittlerweile zu den Dinosauriern gezählt.

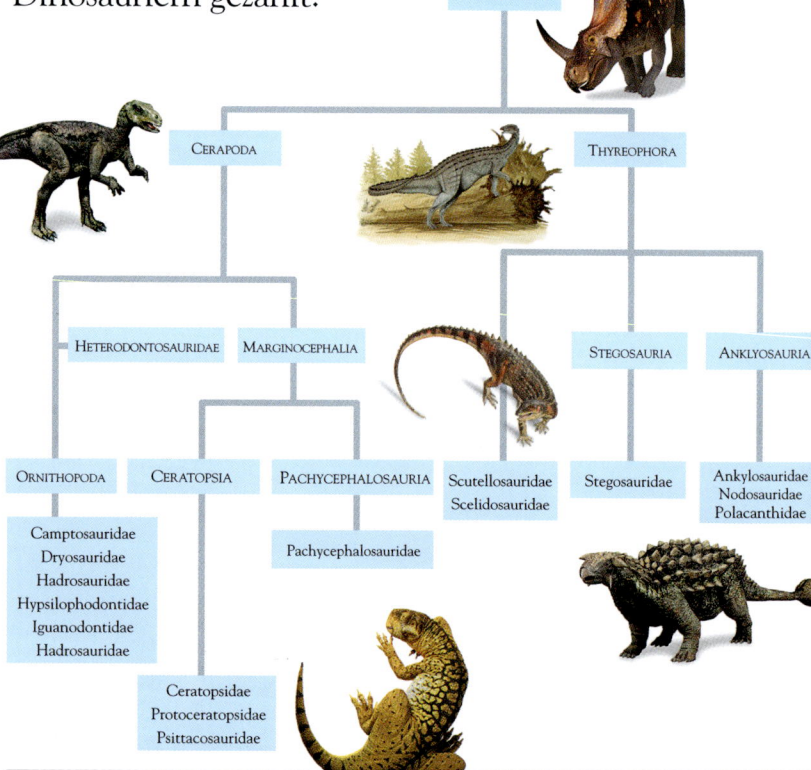

ORNITHISCHIA

CERAPODA

THYREOPHORA

HETERODONTOSAURIDAE

MARGINOCEPHALIA

STEGOSAURIA

ANKLYOSAURIA

ORNITHOPODA

CERATOPSIA

PACHYCEPHALOSAURIA

Scutellosauridae
Scelidosauridae

Stegosauridae

Ankylosauridae
Nodosauridae
Polacanthidae

Camptosauridae
Dryosauridae
Hadrosauridae
Hypsilophodontidae
Iguanodontidae
Hadrosauridae

Pachycephalosauridae

Ceratopsidae
Protoceratopsidae
Psittacosauridae

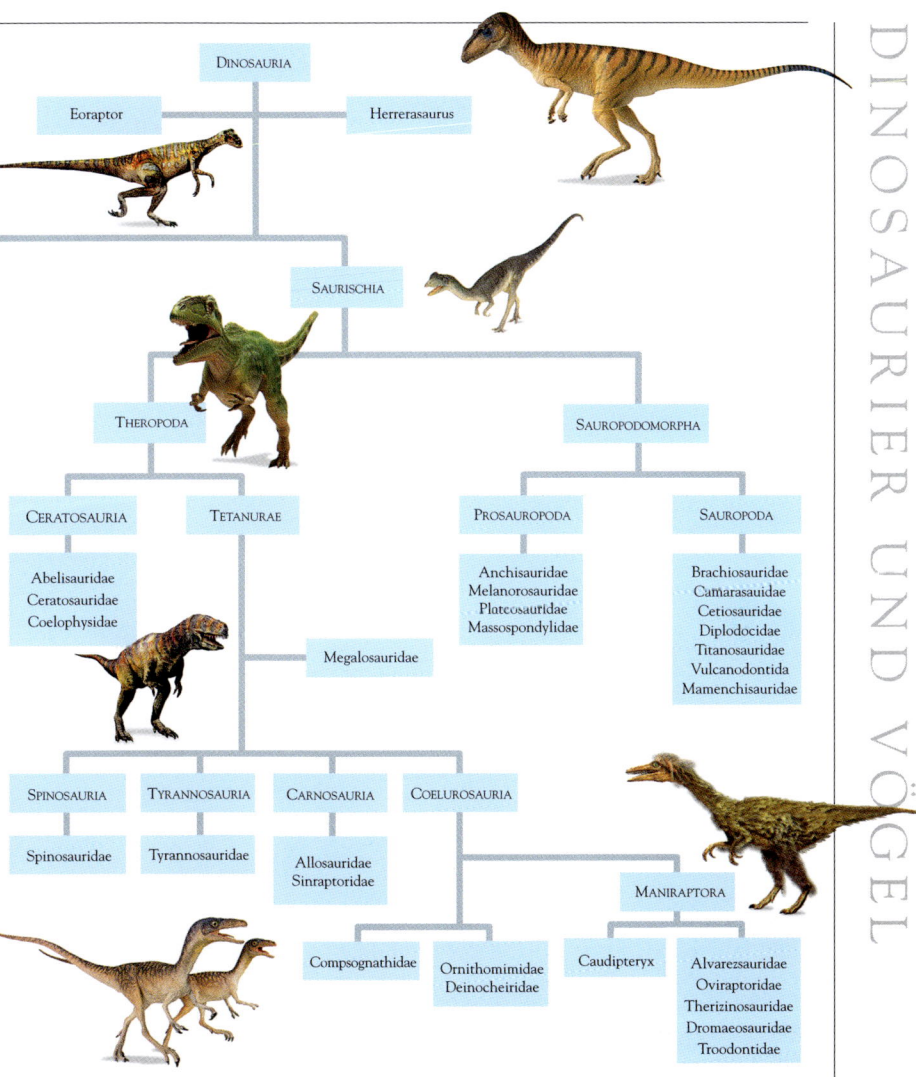

DINOSAURIA

Eoraptor

Herrerasaurus

SAURISCHIA

THEROPODA

SAUROPODOMORPHA

CERATOSAURIA

TETANURAE

PROSAUROPODA

SAUROPODA

Abelisauridae
Ceratosauridae
Coelophysidae

Anchisauridae
Melanorosauridae
Platcosauridae
Massospondylidae

Brachiosauridae
Camarasauidae
Cetiosauridae
Diplodocidae
Titanosauridae
Vulcanodontida
Mamenchisauridae

Megalosauridae

SPINOSAURIA

TYRANNOSAURIA

CARNOSAURIA

COELUROSAURIA

Spinosauridae

Tyrannosauridae

Allosauridae
Sinraptoridae

MANIRAPTORA

Compsognathidae

Ornithomimidae
Deinocheiridae

Caudipteryx

Alvarezsauridae
Oviraptoridae
Therizinosauridae
Dromaeosauridae
Troodontidae

SAURISCHIER

ES GIBT ZWEI Hauptgruppen von Saurischiern: Theropode und Sauropodomorphe. Die größten, aber auch einige der kleinsten Dinosaurier waren Saurischier. Von den Ornithischiern unterschieden sie sich vor allem durch die Form des Beckens.

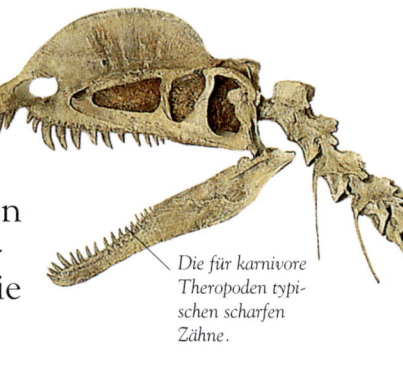

Die für karnivore Theropoden typischen scharfen Zähne.

SAUROPODOMORPHE
Die Mitglieder dieser Gruppe waren überwiegend herbivor und liefen auf vier Beinen. Einer von ihnen ist *Seismosaurus*, mit ungefähr 40 m Körperlänge der größte aller Dinosaurier.

TYRANNOSAURUS

BRACHIOSAURUS – EIN
SAUROPODOMORPHE

THEROPODEN
Alle Theropoden waren karnivor und liefen nur auf den Hinterbeinen. *Compsognathus*, einer der kleinsten Dinosaurier, und der größte landlebende Dinosaurier, *Tyrannosaurus*, waren beide Mitglieder der Gruppe der Theropoden.

COMPSOGNATHUS

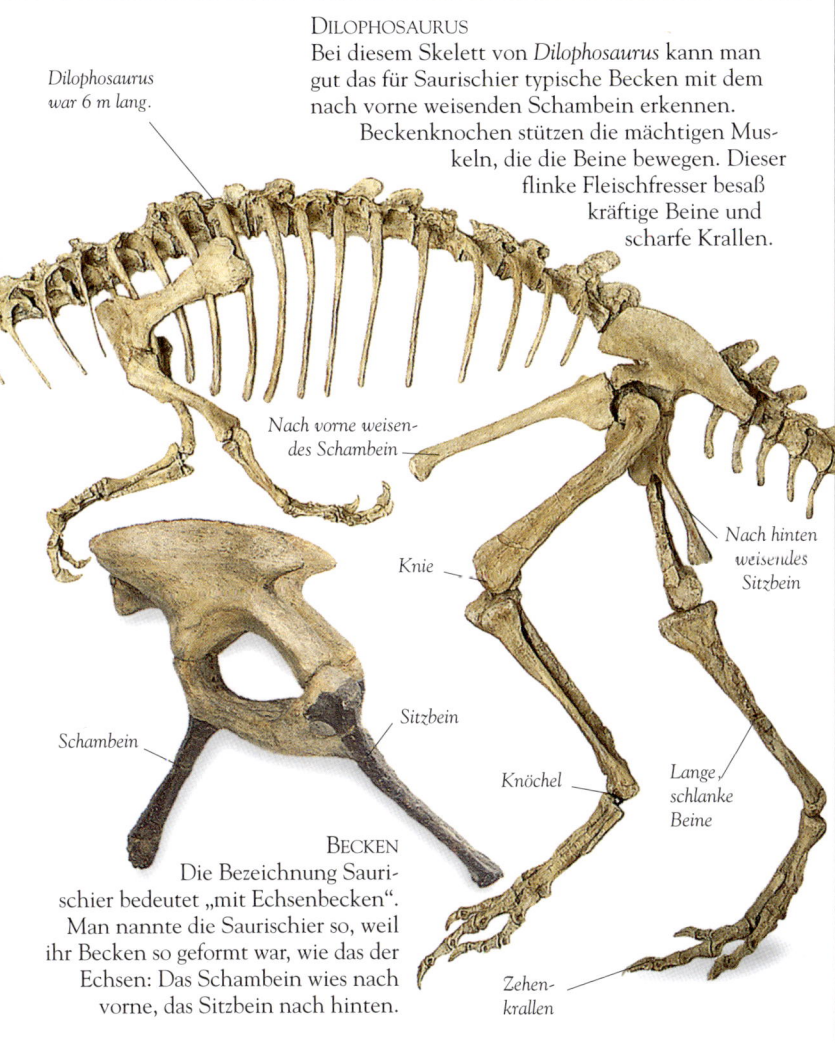

Dilophosaurus war 6 m lang.

DILOPHOSAURUS
Bei diesem Skelett von *Dilophosaurus* kann man gut das für Saurischier typische Becken mit dem nach vorne weisenden Schambein erkennen. Beckenknochen stützen die mächtigen Muskeln, die die Beine bewegen. Dieser flinke Fleischfresser besaß kräftige Beine und scharfe Krallen.

Nach vorne weisendes Schambein

Knie

Nach hinten weisendes Sitzbein

Schambein

Sitzbein

Knöchel

Lange, schlanke Beine

BECKEN
Die Bezeichnung Saurischier bedeutet „mit Echsenbecken". Man nannte die Saurischier so, weil ihr Becken so geformt war, wie das der Echsen: Das Schambein wies nach vorne, das Sitzbein nach hinten.

Zehenkrallen

THEROPODEN

DIESER GRUPPE gehören gefährliche Fleisch fressende Dinosaurier an. Häufig liefen sie auf den mit Krallen besetzten Hinterfüßen. Theropode bedeutet „Tierfüße", tatsächlich aber ähnelten ihre Füße denen von Vögeln. An jedem Fuß befanden sich drei Zehen mit langen Knochen, sodass das Bein dadurch verlängert wurde. Mit den scharfen Krallen griffen sie die Beute an und packten sie.

FRÜHER THEROPODE
Dilophosaurus lebte im frühen Jura. Der behände Jäger war einer der ersten karnivoren Dinosaurier.

Schwanz

FOSSILIENFUNDE
Coelophysis jagte Eidechsen und kleine Dinosaurier. In diesem fossilen *Coelophysis*-Skelett aber fand man zwischen den Rippen Junge der gleichen Art – ein Hinweis darauf, dass *Coelophysis* auch ein Kannibale war.

Coelophysis war 3 m lang.

Knochen von Jungen im Brustkorb

THEROPODEN-FAKTEN

• Alle Theropoden waren karnivor.

• *Coelophysis* lebte vor ca. 220 Mio. Jahren und war einer der ersten Theropoden.

• *Tyrannosaurus* lebte vor 65 Mio. Jahren und war einer der letzten Theropoden.

• Viele Theropoden hatten nur drei oder vier Finger.

• Mindestens fünf Wirbel stützten das Becken der Theropoden.

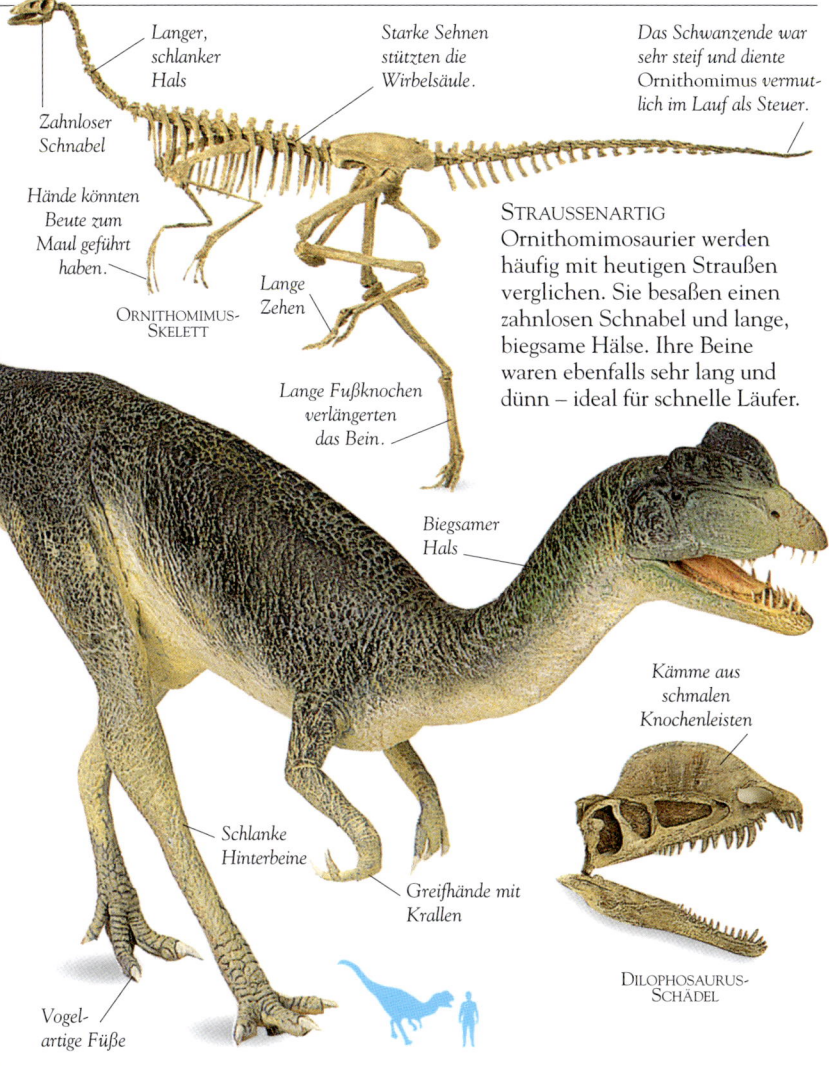

Langer, schlanker Hals

Starke Sehnen stützten die Wirbelsäule.

Das Schwanzende war sehr steif und diente Ornithomimus vermutlich im Lauf als Steuer.

Zahnloser Schnabel

Hände könnten Beute zum Maul geführt haben.

ORNITHOMIMUS-SKELETT

Lange Zehen

Lange Fußknochen verlängerten das Bein.

STRAUSSENARTIG

Ornithomimosaurier werden häufig mit heutigen Straußen verglichen. Sie besaßen einen zahnlosen Schnabel und lange, biegsame Hälse. Ihre Beine waren ebenfalls sehr lang und dünn – ideal für schnelle Läufer.

Biegsamer Hals

Kämme aus schmalen Knochenleisten

Schlanke Hinterbeine

Greifhände mit Krallen

DILOPHOSAURUS-SCHÄDEL

Vogel-artige Füße

173

STAURIKOSAURUS

STAURIKOSAURUS („Kreuz-des-Südens-Echse") war ein primitiver, auf zwei Beinen laufender Dinosaurier mit dem für Theropoden typischen Körperbau: langer Schwanz, lange kräftige Hinterbeine und kurze Arme. Den Rücken hielt er waagerecht und der Schwanz half ihm, sich auszubalancieren. Im Unterkiefer besaß er ein zusätzliches Gelenk.

LANG UND LEICHT
Dieser leicht gebaute Raubdinosaurier war relativ lang, vermutlich aber nicht schwerer als ein neunjähriges Kind, also ca. 30 kg. Er lief schnell auf zwei Beinen.

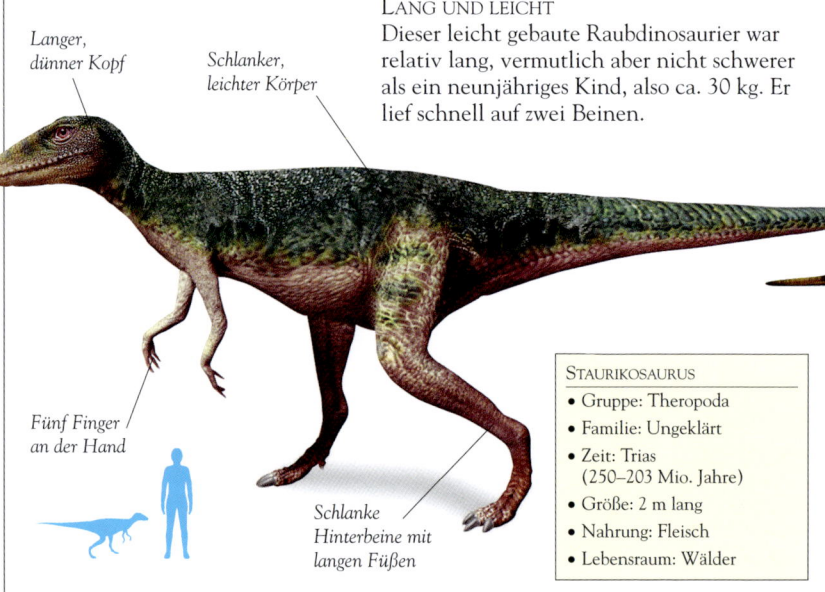

Langer, dünner Kopf

Schlanker, leichter Körper

Fünf Finger an der Hand

Schlanke Hinterbeine mit langen Füßen

STAURIKOSAURUS
- Gruppe: Theropoda
- Familie: Ungeklärt
- Zeit: Trias (250–203 Mio. Jahre)
- Größe: 2 m lang
- Nahrung: Fleisch
- Lebensraum: Wälder

EORAPTOR

DER VOR KURZEM entdeckte *Eoraptor*
(„Räuber der Morgenröte") gilt als einer
der frühesten Dinosaurier. Er war ein sehr kleiner, leichter Karnivore mit hohlen Knochen,
der auf zwei Beinen lief. Die Arme waren viel
kürzer als die Beine. An den Händen hatte er
fünf Finger. Weil er eine sehr primitive Form
darstellte, fehlen bei *Eoraptor* anscheinend die
typischen Merkmale der bedeutenderen Dino-
sauriergruppen.

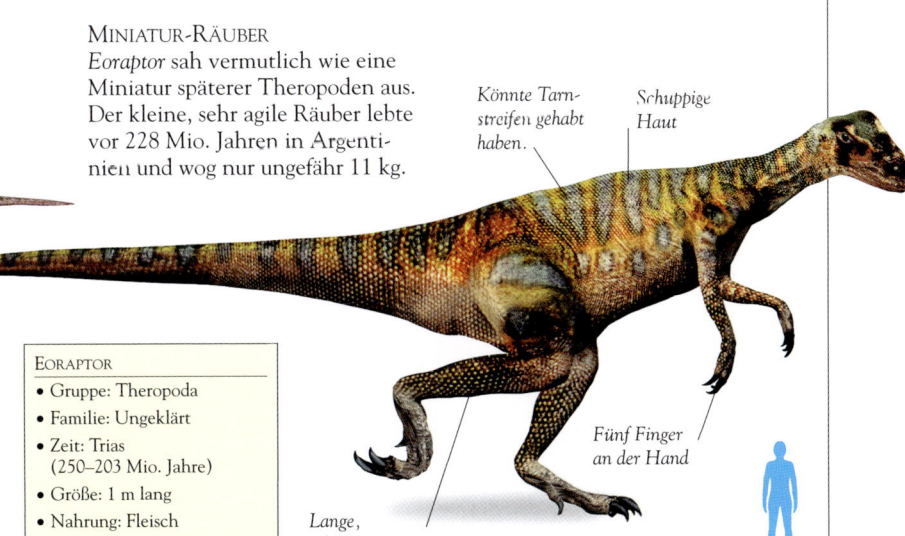

MINIATUR-RÄUBER
Eoraptor sah vermutlich wie eine
Miniatur späterer Theropoden aus.
Der kleine, sehr agile Räuber lebte
vor 228 Mio. Jahren in Argenti-
nien und wog nur ungefähr 11 kg.

Könnte Tarn-
streifen gehabt
haben.

Schuppige
Haut

Fünf Finger
an der Hand

Lange,
schlanke Beine

EORAPTOR
- Gruppe: Theropoda
- Familie: Ungeklärt
- Zeit: Trias
  (250–203 Mio. Jahre)
- Größe: 1 m lang
- Nahrung: Fleisch
- Lebensraum: Wälder

COELOPHYSIS

COELOPHYSIS („Hohles Gesicht")
war ein leicht gebauter Dinosaurier mit offenen Schädelknochen.
Der Körper war lang gezogen und
die Schnauze lief spitz zu. In
Mägen erwachsener *Coelophysis*
fand man Knochen junger
Artgenossen. Also könnten
sie Kannibalen gewesen sein.

COELOPHYSIS
- Gruppe: Theropoda
- Familie: Coelophysidae
- Zeit: Trias
  (250–203 Mio. Jahre)
- Größe: 2,8 m lang
- Nahrung: Eidechsen, Fische
- Lebensraum: Wüstenebenen

GHOST RANCH, NEW MEXICO
Coelophysis ist einer der
bekanntesten Dinosaurier,
weil man an dieser Stätte so
viel Exemplare fand.

*Überreste von
Jungen im
Bauchraum*

IN GESTEIN EINGE-
BETTETES FOSSILES
SKELETT

LEICHTE KNOCHEN
Obwohl *Coelophysis*
so lang wie ein Kleinwagen war, wog er nur so viel
wie ein achtjähriges Kind.

*Langer,
biegsamer
Schwanz*

*Kleine,
spitze
Zähne*

*Lange
Hinterbeine*

*Hände mit vier
Fingern und einem
Fingerstummel*

176

DILOPHOSAURUS

DILOPHOSAURUS („Doppel-
kammerechse") war nach den beiden Knochenkämmen auf seinem
Kopf benannt. Weil sie zerbrechlich waren, dienten sie vermutlich
nur als Schmuck. Nicht alle Exemplare
hatten diese Kämme – vielleicht kenn-
zeichneten sie die Männchen. *Dilophosaurus* besaß einen großen Kopf. Hals, Körper
und Schwanz waren schlank. Er scheint
mit *Coelophysis* verwandt gewesen zu sein.

DILOPHOSAURUS
- Gruppe: Theropoda
- Familie: Coelophysidae
- Zeit: Jura (203–135 Mio. J.)
- Größe: 6 m lang
- Nahrung: Kleine Tiere, Fische
- Lebensraum: Flussufer

Biegsamer Schwanz

*Knochiger, halb-
runder Kamm*

*Lange, kräftige
Hinterbeine*

DROHGEBÄRDE
Männliche *Dilophosaurus*
könnten Rivalen vertrieben
haben, indem sie sich auf-
richteten und mit dem Kopf
nickten, um größer und
gefährlicher zu erscheinen.

*Drei mit Krallen
besetzte Zehen*

177

CERATOSAURUS

CERATOSAURUS („Gehörnte Echse") ist nach dem Horn über seiner Nase benannt. Ein weiteres besonderes Merkmal war die entlang seines Rückgrats verlaufende Reihe von Knochenplatten, die kein anderer bekannter Theropode besaß. *Ceratosaurus* hatte kurze, aber kräftige Arme und vier Finger an jeder Hand, von denen drei Krallen aufwiesen. Der Schwanz war lang und biegsam.

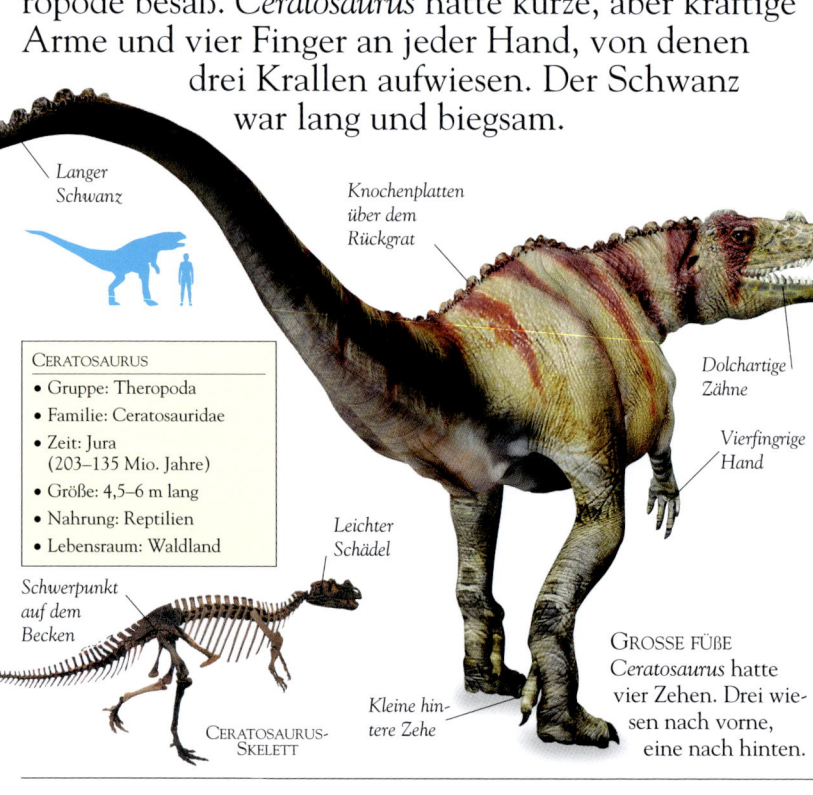

Langer
Schwanz

Knochenplatten
über dem
Rückgrat

Dolchartige
Zähne

Vierfingrige
Hand

CERATOSAURUS
- Gruppe: Theropoda
- Familie: Ceratosauridae
- Zeit: Jura
  (203–135 Mio. Jahre)
- Größe: 4,5–6 m lang
- Nahrung: Reptilien
- Lebensraum: Waldland

Leichter
Schädel

Schwerpunkt
auf dem
Becken

CERATOSAURUS-
SKELETT

Kleine hin-
tere Zehe

GROSSE FÜSSE
Ceratosaurus hatte
vier Zehen. Drei wie-
sen nach vorne,
eine nach hinten.

ABELISAURUS

VON DIESEM GROSSEN Theropoden, benannt nach seinem Entdecker Roberto Abel, kennen wir nur einen einzigen Schädel. Der Kopf war mächtig, mit runder Schnauze, die Zähne waren für einen Karnivoren dieser Größe eher klein. Die seitlichen Fenster im Schädel über dem Kiefer sind größer als bei anderen Dinosauriern.

CARNOTAURUS' COUSIN
Der primitive Dinosaurier *Abelisaurus* war mit *Carnotaurus* verwandt, einem anderen Theropoden. Da von *Abelisaurus* bisher nur ein Schädel gefunden wurde, versuchen Forscher vom Körperbau bekannterer Abelisauriden auf den von *Abelisaurus* zu schließen.

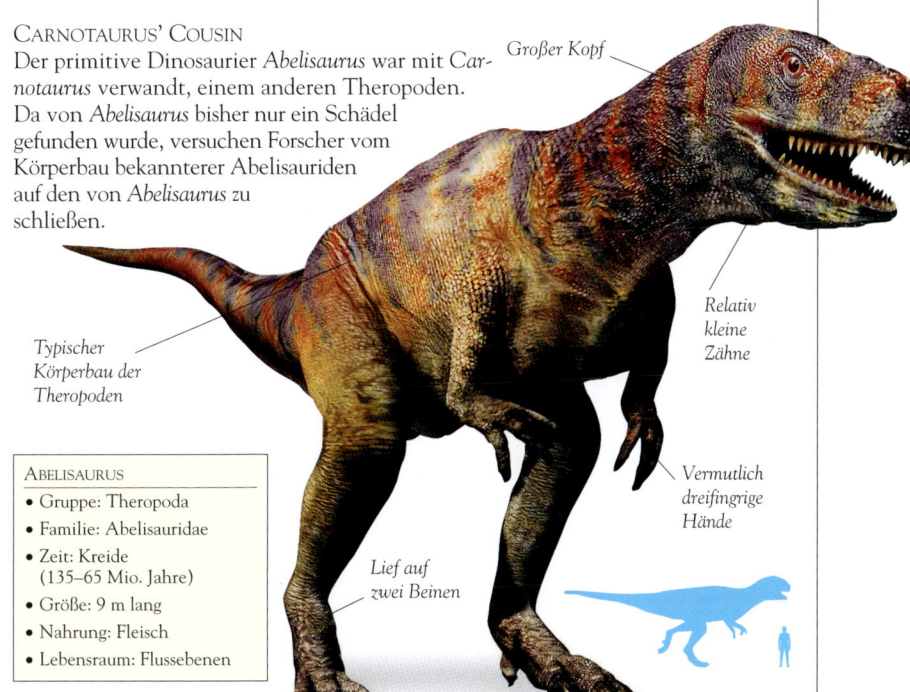

Großer Kopf

Relativ kleine Zähne

Typischer Körperbau der Theropoden

Vermutlich dreifingrige Hände

Lief auf zwei Beinen

ABELISAURUS
- Gruppe: Theropoda
- Familie: Abelisauridae
- Zeit: Kreide (135–65 Mio. Jahre)
- Größe: 9 m lang
- Nahrung: Fleisch
- Lebensraum: Flussebenen

179

GROSSE KARNIVORE

VON ALLEN THEROPODEN sind die großen Karnivoren wohl die bekanntesten. Sie besaßen massige Köpfe und gebogene, eindrucksvolle Zähne mit gesägten Rändern. *Tyrannosaurus* war einer der größten Fleischfresser der Kreide, *Allosaurus* der bedeutendste räuberische Dinosaurier des Jura.

Kleine erste Zehe

Gekrümmter Hals

Das Tier konnte sein Maul weit öffnen.

Gekrümmte Krallen an den drei Fingern.

Die Arme waren vergleichsweise klein und schwach.

Sitzbein

Lange Fußknochen verlängerten das Bein.

ALLOSAURUS-FUSS
Ebenso wie alle anderen großen Theropoden lief auch *Allosaurus* auf drei langen, krallenbesetzten Zehen. Die erste Zehe war klein, wies nach hinten und hing über dem Boden.

ALLOSAURUS-SKELETT
Vollständige Skelette großer karnivorer Dinosaurier sind selten. Allerdings wurden zahlreiche einzelne Teile gefunden, die Paläontologen ermöglichten, ein Skelett von *Allosaurus* zu rekonstruieren.

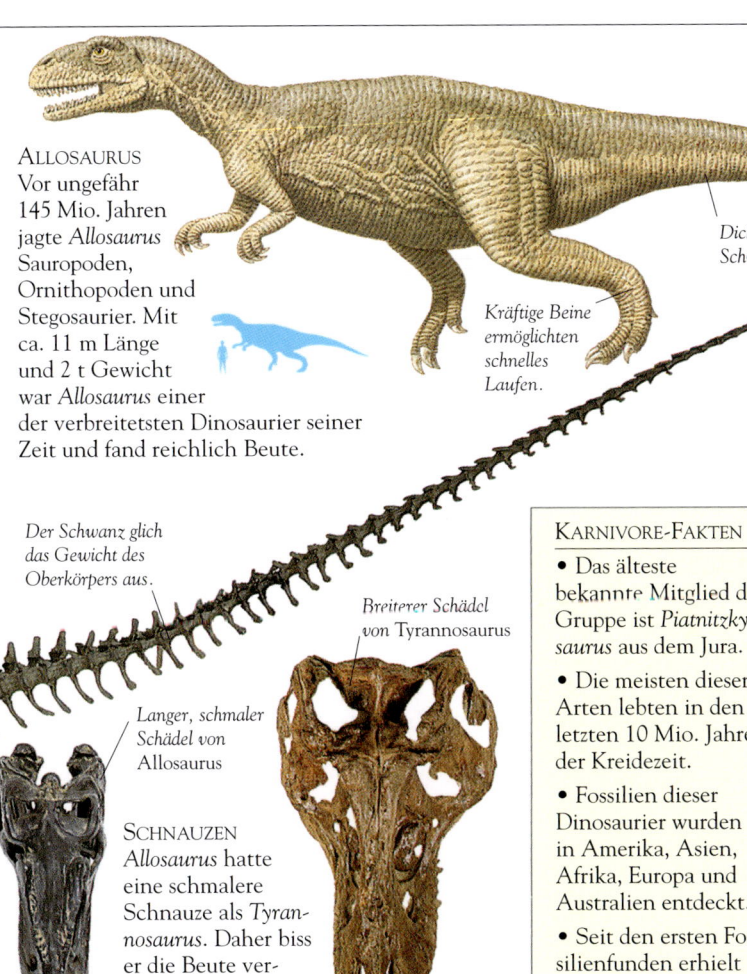

ALLOSAURUS
Vor ungefähr
145 Mio. Jahren
jagte *Allosaurus*
Sauropoden,
Ornithopoden und
Stegosaurier. Mit
ca. 11 m Länge
und 2 t Gewicht
war *Allosaurus* einer
der verbreitetsten Dinosaurier seiner
Zeit und fand reichlich Beute.

*Dicker
Schwanz*

*Kräftige Beine
ermöglichten
schnelles
Laufen.*

*Der Schwanz glich
das Gewicht des
Oberkörpers aus.*

*Breiterer Schädel
von* Tyrannosaurus

*Langer, schmaler
Schädel von*
Allosaurus

SCHNAUZEN
Allosaurus hatte
eine schmalere
Schnauze als *Tyran-
nosaurus*. Daher biss
er die Beute ver-
mutlich ins Fleisch,
anstatt zu versuchen,
ihre Knochen zu brechen.

KARNIVORE-FAKTEN

• Das älteste
bekannte Mitglied der
Gruppe ist *Piatnitzky-
saurus* aus dem Jura.

• Die meisten dieser
Arten lebten in den
letzten 10 Mio. Jahren
der Kreidezeit.

• Fossilien dieser
Dinosaurier wurden
in Amerika, Asien,
Afrika, Europa und
Australien entdeckt.

• Seit den ersten Fos-
silienfunden erhielt
Allosaurus nacheinan-
der mehr als neun ver-
schiedene Namen.

CARNOTAURUS

DIE AUFFÄLLIGSTEN Merkmale von *Carnotaurus* („Fleisch fressender Stier") waren die dreieckigen Hörner über den Augen. Ansonsten unterschied er sich kaum von anderen Theropoden. Er besaß lange Beine und einen schlanken, von Schuppen und Knochenplättchen bedeckten Körper. Die Arme waren sehr klein, an den Händen hatte er drei Finger und einen Daumen mit Stachel.

Kurze Unterarme

Schwanz diente als Balancierhilfe

Stachel an vierter Zehe

Große Zehen

Schlanke, kräftige Beine

CARNOTAURUS
- Gruppe: Theropoda
- Familie: Abelisauridae
- Zeit: Kreide (135–65 Mio. Jahre)
- Größe: 7,5 m lang
- Nahrung: Fleisch
- Lebensraum: Trockenebenen, vielleicht Wüsten

RÄTSELHAFTE HÖRNER
Niemand weiß, warum *Carnotaurus* Hörner hatte. Für das Töten von Beute waren sie zu klein. Vermutlich erschlug dieser Dinosaurier Beutetiere mit Kopfstößen. Vielleicht war er auch ein Aasfresser und die Hörner dienten nur dazu, möglichen Partnern zu imponieren.

PIATNITZKYSAURUS

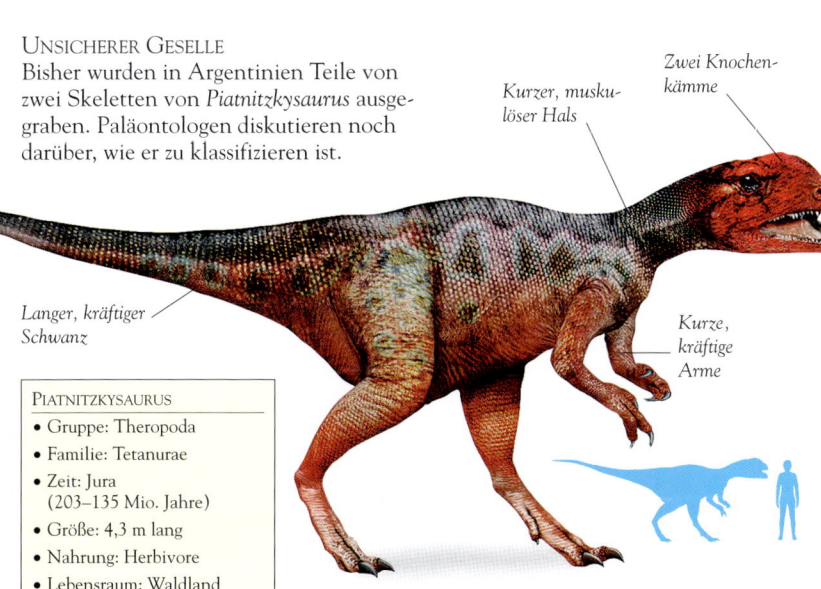

DIESER THEROPODE könnte zu den Tetanurae („Steife Schwänze") gehört haben.
Sein Körperbau ähnelte stark dem von *Allosaurus*,
doch seine Arme waren länger. Über den Augen bis
zur Schnauzenspitze verliefen zwei Knochenkämme. An den Fingern hatte er lange Krallen. Der
stämmige Körper lief in einem steifen Schwanz aus.
Benannt ist das Tier nach dem besten Freund seines
Entdeckers José Bonaparte.

UNSICHERER GESELLE
Bisher wurden in Argentinien Teile von
zwei Skeletten von *Piatnitzkysaurus* ausgegraben. Paläontologen diskutieren noch
darüber, wie er zu klassifizieren ist.

Zwei Knochen-
kämme

Kurzer, musku-
löser Hals

Langer, kräftiger
Schwanz

Kurze,
kräftige
Arme

PIATNITZKYSAURUS
- Gruppe: Theropoda
- Familie: Tetanurae
- Zeit: Jura
  (203–135 Mio. Jahre)
- Größe: 4,3 m lang
- Nahrung: Herbivore
- Lebensraum: Waldland

MEGALOSAURUS

DER ERSTE Dinosaurier, der einen noch heute benutzten wissenschaftlichen Namen erhielt, war *Megalosaurus* („Große Echse"), ein massiger, kurzhalsiger Theropode. *Megalosaurus* lief mit nach innen gerichteten Zehen und wippendem Schwanz.

Langer, dicker Schwanz

Kurze, aber kräftige Arme

MEGALOSAURUS

- Gruppe: Theropoda
- Familie: Megalosauridae
- Zeit: Jura (203–135 Mio. Jahre)
- Größe: 9 m lang
- Nahrung: Große herbivore Dinosaurier
- Lebensraum: Wälder

Zähne mit gesägten Kanten

Durch Versteinerung entstandene Risse

FOSSILER ZAHN
Dieser Kiefer stammt von *Megalosaurus*. Viele Fossilien wurden fälschlich für Überreste von *Megalosaurus* gehalten. Tatsächlich fand man von ihm bisher nur wenig.

UNTERKIEFER

XUANHANOSAURUS

DIESER WENIG bekannte Theropode („Xuanhan-Echse") wurde nach seinem Fundort Xuanhan in der Provinz Sichuan (China) benannt. Bisher kennt man von ihm nur Wirbel sowie Knochen von Schulter, Arm und Hand. Die Arme waren trotz ihrer Kürze kräftig. An den kleinen Händen hatte er starke Krallen. Das *Megalosaurus* ähnliche Tier könnte einen großen Kopf, lange, muskulöse Hinterbeine sowie Füße mit drei nach vorne weisenden, krallenbesetzten Zehen gehabt haben.

Langer, steifer Schwanz

Dreifingrige Hände

GUT ZU FUSS
Fossilien von *Xuanhanosaurus* wurden 1984 von dem chinesischen Paläontologen Dong Zhiming entdeckt. Er vermutete, dass *Xuanhanosaurus* zwar ein „zweibeiniger" Dinosaurier war, gelegentlich aber auch auf allen vieren lief. Mit dem steif ausgestreckten Schwanz hielt er sein Gleichgewicht.

XUANHANOSAURUS
- Gruppe: Theropoda
- Familie: Ungeklärt
- Zeit: Jura (203–135 Mio. Jahre)
- Größe: 6 m lang
- Nahrung: Fleisch
- Lebensraum: Wälder

GASOSAURUS

DIESER THEROPODE erhielt den Namen „Gas-Echse" zu Ehren der Dashanpu-Gasgesellschaft, an deren Bohrstelle in Sichuan (China) seine Überreste gefunden wurden. Über *Gasosaurus* ist wenig bekannt und seine Klassifikation ist noch ungeklärt. Er könnte ein primitiver Karnivore gewesen sein. *Gasosaurus* besaß den typischen Körperbau eines Theropoden mit massigem Kopf und steifem Schwanz.

GASOSAURUS
• Gruppe: Theropoda
• Familie: Tetanurae
• Zeit: Jura (203–135 Mio. Jahre)
• Größe: 4 m
• Nahrung: Große herbivore Dinosaurier
• Lebensraum: Waldland

Schwerer Körperbau

Steifer Schwanz

Großes Maul mit scharfen Zähnen

Relativ lange Arme

Drei nach vorne weisende Zehen

Stämmige Hinterbeine

GEHEIMNISVOLL
Bisher wurden von diesem Dinosaurier nur Teile von Arm-, Oberschenkel- und Beckenknochen gefunden.

ALLOSAURUS

ALLOSAURUS („Andere Echse")
war der verbreitetste und vermutlich größte räuberische
Dinosaurier des Oberen Jura.
Er hatte einen schweren Kopf,
einen kurzen Hals und stämmigen Körper. An den drei Fingern
saßen Krallen. Über den Augen
lagen knochige Höcker.

5 bis 10 cm
lange Zähne

FOSSILER SCHÄDEL
Große Fenster machten den
Schädel leichter.

OTHNIEL C. MARSH
Der große Paläontologe,
Pionier der Dinosaurier-
forschung, nannte diesen
Dinosaurier *Allosaurus*.

Gestreckt
gehaltener
Schwanz

Gesägte
Zähne

ALLOSAURUS
- Gruppe: Theropoda
- Familie: Allosauridae
- Zeit: Jura
  (203–135 Mio. Jahre)
- Größe: 12 m lang
- Nahrung: Herbivore Dino-
  saurier, Aas
- Lebensraum: Flachland

GIGANOTOSAURUS

GIGANOTOSAURUS („Südliche Riesenechse") ist der größte bisher bekannte
karnivore Dinosaurier. Sein Schädel
ist länger als ein erwachsener Mann.
Die Zähne besaßen gesägte Kanten. An
den Händen hatte er drei Finger und sein
Schwanz war lang und spitz zulaufend.
Zwar war er größer als Tyrannosaurus, doch
leichter gebaut. Er scheint seine Beute
auch nicht durch Bisse, sondern durch
Hiebe der krallenbesetzten Hände
getötet zu haben. Trotz seiner gewaltigen
Größe könnte er wie
einige anderen Thero-
poden ein schneller
Läufer gewesen sein.

LAND DER RIESEN
Dieser räuberische Dinosaurier aus
Argentinien könnte *Argentinosaurus*,
einen der größten Sauropoden aller
Zeiten, gejagt haben – oder aber ein Aasfresser gewesen sein. Er war mit *Carcharodontosaurus* verwandt, einem weiteren
großen Fleischfresser, der in Afrika lebte.

GIGANOTOSAURUS
- Gruppe: Theropoda
- Familie:
  Carcharodontosauridae
- Zeit: Kreide
  (135–65 Mio. Jahre)
- Größe: 12,5 m
- Nahrung: Fleisch
- Lebensraum: Warme Sümpfe

*Drei Finger mit
langen Krallen*

Große Augen

Kopf doppelt so
groß wie bei
Allosaurus

Vermutlich
schwenkte er
den Schwanz bei
jedem Schritt.

Kleine
Schultern

189

HOHLSCHWANZECHSEN

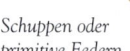

IN DER LANDSCHAFT des Jura wimmelte es von kleinen Raubtieren, doch blieben nur wenige Fossilien erhalten. Unter den bekanntesten sind *Compsognathus* und *Ornitholestes*, zwei flinke Jäger. Sie waren frühe Mitglieder einer neuen Gruppe: der Coelurosaurier oder „Hohlschwanzechsen", aus der sich *Tyrannosaurus*, Ornithopoden und die Vorfahren der Vögel entwickelten.

LEBENSWEISE
VON COMPSOGNATHUS
Compsognathus war schlank, mit langem Schwanz und vogelartigen Füßen. Die kleinen Inseln, auf denen er lebte, lagen dort, wo heute Süddeutschland und Frankreich sind. Er könnte der größte Karnivore dieses Lebensraums gewesen sein.

Sehr schlanker Schwanz

Becken

In feinkörnigem Kalkstein erhaltenes Fossil

Durch das Schrumpfen des Kadavers zurückgebogener Hals

Fingerknochen, teilweise zerschlagen

Schuppen oder primitive Federn

Hoher Knöchel

Dreizehiger Fuß

EIDECHSENFRESSER
Dieser fossile *Compsognathus* ist eines der beiden bisher gefundenen Exemplare und stammt aus Deutschland. Er hatte eine kleine Eidechse gefressen.

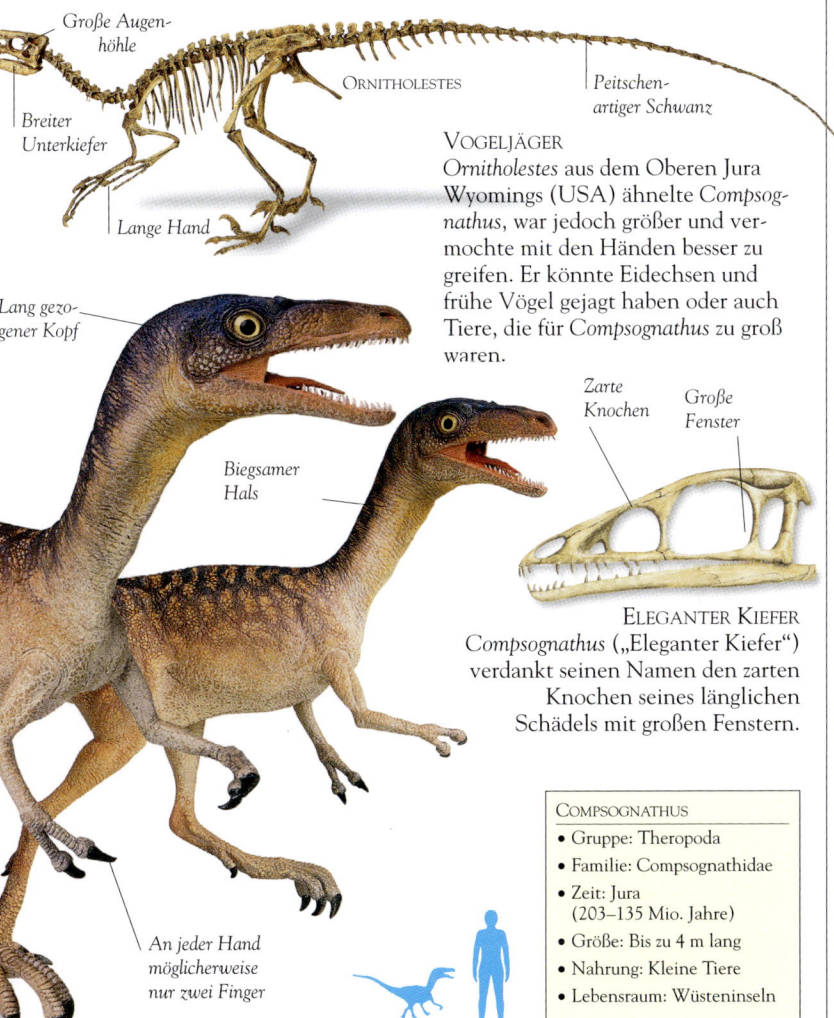

Große Augen-
höhle

Breiter
Unterkiefer

ORNITHOLESTES

Peitschen-
artiger Schwanz

Lange Hand

Lang gezo-
gener Kopf

Biegsamer
Hals

VOGELJÄGER
Ornitholestes aus dem Oberen Jura
Wyomings (USA) ähnelte *Compsognathus*, war jedoch größer und vermochte mit den Händen besser zu
greifen. Er könnte Eidechsen und
frühe Vögel gejagt haben oder auch
Tiere, die für *Compsognathus* zu groß
waren.

Zarte
Knochen

Große
Fenster

ELEGANTER KIEFER
Compsognathus („Eleganter Kiefer")
verdankt seinen Namen den zarten
Knochen seines länglichen
Schädels mit großen Fenstern.

An jeder Hand
möglicherweise
nur zwei Finger

COMPSOGNATHUS
- Gruppe: Theropoda
- Familie: Compsognathidae
- Zeit: Jura
  (203–135 Mio. Jahre)
- Größe: Bis zu 4 m lang
- Nahrung: Kleine Tiere
- Lebensraum: Wüsteninseln

CAUDIPTERYX

DIE ENTDECKUNG dieses kleinen gefiederten Dinosauriers diente als weiterer Beweis dafür, dass Theropoden die Vorfahren der Vögel waren. *Caudipteryx* („Schwanzfeder") war ein Theropode. Daunen und Federn bedeckten Arme, Hals, Rumpf und Schwanz.

Spitzer Schnabel

Kleiner, kurzer Schädel

Fächerfeder am Schwanzende

DAUNE

FUNKTION DER FEDERN
Die kurzen Daunen wärmten *Caudipteryx*. Weil die Schwungfedern symmetrisch waren, konnte er nicht fliegen.

SCHWUNG-
FEDER

Drei Finger mit Krallen

Kurze Arme mit symmetrischen Schwungfedern

Vogelartige Füße mit drei nach vorne gerichteten Zehen

Lange, schlanke Laufbeine

CAUDIPTERYX
- Gruppe: Theropoda
- Familie: Ungeklärt
- Zeit: Kreide (135–65 Mio. Jahre)
- Größe: 90 cm lang
- Nahrung: Pflanzen
- Lebensraum: Uferwälder

OVIRAPTOR

DIESER DINOSAURIER scheint eng
mit den Vögeln verwandt gewesen zu sein und war vermutlich
gefiedert. Auffälligste Merkmale
waren der kurze Kopf und Schnabel. Anstelle von Zähnen besaß er zwei
Knochenleisten am Gaumen, mit denen
er Knochen geknackt haben könnte.

OVIRAPTOR
- Gruppe: Theropoda
- Familie: Oviraptoridae
- Zeit: Kreide
  (135–65 Mio. Jahre)
- Größe: 2,5 m lang
- Nahrung: Ungeklärt
- Lebensraum: Halbwüsten

FALSCH BENANNT

Das erste Exemplar von *Oviraptor* wurde bei
einer Anzahl von Eiern entdeckt. Weil man
glaubte, das Tier habe sie gestohlen, nannte
man es „Eierdieb". Spätere Funde zeigten,
dass *Oviraptor* auf seinem Nest gesessen hatte.

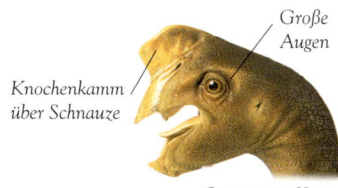

*Große
Augen*

*Knochenkamm
über Schnauze*

OVIRAPTOR-KOPF

*Vogelartige
Füße*

*Skelett
und Eier*

VERSTEINERTES NEST

OVIRAPTORIDEN

OVIRAPTOR erhielt den Namen „Eierdieb", weil man das erste Exemplar auf einem Nest fossiler Eier fand, die man für Eier von *Protoceratops* hielt. Inzwischen wissen wir jedoch, dass die Eier von jenem *Oviraptor* stammten und dass er vermutlich bei dem Versuch starb, sie zu beschützen.

FOSSILES OVIRAPTOR-GELEGE

GUTES ALIBI
Von welchem Tier die „*Protoceratops*-Eier" wirklich stammten, merkte man, als man in einem Ei einen *Oviraptor*-Embryo entdeckte.

NESTFUND
Oviraptosauriden sahen wie große flugunfähige Vögel aus. 1995 wurde ein fossiler *Oviraptor* auf seinem Nest hockend gefunden, so als hätte er die Eier ausgebrütet. Die 18 Eier lagen im Kreis in einem Sandhügel mit einer Vertiefung.

MODELL EINES OVIRAPTOR-NESTS

Federn

Zahnloser Schnabel

Krallen

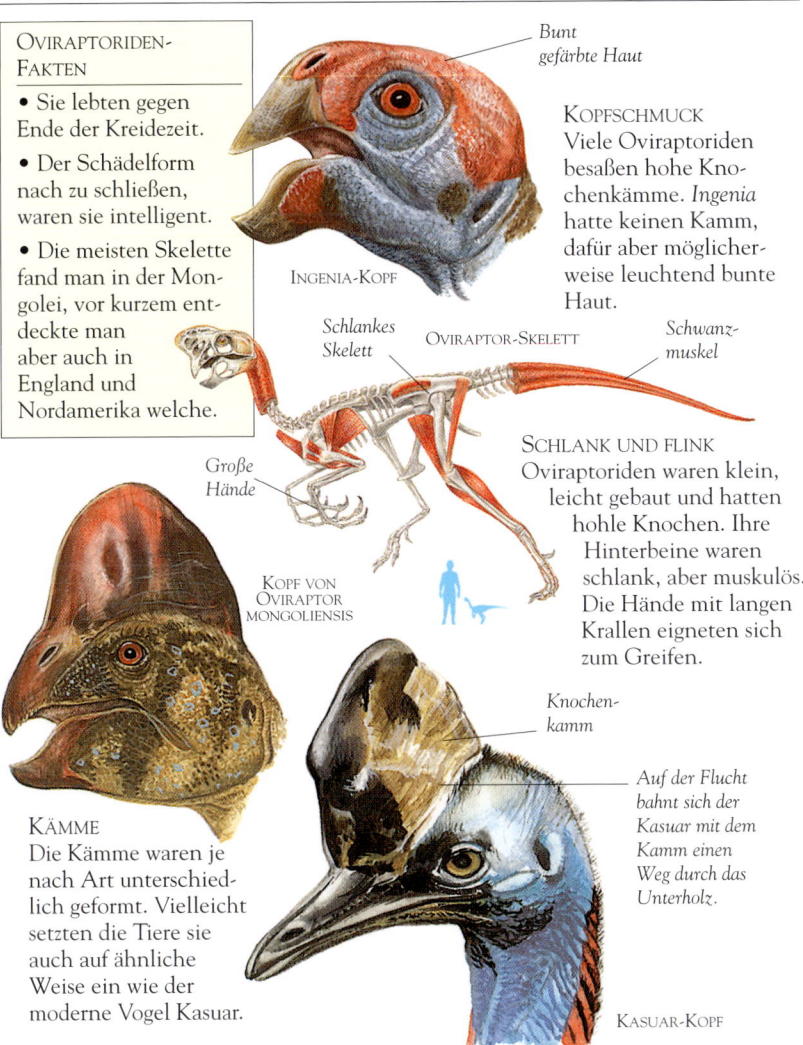

OVIRAPTORIDEN-FAKTEN

• Sie lebten gegen Ende der Kreidezeit.

• Der Schädelform nach zu schließen, waren sie intelligent.

• Die meisten Skelette fand man in der Mongolei, vor kurzem entdeckte man aber auch in England und Nordamerika welche.

Bunt gefärbte Haut

INGENIA-KOPF

KOPFSCHMUCK

Viele Oviraptoriden besaßen hohe Knochenkämme. *Ingenia* hatte keinen Kamm, dafür aber möglicherweise leuchtend bunte Haut.

Schlankes Skelett

OVIRAPTOR-SKELETT

Schwanzmuskel

Große Hände

KOPF VON OVIRAPTOR MONGOLIENSIS

SCHLANK UND FLINK

Oviraptoriden waren klein, leicht gebaut und hatten hohle Knochen. Ihre Hinterbeine waren schlank, aber muskulös. Die Hände mit langen Krallen eigneten sich zum Greifen.

Knochenkamm

Auf der Flucht bahnt sich der Kasuar mit dem Kamm einen Weg durch das Unterholz.

KÄMME

Die Kämme waren je nach Art unterschiedlich geformt. Vielleicht setzten die Tiere sie auch auf ähnliche Weise ein wie der moderne Vogel Kasuar.

KASUAR-KOPF

195

ARCHAEOPTERYX

ARCHAEOPTERYX („Alter Flügel") war so groß wie eine heutige Taube. Er konnte nicht besonders gut fliegen, lief mit den schlanken Beinen aber möglicherweise schnell. Vermutlich war *Archaeopteryx* warmblütig.

Gefiederte Flügel erleichterten das Fliegen.

Drei Finger mit Krallen an verlängerter Hand

Kleiner Kopf mit großen Augen

ARCHAEOPTERYX

- Gruppe: Theropoda
- Familie: Archaeopteridae
- Zeit: Jura (203–135 Mio. Jahre)
- Größe: 30 cm
- Nahrung: Insekten
- Lebensraum: Seeufer oder offene Wälder.

In Kalkstein
erhaltene Abdrücke
der Federn.

IN GESTEIN EINGE-
BETTETES FOSSIL

Seitlich am
Schwanz
wuchsen
Federn.

BEINAHE-
VOGEL
Archaeopteryx besaß
Federn und Flügel, doch
anders als heutige Vögel
hatte er ein flaches Brustbein,
einen langen Schwanz und aus den
Flügeln ragende Finger mit Krallen.

Leichter
Körperbau

VELOCIRAPTOR

DIE ZAHLREICHEN FUNDE gut erhaltener Skelette von *Velociraptor* („Schneller Räuber") machten ihn zum bekanntesten Vertreter seiner Familie. Man nimmt an, dass er im Rudel jagte. An den Händen hatte er drei krallenbewehrte Finger und an der zweiten Zehe eine sichelförmige Kralle.

Zum Balancieren
ausgestreckter
Schwanz

Lange Unter-
schenkel für
schnellen Lauf

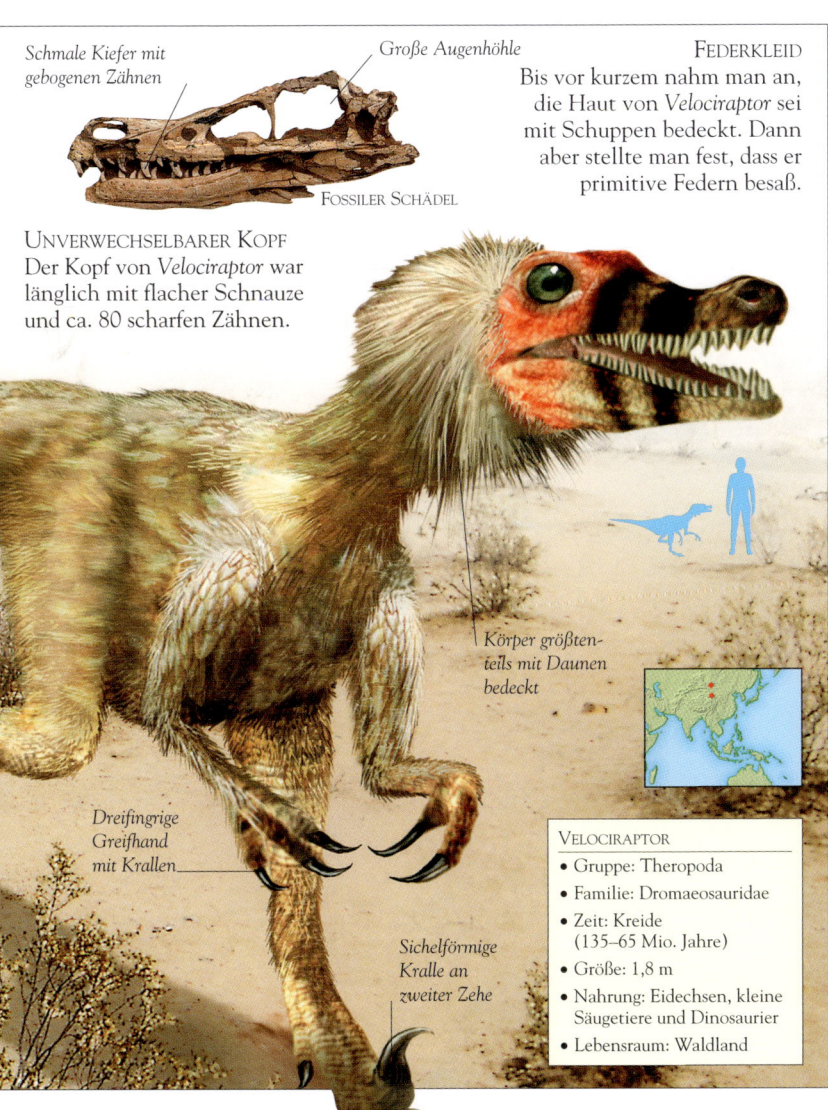

Schmale Kiefer mit gebogenen Zähnen

Große Augenhöhle

FOSSILER SCHÄDEL

FEDERKLEID

Bis vor kurzem nahm man an, die Haut von *Velociraptor* sei mit Schuppen bedeckt. Dann aber stellte man fest, dass er primitive Federn besaß.

UNVERWECHSELBARER KOPF

Der Kopf von *Velociraptor* war länglich mit flacher Schnauze und ca. 80 scharfen Zähnen.

Körper größtenteils mit Daunen bedeckt

Dreifingrige Greifhand mit Krallen

Sichelförmige Kralle an zweiter Zehe

VELOCIRAPTOR

- Gruppe: Theropoda
- Familie: Dromaeosauridae
- Zeit: Kreide (135–65 Mio. Jahre)
- Größe: 1,8 m
- Nahrung: Eidechsen, kleine Säugetiere und Dinosaurier
- Lebensraum: Waldland

199

DROMAEOSAURUS

DROMAEOSAURUS („Flinke Echse") war der erste bekannte Dromaeosauride. Da von ihm nur wenige Knochen vorlagen, konnte man ihn erst klassifizieren, nachdem *Deinonychus* beschrieben worden war. Abgesehen von seiner geringeren Größe war *Dromaeosaurus* seinem „Cousin" *Deinonychus* ziemlich ähnlich. Sein Körper war schlank und langgliedrig, der Kopf groß. Mit den Krallen könnte er die Beute zerteilt haben.

Große Augenhöhlen

Scharfe, dolchartige Zähne

Großer Schädel lässt auf Intelligenz schließen

HUNGRIGER JÄGER
Dromaeosaurus gehörte zur Gruppe der kleinen, räuberisch lebenden „Laufenden Echsen" oder Dromaeosauriden. Sie besaßen lange gekrümmte Krallen und lange, dolchartige Zähne.

DROMAEOSAURUS
- Gruppe: Theropoda
- Familie: Dromaeosauridae
- Zeit: Kreide (135–65 Mio. Jahre)
- Größe: 1,8 m lang
- Nahrung: herbivore Echsen
- Lebensraum: Waldland

DEINONYCHUS

EINER DER AGGRESSIVSTEN räuberischen Dinosaurier der Kreide, *Deinonychus* („Schreckenskralle"), war nach der langen Kralle an der zweiten Zehe benannt, mit der er seine Beute getötet haben könnte. Seit dem Fund einer Gruppe von *Deinonychus* -Skeletten, die rings um das Skelett eines großen *Tenontosaurus* lagen, nimmt man an, dass die Tiere im Rudel jagten.

Leichter
Körperbau

Lange
Hinterbeine

Kralle der zweiten
Zehe wurde beim
Laufen angehoben.

DEINONYCHUS
- Gruppe: Theropoda
- Familie: Dromaeosauridae
- Zeit: Kreide
  (135–65 Mio. Jahre)
- Größe: 3–4 m lang
- Nahrung: herbivore Echsen
- Lebensraum: Wälder

TARNSTREIFEN
Paläontologen zufolge könnte dieser räuberische Dinosaurier eine gestreifte Haut gehabt haben, die ihn bei der Jagd in den Wäldern gut tarnte.

SAURORNITHOIDES

BISHER WURDEN nur ein Schädel, einige Armknochen und Zähne von *Saurornithoides* („Eidechsenvogelform") gefunden, sodass noch ungeklärt ist, ob er zu den Dromaeosauriden zählt. Sein länglicher Schädel bot dem Gehirn relativ viel Platz. Er besaß lange Arme mit dreifingrigen Greifhänden.

Relativ große Hirnkapsel

SCHNELLER LÄUFER
Saurornithoides ähnelte stark *Troodon* und war wie er ein schneller Läufer. Bisher fand man seine fossilen Reste nur in der Mongolei.

Große Anzahl scharfer Zähne

Lange, schmale Schnauze

SAURORNITHOIDES
- Gruppe: Theropoda
- Familie: Dromaeosauridae
- Zeit: Kreide (135–65 Mio. Jahre)
- Größe: 2–3,5 m lang
- Nahrung: Fleisch
- Lebensraum: Ebene

TROODON

TROODON ("Verwundender Zahn") verdankt den Namen seinen scharfen Zähnen. Seine Fossilien sind selten und bisher wurde kein vollständiges Exemplar gefunden. Er könnte sehr intelligent und ein erfolgreicher Jäger gewesen sein. Er besaß dreifingrige Greifhände und je eine lange Kralle an der zweiten Zehe.

TROODON

BUSCHBABY

NACHTSICHT
Troodon hatte große, nach vorne gerichtete Augen, wie heutige Buschbabys. Vielleicht war er nachtaktiv.

Große Augen

Leichter Körperbau

FLITZER
Troodon konnte auf seinen langen Hinterbeinen schnell laufen. Wahrscheinlich jagte er Insekten, Säugetiere, Eidechsen und junge Dinosaurier.

TROODON
- Gruppe: Theropoda
- Familie: Troodontidae
- Zeit: Kreide
  (135–65 Mio. Jahre)
- Größe: 2 m lang
- Nahrung: Fleisch, Aas
- Lebensraum: Ebene

Dreifingrige Hände

ORNITHOMIMO-SAURIER

MIT IHREN zahnlosen Schnäbeln und schmalen Füßen sahen diese Dinosaurier wie riesige Vögel ohne Federn aus. Doch sie besaßen auch Dinosauriermerkmale: krallen bewehrte Hände und einen langen wirbelgestützten Schwanz. Dank der langen Beine waren sie mit die schnellsten Dinosaurier.

ORNITHOMIMOSAURIER-FAKTEN

• Ornithomimosaurier bedeutet „Vogelnach-ahmer".

• Sie könnten bis zu 70 km/h schnell gewesen sein.

• Fressfeinde: Carnosaurier, Dromaeosaurier

DROMICEIOMIMUS
Der Hals dieses Dinosauriers wurde von zehn Wirbeln gestützt und trug einen kleinen Kopf mit großen Augen. Mit den dreifingrigen Händen könnte er seine Beute gepackt und festgehalten haben.

Kniegelenk

Knöchel hoch oben am Bein

Dünne Finger mit langen Krallen

Nur die Zehen berührten den Boden

Große Augenhöhlen

Lange Fußknochen

WIE EIN STRAUSS
Struthiomimus lief auf ähnliche Weise wie ein Strauß. Anders als der große Laufvogel aber besaß er Arme und Finger. Bei höherer Geschwindigkeit half der Schwanz, das Gleichgewicht zu halten.

Strauß: bis zu 80 km/h

Struthiomimus: *unter 50 km/h*

Drei zusammengewachsene Fußknochen

FUSS UND BEIN
Wie bei allen anderen Ornithomimosauriern waren Füße und Beine von *Dromiceiomimus* so gebaut, dass er schnell beschleunigen konnte. Die Fußknochen waren zu einer Verlängerung des Beins verwachsen und nur die Zehen berührten den Boden.

Langer, biegsamer Hals

Scharfe Krallen

Bewegliche Gelenke

GALLIMIMUS
Der größte Ornithomimosaurier war *Gallimimus*. Er hatte einen langen Schädel mit schmaler Schnauze und großen Augen. Die Kiefer gingen in einen Hornschnabel über.

205

ORNITHOMIMUS

DER „VOGELNACHAHMER"
(*Ornithomimus*) ist ein typischer Vertreter seiner Gruppe.
Er hatte lange, schlanke Arme
und Beine. Auf den Schwanz
entfiel über die Hälfte der
Körperlänge. Der Kopf mit dem
zahnlosen Schnabel saß auf einem
S-förmig gebogenen Hals. Die
Gehirnkapsel von *Ornithomimus*
war verhältnismäßig groß.

Zehenabdruck

FOSSILE FUSSSPUREN
Ornithomimus hatte an
jedem Fuß drei krallenbe-
wehrte Zehen. Damit
könnte er Raubdinosau-
riern furchtbare Tritte
versetzt haben.

*Große
Augen seit-
lich am Kopf.*

*Lange Fuß-
knochen*

*Dreifingrige
Hände mit
Krallen*

RENNDINOSAURIER
Im schnellen Lauf hielt
Ornithomimus seinen
Körper waagerecht und
streckte den Schwanz
steif aus.

ORNITHOMIMUS
- Gruppe: Theropoda
- Familie: Ornithomimidae
- Zeit: Kreide (135–65 Mio.J.)
- Größe: 3,5 m lang
- Nahrung: Allesfresser
- Lebensraum: Sümpfe,
  Wälder

STRUTHIOMIMUS

JAHRELANG glaubte man, *Struthiomimus* („Straußnachahmer") sei die gleiche Art wie *Ornithomimus*. Die beiden sind sich bemerkenswert ähnlich. Der Hauptunterschied ist, dass *Struthiomimus* längere Arme mit kräftigen Fingern besaß. Außerdem waren seine Daumen den übrigen Fingern nicht gegenübergestellt.

„STRAUSSDINOSAURIER"
Struthiomimus besaß ebenso wie alle anderen „Vogelnachahmer" einen kleinen Kopf mit zahnlosem Schnabel. Die Beine mit den langen Unterschenkeln, Füßen und Zehen eigneten sich für schnelles Laufen.

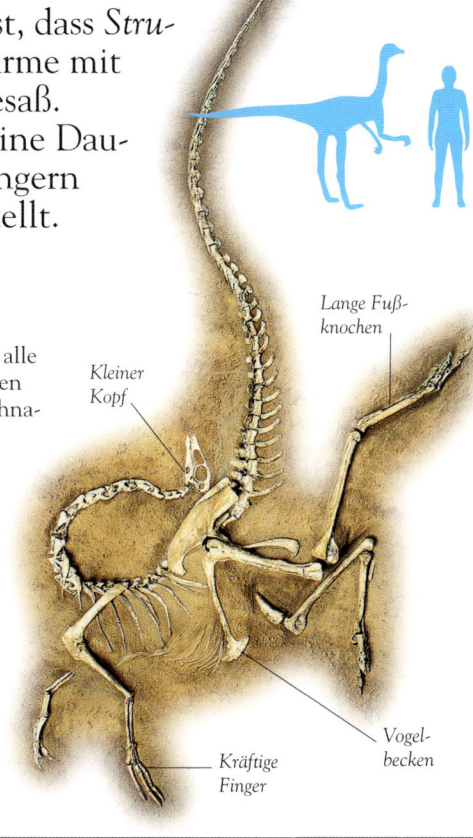

Lange Fuß-knochen

Kleiner Kopf

Vogel-becken

Kräftige Finger

STRUTHIOMIMUS
- Gruppe: Theropoda
- Familie: Ornithomimidae
- Zeit: Kreide
  (135–65 Mio. Jahre)
- Größe: 3,5 m lang
- Nahrung: Allesfresser
- Lebensraum: Offenes Gelände, Flussufer

Gallimimus

GALLIMIMUS, „Hühnernachahmer", ist einer der bekanntesten Ornithomimosaurier. Er hatte einen kurzen Körper. Mit dem langen Schwanz hielt er sein Gleichgewicht. Seine schlanken Beine waren die eines schnellen Läufers. Der Schnabel war lang und zahnlos und sein Gehirn, dem Schädel nach zu urteilen, verhältnismäßig groß.

Große Augenhöhle

Zahnloser Schnabel

FOSSILER SCHÄDEL

WIE EIN STRAUSS
Gallimimus lief vermutlich wie ein Strauss mit langen Schritten. Anstelle der Flügel besaß er lange Arme.

GALLIMIMUS
- Gruppe: Theropoda
- Familie: Ornithomimidae
- Zeit: Kreide
  (135–65 Mio. Jahre)
- Größe: 6 m lang
- Nahrung: Allesfresser
- Lebensraum: Wüstenebenen

Langer, schlanker Hals

Schmale dreizehige Füße

Arme mit Greifhänden

DEINOCHEIRUS

DIE EINZIGEN bisher entdeckten Überreste dieses Dinosauriers sind zwei 2,4 m lange Arme, aufgrund derer man ihm den Namen „Schreckliche Hand" gab. Sie ähneln den Armen von *Ornithomimus* und zählen zu den längsten bekannten Dinosaurierarmen. Die Krallen an den Fingern könnten allerdings als Waffen zu stumpf gewesen sein.

DEINOCHEIRUS
- Gruppe: Theropoda
- Familie: Deinocheiridae
- Zeit: Kreide (135–65 Mio. Jahre)
- Größe: 12–15 m lang
- Nahrung: Unbekannt
- Lebensraum: Wüste

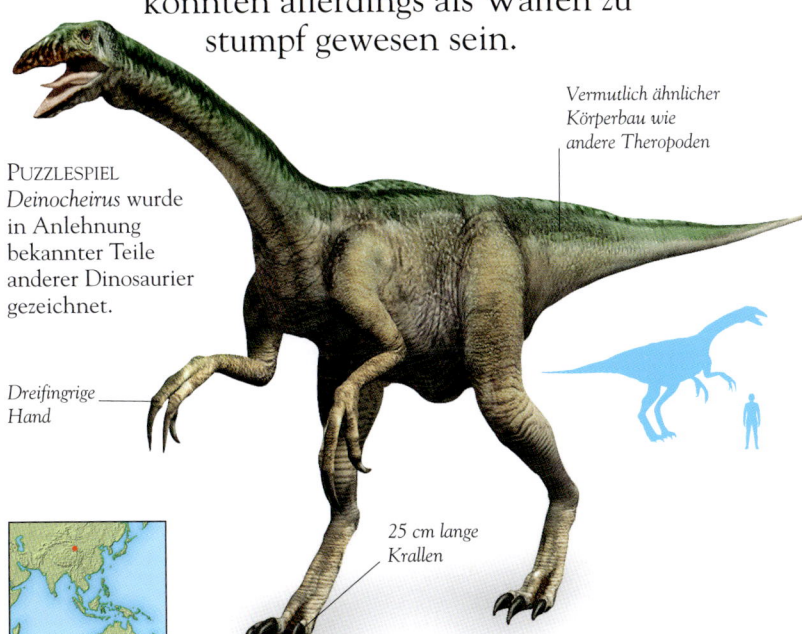

Vermutlich ähnlicher Körperbau wie andere Theropoden

PUZZLESPIEL
Deinocheirus wurde in Anlehnung bekannter Teile anderer Dinosaurier gezeichnet.

Dreifingrige Hand

25 cm lange Krallen

THERIZINOSAURUS

DIE REKONSTRUKTION VON

Therizinosaurus („Sensenechse")
basiert auf Funden anderer Mitglieder dieser Familie. Das Tier
hatte lange Arme und an den
Händen Krallen, die als Waffen zu stumpf waren. Es lief
auf zwei Beinen und war
mit *Oviraptor* verwandt.

THERIZINOSAURUS
- Gruppe: Theropoda
- Familie: Therizinosauridae
- Zeit: Kreide
  (135–65 Mio. Jahre)
- Größe: 11 m lang
- Nahrung: Ungeklärt
- Lebensraum: Waldland

Zahnloser Schnabel

Bis zu 60 cm lange Krallen

FOSSILE KRALLE

Feine Federn könnten die Haut bedeckt haben.

BEIPIAOSAURUS

BEIPIAOSAURUS WURDE nach Beipiao benannt, der chinesischen Stadt nahe seinem Fundort. Er hatte einen großen Kopf, dreifingrige Hände mit Krallen und lange Unterschenkel. Arme und Beine waren mit primitiven Federn bedeckt, und nicht mit Schuppen.

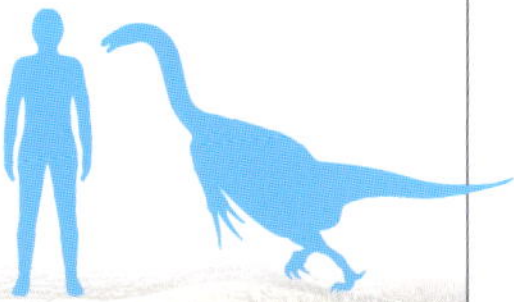

ÄLTESTE SENSENECHSE
Der massige *Beipiaosaurus* lebte vor über 120 Mio. Jahren und ist damit älter als andere Sensenechsen.

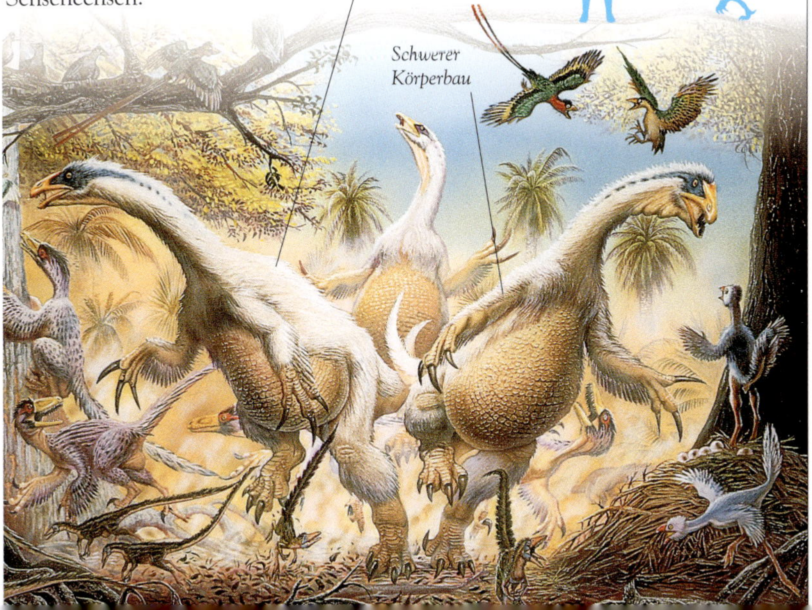

Mit fedrigen Fasern bedeckter Körper.

Schwerer Körperbau

211

SHUVUUIA

LANGE WURDE diskutiert, ob *Shuvuuia* nicht doch ein Vogel sei. Sein Name ist vom mongolischen Wort für Vogel („Shuwuu") abgeleitet, auch weil sein Kopf dem der Vögel ähnlicher ist als z. B. dem von *Archaeopteryx*. Erwiesenermaßen besaß er auch Federn.

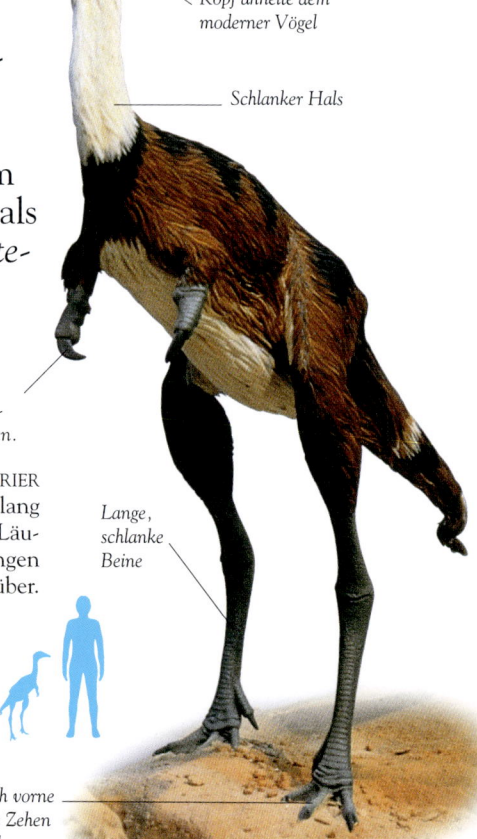

Kopf ähnelte dem moderner Vögel

Schlanker Hals

Mit den Krallen könnte er Termitennester geöffnet haben.

Lange, schlanke Beine

VÖGELÄHNLICHER DINOSAURIER
Die Beine von *Shuvuuia* waren lang und schlank wie bei schnellen Läufern. Die stummeligen Arme gingen in Hände mit einem Finger über.

SHUVUUIA
- Gruppe: Theropoda
- Familie: Alvarezsauria
- Zeit: Kreide (135–65 Mio.J.)
- Größe: 1 m lang
- Nahrung: Insekten, kleine Reptilien
- Lebensraum: Flachland

Drei nach vorne weisende Zehen mit Krallen

SUCHOMIMUS

DIESER DINOSAURIER, dessen Name
„Krokodilnachahmer" bedeutet, war
auf das Fangen von Fischen spezialisiert. Die Zähne in der langen
Schnauze griffen ineinander und
konnten daher gut festhalten. Er
lauerte vermutlich im Wasser und
schnappte nach Fischen.

SUCHOMIMUS
- Gruppe: Theropoda
- Familie: Spinosauridae
- Zeit: Kreide
  (135–65 Mio. Jahre)
- Größe: 11 m lang
- Nahrung: Fisch, evtl. Fleisch
- Lebensraum: Dichte Wälder

*Rücken-
kamm*

*Über 100 zurück-
gebogene Zähne*

*Große Nasen-
öffnungen*

*Löffelförmige
Spitze*

*Schmaler
Unterkiefer*

LANGARMIGER JÄGER
Die Arme von *Suchomimus*
waren lang und kräftig, sodass
er seine Beute mit den Händen gepackt haben könnte.
Vielleicht riss er auch Echsen-
kadaver auf.

*Gekrümmte
Daumen-
kralle*

213

BARYONYX

BARYONYX („SCHWERE KRALLE") war nach seinen langen Daumenkrallen benannt. Der für einen Dinosaurier ungewöhnliche Schädel erinnerte an den eines Krokodils. Als Besitzer von 96 Zähnen hatte Baryonyx doppelt so viele wie die meisten Theropoden. Beim Skelett fand man Reste von Fischen.

BARYONYX-KRALLE

Scharfe, 30 cm lange gebogene Kralle

Ungewöhnlich dicke Armknochen

Krallen an übrigen Fingern

Möglicherweise setzte Baryonyx seine Krallen beim Fischen wie Speere ein, so wie heutige Bären es tun.

Öffnungen machten
den Schädel leichter.

Lange,
schmale Kiefer

BARYONYX-SCHÄDEL

Viele kleine
Zähne

Knochenkamm
über Rückgrat

Relativ
steifer Hals

Knochen-
kamm

BARYONYX

- Gruppe: Theropoda
- Familie: Spinosauridae
- Zeit: Kreide
  (135–65 Mio. Jahre)
- Größe: 10 m lang
- Nahrung: Fisch, evtl. Fleisch
- Lebensraum: Flussufer

215

SPINOSAURUS

SPINOSAURUS („Stachelechse")
war ein gewaltiger Theropode
mit einem Hautsegel auf dem
Rücken. Die Funktion dieses
Segels ist nicht bekannt, doch
manche Paläontologen glauben,
dass es dem Tier half, sein Blut
an heißen Tagen abzukühlen.

Zahnfach

FOSSILE ZAHNREIHE
An diesem Stück eines
Kiefers von *Spinosaurus*
fehlen die Zähne.

*Von Knochen-
streben gestütztes
„Segel"*

*Große,
gerade Zähne*

*Steifer
Schwanz*

*Arme länger als
bei den meisten
Theropoden*

*Kräftige
Hinterbeine*

*Drei nach vorne weisende
Zehen mit Krallen*

SPINOSAURUS
- Gruppe: Theropoda
- Familie: Spinosauridae
- Zeit: Kreide
  (135–65 Mio. Jahre)
- Größe: 15 m lang
- Nahrung: Fleisch, evtl. Fisch
- Lebensraum: Sümpfe

TYRANNOSAURUS

DIE „TYRANNENECHSE" war einer der größten Karnivoren aller Zeiten. Es gibt Hinweise darauf, dass dieser Theropode ein Aasfresser war. Für ein räuberisch lebendes Tier waren die Augen zu klein und die Arme zu schwach und zu kurz.

TYRANNOSAURUS
- Gruppe: Theropoda
- Familie: Tyrannosauridae
- Zeit: Kreide (135–65 Mio. Jahre)
- Größe: 12 m
- Nahrung: Dinosaurier
- Lebensraum: Wald, Sumpf

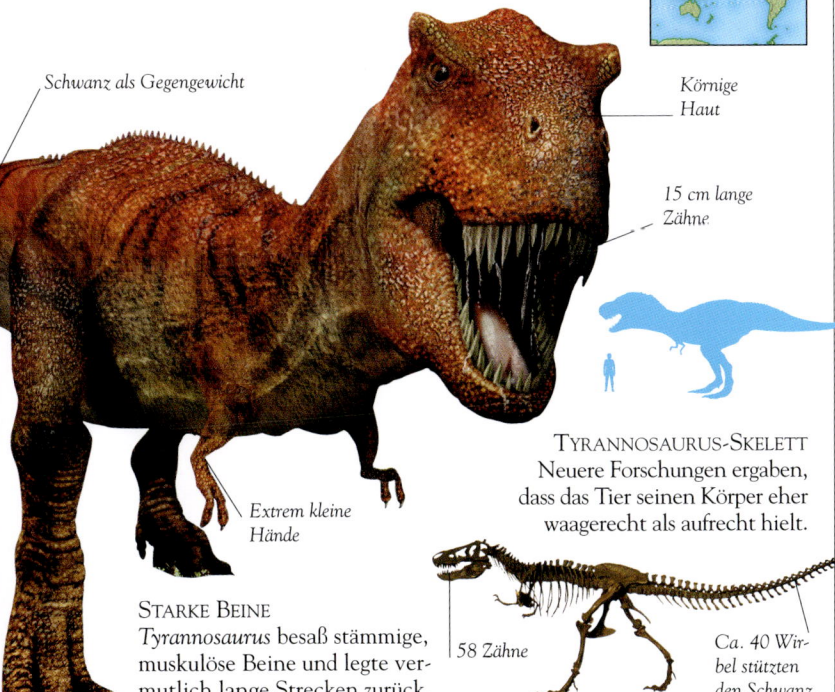

Schwanz als Gegengewicht

Körnige Haut

15 cm lange Zähne

Extrem kleine Hände

TYRANNOSAURUS-SKELETT
Neuere Forschungen ergaben, dass das Tier seinen Körper eher waagerecht als aufrecht hielt.

STARKE BEINE
Tyrannosaurus besaß stämmige, muskulöse Beine und legte vermutlich lange Strecken zurück.

58 Zähne

Ca. 40 Wirbel stützten den Schwanz.

217

SAUROPODOMORPHE

DIE PROSAUROPODEN und Sauropoden gehören der Gruppe der Sauropodomorphen an. Die meisten Mitglieder dieser Gruppe liefen auf vier Beinen und ernährten sich von Pflanzen. Sie hatten lange Hälse und Schwänze und wurden 2 m bis 40 m lang.

APATOSAURUS-
DAUMENKRALLE

DAUMENKRALLE
Viele Sauropodomorphe besaßen große Daumenkrallen, mit denen sie sich verteidigt haben könnten.

Langer, biegsamer Hals

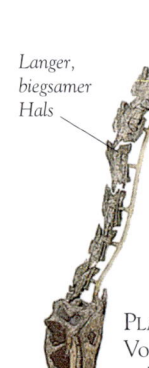

Die Hände konnten Pflanzen festhalten.

Plateosaurus lief mitunter auch auf zwei Beinen.

Prosauropoden wie Plateosaurus waren die ersten großen Landtiere.

Kleiner Kopf

PLATEOSAURUS
Von *Plateosaurus* wurden mehrere vollständige Skelette gefunden. Er war einer der frühesten und größten Saurischier der Trias. Obwohl er auf vier Beinen lief, konnte er sich vermutlich auf den Hinterbeinen aufrichten, um die Blätter höherer Äste zu erreichen.

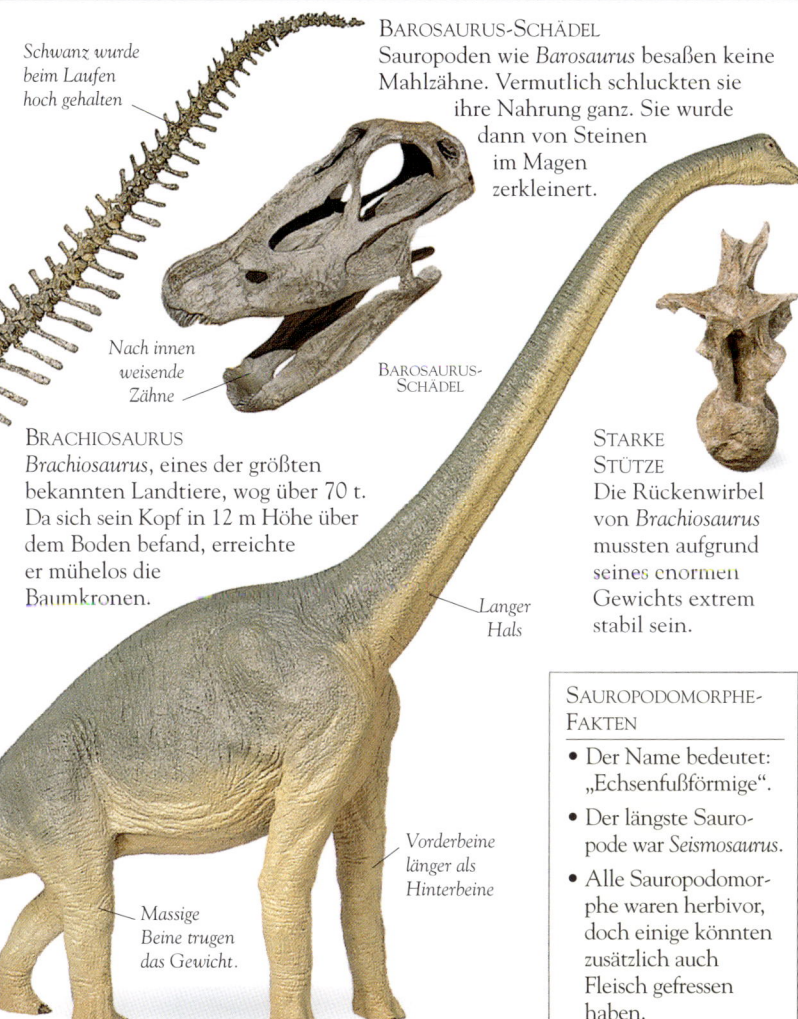

Schwanz wurde
beim Laufen
hoch gehalten

BAROSAURUS-SCHÄDEL

Sauropoden wie *Barosaurus* besaßen keine
Mahlzähne. Vermutlich schluckten sie
ihre Nahrung ganz. Sie wurde
dann von Steinen
im Magen
zerkleinert.

Nach innen
weisende
Zähne

BAROSAURUS-
SCHÄDEL

BRACHIOSAURUS

Brachiosaurus, eines der größten
bekannten Landtiere, wog über 70 t.
Da sich sein Kopf in 12 m Höhe über
dem Boden befand, erreichte
er mühelos die
Baumkronen.

STARKE
STÜTZE

Die Rückenwirbel
von *Brachiosaurus*
mussten aufgrund
seines enormen
Gewichts extrem
stabil sein.

Langer
Hals

Vorderbeine
länger als
Hinterbeine

Massige
Beine trugen
das Gewicht.

SAUROPODOMORPHE-
FAKTEN

- Der Name bedeutet:
  „Echsenfußförmige".

- Der längste Sauro-
  pode war *Seismosaurus*.

- Alle Sauropodomor-
  phe waren herbivor,
  doch einige könnten
  zusätzlich auch
  Fleisch gefressen
  haben.

PROSAUROPODEN

DIE PROSAUROPODEN waren vermutlich Vorfahren der Sauropoden. Beide hatten lange Hälse und kleine Köpfe, doch die Prosauropoden waren kleiner. Die meisten waren Herbivore.

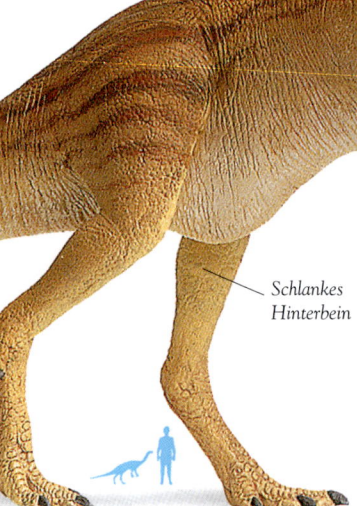

MASSOSPONDYLUS-DAUMENKRALLE

DAUMENKRALLE
Mit seinen großen Vorderzähnen könnte *Massospondylus* ein Allesfresser gewesen sein. Die Daumenkrallen setzte er möglicherweise bei der Verteidigung und beim Beutefang ein.

Zähne

Augenhöhle

KLEINER SCHÄDEL
Mit 10 m Länge war *Riojasaurus* der größte Prosauropode. Wie bei anderen Tieren dieser Gruppe war der Kopf im Verhältnis zum Körper klein. Die blattförmigen Zähne eigneten sich zum Zerkleinern von Pflanzenteilen.

Schlankes Hinterbein

ANCHISAURUS
Dem Körperbau nach zu urteilen, lief *Anchisaurus* meist auf vier Beinen, gelegentlich vielleicht aber auch nur auf den Hinterbeinen. Mit den großen Daumenkrallen könnte er sich gegen Angreifer verteidigt haben.

PROSAUROPODEN-FAKTEN

• Der Name bedeutet: „Vor den Sauropoden".

• Alle hatten kleine Köpfe sowie lange Hälse und Schwänze.

• *Plateosaurus* war der erste große Dinosaurier.

• Man fand ihre Überreste weltweit.

VOGELPERSPEKTIVE

Dieser Blick von oben auf *Anchisaurus* macht deutlich, wie lang und schlank sein Körper war. Beim Laufen hielt er den Schwanz erhoben.

Biegsamer Hals

GROSSE REICHWEITE

Plateosaurus war einer der frühesten und größten Saurischier. Er wurde ungefähr 8 m lang und konnte sich auf den Hinterbeinen aufrichten, um die Baumkronen zu erreichen.

Unter-arm

Daumen-kralle

Große Daumen-kralle

NÜTZLICHE KRALLE

Die Finger von *Plateosaurus* waren unterschiedlich lang. Der Daumen, der längste, verfügte über eine riesige, scharfe Kralle.

221

THECODONTOSAURUS

DER ERSTE Prosauropode, der entdeckt wurde, ist gleichzeitig einer der primitivsten bekannten. Sein Name „Fachzahnechse" weist darauf hin, dass seine Zähne zwar wie die eines Warans aussahen, jedoch in Zahnfächer der Kiefer eingebettet waren. *Thecodontosaurus* besaß einen verhältnismäßig kleinen Kopf und kurzen Hals, aber einen langen Schwanz.

THECODONTOSAURUS
- Gruppe: Prosauropoda
- Familie: Anchisauridae
- Zeit: Trias (250–203 Mio. Jahre)
- Größe: 2,1 m lang
- Nahrung: Pflanzen, evtl. Allesfresser
- Lebensraum: Wüstenebenen, trockenes Hochland

Kleiner Kopf

Relativ kurzer Hals

Große Daumenkralle

Vierzehige Füße

AUFRECHTER GANG
Obgleich *Thecodontosaurus* überwiegend auf zwei Beinen lief, könnte er sich gelegentlich auch auf allen vieren bewegt haben.

EFRAASIA

DIESER FRÜHE PROSAUROPODE ist nach seinem Entdecker E. Fraas benannt. Sein Körperbau war leicht, mit kleinem Kopf, ziemlich langem Hals und langem Schwanz. Die Beine waren länger als die Arme. Er hatte fünf Finger und Daumenkrallen. Zum Laufen könnte er sich aufgerichtet haben.

Nasenlöcher weit vorne

Biegsamer Schwanz

Fünffingrige Hände

Vierzehige Füße

EFRAASIA
- Gruppe: Prosauropoda
- Familie: Anchisauridae
- Zeit: Trias
  (250–203 Mio. Jahre)
- Größe: 2,4 m lang
- Nahrung: Pflanzen
- Lebensraum: Hochland

ANCHISAURUS

ANCHISAURUS BEDEUTET „Beinahe-eine-Echse", weil dieser kleine, frühe Prosauropode sehr eng mit seinen Echsenvorfahren verwandt war. Er hatte einen kleinen Kopf mit schmaler Schnauze. Hals und Schwanz waren lang. Die Gliedmaßen waren kurz und stämmig, die Beine länger als die Arme. Das Tier hatte schmale Füße mit fünf krallenbewehrten Zehen. Die Hände waren fünffingrig. Mit der Daumenkralle könnte es sich gegen Angreifer zur Wehr gesetzt haben.

MAL ZWEI, MAL VIER
Obwohl die Arme von *Anchisaurus* um ein Drittel kürzer als seine Beine waren, stand und ging er meistens auf allen vieren. Um schneller zu laufen oder aber höhere Äste zu erreichen, könnte er sich auch auf den Hinterbeinen aufgerichtet haben.

Langer
Schwanz

Lange
Hinterbeine

Zehenkrallen

ANCHISAURUS
- Gruppe: Prosauropoda
- Familie: Anchisauridae
- Zeit: Jura
  (203–135 Mio. Jahre)
- Größe: 2,1 m lang
- Nahrung: Blätter
- Lebensraum: Waldland

Leicht gebauter
Schädel

Bewegliches
Rückgrat

Zylindrische
Zähne zum
Zerkleinern
von Blättern

Langer Hals

Schlanke
Arme

Daumenkralle
zur Verteidigung
oder zum Graben

UNVOLLSTÄNDIGES
FOSSILES SKELETT

ALTER DINOSAURIER
Fossilien von *Anchisaurus* wurden in
Connecticut und Massachusetts
(USA) gefunden. *Anchisaurus* ist einer
der ältesten in Nordamerika entdeckten Dinosaurier und durch fast vollständige Skelette bekannt.

MASSOSPONDYLUS

MASSOSPONDYLUS („Massiver Wirbel")
trägt diesen Namen, weil man
von ihm zuerst einige große Wirbel entdeckte. Seither erfolgten
weitere Funde, die vermuten lassen, dass das Tier im südlichen
Afrika stark verbreitet war. *Massospondylus* lief auf vier Beinen,
konnte sich aber auch auf den
Hinterbeinen aufrichten.

MASSOSPONDYLUS
- Gruppe: Prosauropoda
- Familie: Massospondylidae
- Zeit: Jura
  (203–135 Mio. Jahre)
- Größe: 4 m lang
- Nahrung: Pflanzen
- Lebensraum: Buschland,
  Wüstenebenen

MULTIFUNKTIONSHÄNDE
Der kleine Kopf dieses Dinosauriers
saß auf einem extrem langen Hals.
Mit den Händen konnte er Nahrung
festhalten, aber auch laufen.

Scharfe Spitze

Große Kralle

FOSSILE
DAUMENKRALLE

*Langer, biegsamer
Hals*

Zarte Rippen

*Hände mit großer
Spannweite*

LUFENGOSAURUS

LUFENGOSAURUS („Lufeng-Echse")
wurde in China gefunden. Er war
stämmig, mit massiven Gliedmaßen.
Er besaß weit auseinander stehende,
blattförmige Zähne, wie sie für Sauropoden typisch sind. Sein Kiefergelenk saß tiefer als die oberen
Zähne. Das machte es für
ihn leichter, zähe Pflan-
zenteile zu zerkleinern.

*Breiter
Kopf*

*Massiger,
schwerer
Körper*

*Die großen
Hände trugen
beim Gehen das
Gewicht mit.*

LUFENGOSAURUS
- Gruppe: Prosauropoda
- Familie: Melanorosauridae
- Zeit: Jura
  (203–135 Mio. Jahre)
- Größe: 6 m lang
- Nahrung: Nadelbäume
- Lebensraum: Wüsten-
  ebenen, Buschland

WEIT GESPREIZT
An seinen breiten Füßen hatte
Lufengosaurus vier lange Zehen.
Die Daumen waren mit großen
Krallen versehen.

PLATEOSAURUS

PLATEOSAURUS WAR einer der verbreitetsten Dinosaurier der Oberen Trias. Die große Zahl gefundener Exemplare lässt vermuten, dass *Plateosaurus* in Herden lebte, die auf der Suche nach Futter und Wasser wanderten. Sein Schädel war breiter als bei anderen Prosauropoden. Die Zähne von *Plateosaurus* waren klein und blattförmig. Der niedrig angesetzte Unterkiefer ermöglichte ihm einen kräftigen Biss. Diese Merkmale weisen darauf hin, dass er herbivor war.

Eher kurzer, aber
beweglicher Hals

*Zähne eines
Pflanzenfressers*

*Finger-
krallen*

PLATEOSAURUS

- Gruppe: Prosauropoda
- Familie: Plateosauridae
- Zeit: Trias
  (250–203 Mio. Jahre)
- Größe: 8 m lang
- Nahrung: Blätter
- Lebensraum: Wüsten

KRÄFTIG GEBAUT

Fossilien von *Plateosaurus* wurden an über 50 Stellen in Westeuropa entdeckt. Wie bei den meisten Tieren seiner Gruppe waren Rumpf und Gliedmaßen stämmig.

Hals konnte hoch gestreckt werden

Schwanz etwa halb so lang wie der Körper

Lange Finger und Hand-knochen

REKONSTRUKTION DES SKELETTS

Massiger Körper

HOCH HINAUS

Plateosaurus lief auf allen vieren, richtete sich aber auf, um das Laub hoher Äste zu erreichen. Als einer der ersten Dinosaurier hielt er sein Futter mit den Händen. Da der Daumen den übrigen Fingern gegenübergestellt war, konnte er gut greifen.

Beine länger als Arme

Vierzehige Füße

SAUROPODEN

DIE GRÖSSTEN Landtiere aller Zeiten gehörten der Gruppe der Sauropoden an. Diese Pflanzenfresser liefen auf allen vieren und hatten lange Hälse und Schwänze sowie Säulenbeine.

SCHWANZVERSTÄRKUNG
Knochen wie dieser hier oben befanden sich an der Unterseite des Schwanzes von *Diplodocus* und dienten als Verstärkung und Schutz der Schwanzwirbel.

Keine hinteren Zähne

Stiftartige Zähne

VORDERZÄHNE
Diplodocus hatte einen langen Schädel. Die stiftartigen Zähne saßen vorne im Kiefer. Mit ihnen könnte er die Blätter von den Zweigen gezogen haben. Weil *Diplodocus* keine Mahlzähne besaß, wurde das Futter vermutlich im Magen von geschluckten Steinen zerkleinert.

APATOSAURUS
Mit 23 m Körperlänge war er einer der längsten Sauropoden. Bei dieser Rekonstruktion zieht *Apatosaurus* seinen Schwanz nach, in Wirklichkeit hielt er ihn aber wahrscheinlich erhoben. Er hatte einen ähnlichen Kopf wie ein Pferd, mit einem faustgroßen Gehirn.

82 Schwanzwirbel

SCHWANZWAFFE
Barosaurus ähnelte *Diplodocus*, doch sein Hals war etwas länger und sein Schwanz kürzer. Vielleicht diente er ihm als Waffe.

Mit dem Schwanz könnte er Angreifer vertrieben haben.

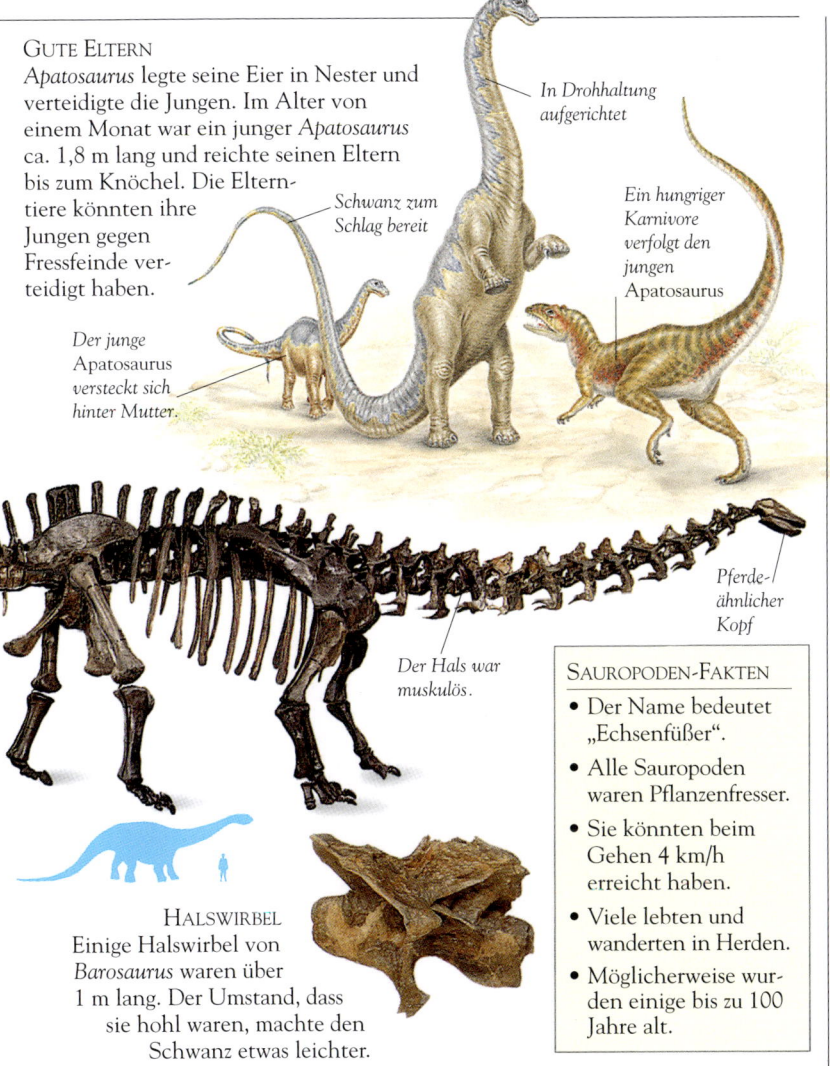

GUTE ELTERN

Apatosaurus legte seine Eier in Nester und verteidigte die Jungen. Im Alter von einem Monat war ein junger *Apatosaurus* ca. 1,8 m lang und reichte seinen Eltern bis zum Knöchel. Die Elterntiere könnten ihre Jungen gegen Fressfeinde verteidigt haben.

Schwanz zum Schlag bereit

Der junge Apatosaurus versteckt sich hinter Mutter.

In Drohhaltung aufgerichtet

Ein hungriger Karnivore verfolgt den jungen Apatosaurus

Der Hals war muskulös.

Pferdeähnlicher Kopf

HALSWIRBEL

Einige Halswirbel von *Barosaurus* waren über 1 m lang. Der Umstand, dass sie hohl waren, machte den Schwanz etwas leichter.

SAUROPODEN-FAKTEN

- Der Name bedeutet „Echsenfüßer".
- Alle Sauropoden waren Pflanzenfresser.
- Sie könnten beim Gehen 4 km/h erreicht haben.
- Viele lebten und wanderten in Herden.
- Möglicherweise wurden einige bis zu 100 Jahre alt.

VULCANODON

DIESER DINOSAURIER wurde nach dem vulkanischen Gestein benannt, in dem man das erste Skelett entdeckte. Bei den Knochen lagen sieben Zähne. Sie stammten von einem Raubdinosaurier, der das Tier gefressen haben könnte. *Vulcanodon* lebte in der Trias und ist einer der frühesten bekannten Sauropoden. Er hatte ungefähr die Größe eines großen Krokodils. Seine Krallen waren stumpf.

Kleiner Kopf

Langer, schlanker Hals

Hoch-sitzende Nasenöff-nungen

Massiver Rumpf

Kürzere Hinterbeine

VULCANODON

- Gruppe: Sauropoda
- Familie: Vulcanodontidae
- Zeit: Jura
  (203–135 Mio. Jahre)
- Größe: 6,5 m lang
- Nahrung: Pflanzen
- Lebensraum: Waldland

BARAPASAURUS

DER NAME *Barapasaurus* bedeutet „Großfüßige Echse". Dieser Sauropode ist einer der frühesten und auch bekanntesten der Unteren Trias. Mit Ausnahme von Schädel und Füßen sind alle Teile des Skeletts bekannt. *Barapasaurus* besaß löffelförmige, gesägte Zähne und Hohlräume in den Rückenwirbeln. Sein Kopf war vermutlich kurz, aber breit.

Relativ kurzer Hals

Schwerer Rumpf

Langer, biegsamer Schwanz

Massige Beine und Füße

BARAPASAURUS
- Gruppe: Sauropoda
- Familie: Vulcanodontidae
- Zeit: Jura (203–135 Mio. Jahre)
- Größe: 18 m lang
- Nahrung: Pflanzen
- Lebensraum: Flachland

CETIOSAURUS

„WALECHSE" WAR ein großer, schwerer Sauropode, dessen Hals und Schwanz kürzer als bei anderen Sauropoden waren. Der Kopf war stumpf, in den Kiefern saßen löffelförmige Zähne. *Cetiosaurus* könnte in großen Herden durch offenes Gelände gestreift sein. Er bewegte sich mit ungefähr 15 km/h.

CETIOSAURUS
• Gruppe: Sauropoda
• Familie: Cetiosauridae
• Zeit: Jura (203–135 Mio. Jahre)
• Größe: 18 m lang
• Nahrung: Pflanzen
• Lebensraum: Ebenen

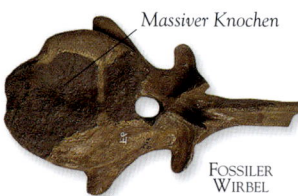

Massiver Knochen

FOSSILER WIRBEL

MASSIVE WIRBEL
Cetiosaurus unterschied sich von anderen Sauropoden durch seine massiven Wirbel: Sie hatten keine Öffnungen, die sie leichter machten.

VERWECHSLUNG
Das Tier wurde erstmals im frühen 19. Jh. entdeckt. Man hielt seine Knochen für die eines Wals – daher der Name.

Erhoben gehaltener Schwanz

1,5 m langes Schulterblatt

SHUNOSAURUS

DA VON *Shunosaurus* („Shuno-Echse") beinahe komplette Skelette gefunden wurden, ist er der zweite vollständig bekannte Sauropode. Der Schädel ist länglich, die Zähne sind klein. Eine Besonderheit ist die von verbreiterten Wirbeln gebildete kleine Knochenkeule am Schwanzende (die bei dem Skelett hier unten fehlt).

SHUNOSAURUS
- Gruppe: Sauropoda
- Familie: Möglicherweise Cetiosauridae
- Zeit: Jura (203–135 Mio. Jahre)
- Größe: 10 m lang
- Nahrung: Pflanzen
- Lebensraum: Ebenen

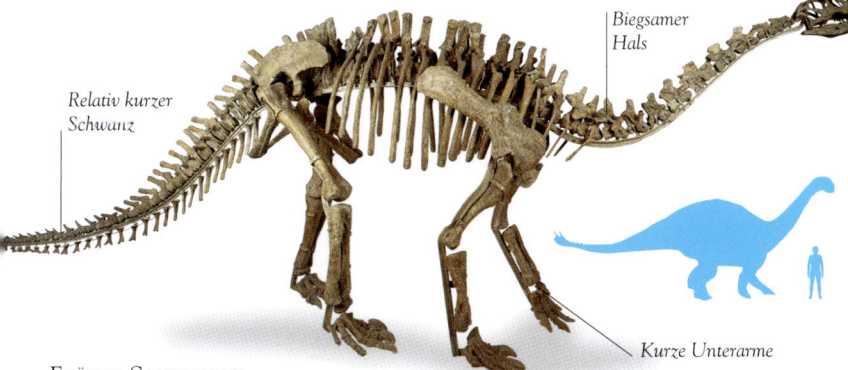

Große Nasenöffnungen

Biegsamer Hals

Relativ kurzer Schwanz

Kurze Unterarme

FRÜHER SAUROPODE
Shunosaurus lebte im Mittleren Jura. Frühe Sauropoden wie dieser wiesen grundlegende Merkmale auf, wie einen kleinen Kopf, langen Hals und Schwanz, breiten Rumpf und säulenartige Beine. Jedoch waren diese Merkmale noch nicht so ausgeprägt wie bei späteren Sauropoden.

BAROSAURUS

BAROSAURUS („Schwere Echse")
besaß alle typischen Merkmale
seiner Familie: langen Hals und
Schwanz, einen massigen Rumpf
und verhältnismäßig kurze Beine.
Vermutlich streifte *Barosaurus* in
Herden umher. Bester Schutz
gegen Raubdinosaurier war seine
Größe. Sein Schwanz hatte ein
dünnes, peitschenartiges Ende,
sodass er ihn gegen Angreifer
wirksam eingesetzt haben
könnte.

BAROSAURUS
- Gruppe: Sauropoda
- Familie: Diplodocidae
- Zeit: Jura
  (203–135 Mio. Jahre)
- Größe: 23–27 m lang
- Nahrung: Pflanzen
- Lebensraum: Schwemm-
  ebenen

*Riesiger, für
Sauropoden
typischer Rumpf*

*Mächtiger
Schwanz mit
dünnem Ende*

*Säulenartige
Beine*

DINOSAURIERJAGD
Ein Foto der Grabungsstätte Carnegie Quarry
(USA), wo 1922 drei Skelette von *Barosaurus*
entdeckt wurden. Bis zum Jahresende hat-
ten die Grabungen 22 Skelette von zehn
Dinosaurierarten zu Tage gefördert.

*Kleiner Kopf am
Ende des langen
Halses*

ENDLOSER HALS
Auf den langen, dünnen
Hals entfiel ein Drittel der Körperlänge. Das Tier konnte seinen Kopf
bis zu 15 m hoch über dem Boden halten. Meist aber trug er ihn vermutlich in
Schulterhöhe.

*Arme kürzer als
Beine*

*Finger und Zehen
mit Krallen*

*Verlängerter
Rückenwirbel*

GEDEHNTE WIRBEL
Hals- und Rückenwirbel von
Barosaurus waren extrem lang
gestreckt. Deshalb konnte sein
Hals so lang sein.

WIRBEL

237

DIPLODOCUS

DIPLODOCUS war einer der längsten Dinosaurier: Von der Schnauzenspitze bis zur Schwanzspitze gemessen, wäre er länger als ein Tennisplatz. Weil sein Schwerpunk über dem Becken lag, könnte er in der Lage gewesen sein, sich aufzurichten. Der Name *Diplodocus* bedeutet „Doppelbalken". Gemeint sind die doppelten Dornfortsätze der mittleren Schwanzwirbel.

Stiftartige Zähne
vorne im Kiefer

Schmaler
Unterkiefer

ABWECHSLUNG IM SPEISEPLAN
Nach der Abnutzung der Zähne von *Diplodocus* zu urteilen, fraß er sowohl niedrige Pflanzen wie Farne, als auch das Laub der Baumkronen.

DIPLODOCUS
- Gruppe: Sauropoda
- Familie: Diplodocidae
- Zeit: Jura
  (203–135 Mio. Jahre)
- Größe: 27 m lang
- Nahrung: Blätter
- Lebensraum: Ebenen

APATOSAURUS

DIESER SAUROPODE war kürzer, aber schwerer und massiger als seine nahen Verwandten. Der kleine Kopf saß auf einem aus 15 Wirbeln bestehenden Hals. Die Rückenwirbel waren hohl und die Hinterbeine länger als die Vorderbeine. Die *Apatosaurus*-Art *A. excelsus* wurde früher für einen anderen Dinosaurier gehalten: für *Brontosaurus*.

Der Schwanz machte über die Hälfte der Körperlänge aus.

Hals nicht so beweglich wie bei anderen Sauropoden

GELENKIGER RIESE
Apatosaurus könnte sich auf den Hinterbeinen aufgerichtet haben, um zu fressen oder zu drohen.

Hinterbeine länger als Vorderbeine

APATOSAURUS
- Gruppe: Sauropoda
- Familie: Diplodocidae
- Zeit: Jura (203–135 Mio. Jahre)
- Größe: 21 m lang
- Nahrung: Blätter
- Lebensraum: Waldland

239

MAMENCHISAURUS

MAMENCHISAURUS war einer der langhalsigsten Dinosaurier. Über die Hälfte der Körperlänge entfiel auf den Hals, der von 19 Wirbeln gestützt wurde – mehr als bei jedem anderen Dinosaurier. Vermutlich konnte ihn *Mamenchisaurus* deshalb nicht höher tragen als auf Schulterhöhe.

MAMENCHISAURUS
- Gruppe: Sauropoda
- Familie: Mamenchisauridae
- Zeit: Jura (203–135 Mio. Jahre)
- Größe: 22 m lang
- Nahrung: Blätter, Triebe
- Lebensraum: Flussdeltas und Waldland

FOSSILE RESTE *Mamenchisaurus* lebte in China, wo auch seine Überreste entdeckt wurden.

Extrem langer Hals

Abfallender Rücken

ENORMER HALS Allein der Hals von *Mamenchisaurus* könnte 14 m lang gewesen sein.

CAMARASAURUS

CAMARASAURUS („Gekammerte Echse") war der in Nordamerika verbreitetste Sauropode. Vermutlich streifte er in großen Herden umher und riss die zähen Blätter niedriger Bäume ab. Der Kopf war groß und eckig, Schwanz und Hals waren kurz. Die Wirbel könnten große Öffnungen gehabt haben, um das Rückgrat leichter zu machen.

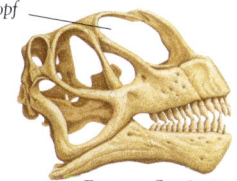

Nasengänge oben am Kopf

FOSSILER SCHÄDEL

STUMPFE SCHNAUZE
Der kurze Schädel von *Camarasaurus* endete in einer stumpfen Schnauze.

BEINE WIE BAUMSTÄMME
Die Vorderbeine von *Camarasaurus* waren relativ lang. An jedem Vorderfuß war eine Klaue, an den Hinterfüßen waren drei.

Massiger Rumpf

Kurzer Kopf

Drei Klauen an Hinterfüßen

CAMARASAURUS
- Gruppe: Sauropoda
- Familie: Camarasauridae
- Zeit: Jura (203–135 Mio. Jahre)
- Größe: 23 m lang
- Nahrung: Zähe Pflanzen
- Lebensraum: Ebenen

BRACHIOSAURUS

DIE „ARMECHSE"
war einer der größ-
ten Dinsaurier. Die
Vorderbeine waren
wesentlich länger als die Hinter-
beine und bei ausgestrecktem Hals
erreichte ihr Kopf eine beachtliche Höhe.
Die großen Nasenlöcher saßen auf einer
Wölbung hoch oben am Kopf. Wie andere
Sauropoden streifte vermutlich auch
Brachiosaurus in Herden umher und fraß das
Laub der Baumkronen.

*1 m lange Wirbel
stützten den Hals*

*Kugelkopf des
Oberschenkelknochens*

MASSIVE KNOCHEN
Der Oberschenkelknochen
(Femur) des *Brachiosaurus* war
über 1,8 m lang und massiv.
Deshalb konnte er das enorme
Gewicht des Tiers tragen. Die
Füße waren fünfzehig. Die
erste Zehe des Vorderfußes
und die ersten drei des
Hinterfußes trugen Krallen.

Nasenöff-
nungen auf
einer Wöl-
bung oben
am Kopf

Meißelartige
Zähne vorne
im Maul

Zu den Hinterbeinen
hin abfallender Körper

Säulenartige
Beine

BRACHIOSAURUS

- Gruppe: Sauropoda
- Familie: Brachiosauridae
- Zeit: Jura
  (203–135 Mio. Jahre)
- Größe: 26 m lang
- Nahrung: Pflanzen
- Lebensraum: Ebenen

ARGENTINOSAURUS

BISHER WURDEN NUR wenige Knochen von *Argentinosaurus* („Argentinien-Echse") gefunden, darunter einige riesige, über 1,5 m breite Wirbel. Ferner kennen wir von diesem Dinosaurier das Sacrum (der dreieckige Knochen zwischen den Beckenknochen), ein Schienbein und mehrere Rippen. Obwohl sie noch nicht viel über das Tier wissen, nehmen Paläontologen an, dass er der längste bekannte Dinosaurier ist – dreimal so lang wie ein Reisebus.

Gewaltiger, massiger Körper

RIESENDINOSAURIER

Argentinosaurus soll von seinem Körperbau her *Diplodocus* ähnlich gewesen sein. Wie andere Titanosaurier besaß vermutlich auch *Argentinosaurus* einen sehr langen Hals, einen langen, spitz zulaufenden Schwanz und einen relativ kleinen, dreieckigen Schädel.

Langer, peitschenartiger Schwanz

Säulenartige Beine, Füße mit fünf Zehen und Krallen

Schlanker
Hals

Kleiner, drei-
eckiger Kopf

ARGENTINOSAURUS
- Gruppe: Sauropoda
- Familie: Titanosauridae
- Zeit: Kreide
  (135–65 Mio. Jahre)
- Größe: 40 m lang
- Nahrung: Nadelbäume
- Lebensraum: Wälder

ARGENTINISCHE ENTDECKUNG
Die ersten Knochen von *Argentinosaurus* wurden 1988 auf einer argentinischen Schafsfarm
gefunden. Der Farmer, der sie entdeckte, hielt
sie zuerst für Brennholz. Es dauerte Jahre, bis
alle Knochen ausgegraben waren. 1993 erhielt
der Dinosaurier seinen Namen.

TITANOSAURUS

„RIESENECHSE" ist nur durch einige Lendenwirbel und Knochen der Gliedmaßen bekannt. Ein Schädel wurde noch nicht gefunden. *Titanosaurus* könnte den für Sauropoden typischen Körperbau gehabt haben, doch anders als bei den meisten Sauropoden waren seine Wirbel massiv.

Kleiner, spitz zulaufender Kopf

Ein für Sauropoden verhältnismäßig kurzer Hals

Massiger Körper

Knochenplatten schützten Rücken und Seiten

Langer Schwanz

SALTASAURUS

In die Haut einge-
lagerte Knochenplatten

Massiver Knochen
ohne Aussparungen

FOSSILER WIRBEL

Schwanz wurde
ausgestreckt

PANZER
Anders als andere Sauro-
poden waren Titanosaurier
gut gepanzert.

TITANOSAURUS

TITANOSAURUS

- Gruppe: Sauropoda
- Familie: Titanosauridae
- Zeit: Kreide
  (135–65 Mio. Jahre)
- Größe: 18 m lang
- Nahrung: Pflanzen
- Lebensraum: Waldland

Nasenlöcher
weit oben

Fossiler Abdruck
unterschiedlich
großer Knochen-
platten

FOSSILER
PANZER

SALTASAURUS

SALTASAURUS wurde nach der
argentinischen Provinz
benannt, in der sein erster Fundort
liegt. Man entdeckte an der Stelle mehrere
teilweise erhaltene Skelette sowie kleine
und große Knochen-
platten. Dies war der
erste Hinweis darauf,
dass es auch gepan-
zerte Sauropoden
gegeben hat.

SALTASAURUS

- Gruppe: Sauropoda
- Familie: Titanosauridae
- Zeit: Kreide
  (135–65 Mio. Jahre)
- Größe: 12 m lang
- Nahrung: Pflanzen
- Lebensraum: Waldland

ORNITHISCHIER

ES GAB FÜNF Hauptgruppen von
Ornithischiern. Alle waren Pflanzenfresser und ihr Becken war so
geformt wie das moderner Vögel.
Bei den meisten gingen die Kiefer in einen Schnabel über.
Manche liefen auf zwei,
andere auf vier Beinen.
Die „Zweibeiner" hielten
den Schwanz im Lauf
oder beim Fressen
ausgestreckt.

CERATOPSIER

ANKYLOSAURIER

ORNITHOPODEN

PACHYCEPHALOSAURIER

FÜNF GRUPPEN
Die fünf Ornithischier-Gruppen
waren: Ceratopsier (mit Nackenschild), Ankylosaurier (gepanzert), Pachycephalosaurier (mit
verdickter Schädeldecke),
Stegosaurier (mit Reihen
von Knochenplatten auf
dem Rücken) und Ornitho-
poden (vogelähnlich).

STEGOSAURIER

BECKEN

Das Becken der Ornithischier war anders gebaut als das der Saurischier. Das Schambein wies nach hinten anstatt nach vorne. Die Bezeichnung Ornithischier bedeutet „mit Vogelbecken". Man nennt diese Dinosaurier so, weil ihr Becken dem heutiger Vögel ähnelt.

Sitzbein

Schambein

Nach vorne weisendes Darmbein

Sitzbein

Schambein

Knochenplatte

STEGOSAURUS

STEGOSAURUS

Das Skelett von *Stegosaurus* lässt ein höher entwickeltes Vogelbecken erkennen. Zusätzlich zu dem nach hinten weisenden Scham- und Sitzbein hatte sich das nach vorne weisende Darmbein gebildet.

249

ORNITHOPODEN

ALLE ORNITHOPODEN waren Pflanzenfresser mit Schnäbeln. Ihre blattförmigen Zähne eigneten sich optimal zum Zerkleinern von Pflanzen. Sie liefen auf zwei Beinen, doch manche könnten auf allen vieren nach Nahrung gesucht haben. Sie hatten drei oder vier Zehen und vier oder fünf Finger.

Backenzähne

Eckzähne

HETERODONTOSAURUS
Heterodontosaurus hatte drei Typen von Zähnen. Die Vorderzähne im Oberkiefer bissen gegen den zahnlosen Unterschnabel. Die Backenzähne waren gekerbt und hochkronig. Die Eckzähne dienten als Waffen.

LEBEN IN DER GRUPPE
Hypsilophodon könnte zum besseren Schutz gegen räuberische Theropoden in Gruppen gelebt haben. Wenn die Tiere wachsam waren und einander vor Gefahren warnten, verbesserte das ihre Überlebenschancen.

Die Mitglieder der Gruppe hielten seitlich Ausschau.

Lange, schlanke Sprinterbeine

Verknöcherte
Sehnen

ORNITHOPODEN-FAKTEN

- Der Name bedeutet „Vogelfuß".
- Ornithopoden wurden 2 bis 15 m lang.
- Manche Ornithopoden besaßen bis zu 1000 Backenzähne.
- Die Tiere erreichten im Lauf Geschwindigkeiten von mindestens 15 km/h.

STÜTZE FÜR DIE WIRBELSÄULE

Bei Ornithopoden wie *Iguanodon* verstärkten kreuzweise angeordnete, verknöcherte Sehnen die Wirbelsäule über Becken und Rücken. Diese Sehnen versteiften auch den Schwanz, mit dem *Iguanodon* sich ausbalancierte.

Die Zehen liefen in Hufen aus.

DREIZEHER

Der dreizehige Fuß von *Corythosaurus* war dem schweren Körperbau angepasst. *Corythosaurus* wog ungefähr 4 t und war etwa 7,5 m lang. Er gehörte einer Gruppe von Ornithopoden an, die man Hadrosauriden nennt.

HYPSILOPHODON

HETERODONTOSAURUS

WIE SEIN NAME „Unterschiedlich gezahnte Echse"
schon sagt, besaß dieser kleine, auf zwei Beinen
laufende Saurier bemerkenswerte Zähne. *Heterodontosaurus* hatte drei
Typen von Zähnen:
Schneidezähne vorne
im Oberkiefer, zwei
Paar große Eckzähne
und hochkronige, mei-
ßelartige Zähne zum
Zerkleinern von Pflanzen-
teilen. Mit den Eckzähnen
könnte er Fressfeinde oder
Rivalen angegriffen haben.

*Ziemlich
kurzer Hals*

*Vermutlich
hatten nur
Männchen
Eckzähne.*

*Knochenstreben
versteiften Rücken
und Schwanz.*

Hornschnabel

*Hände konnten
greifen*

IN LEHM VERSTEINERTES SKELETT

*Drei nach
vorne weisende
Zehen mit Krallen*

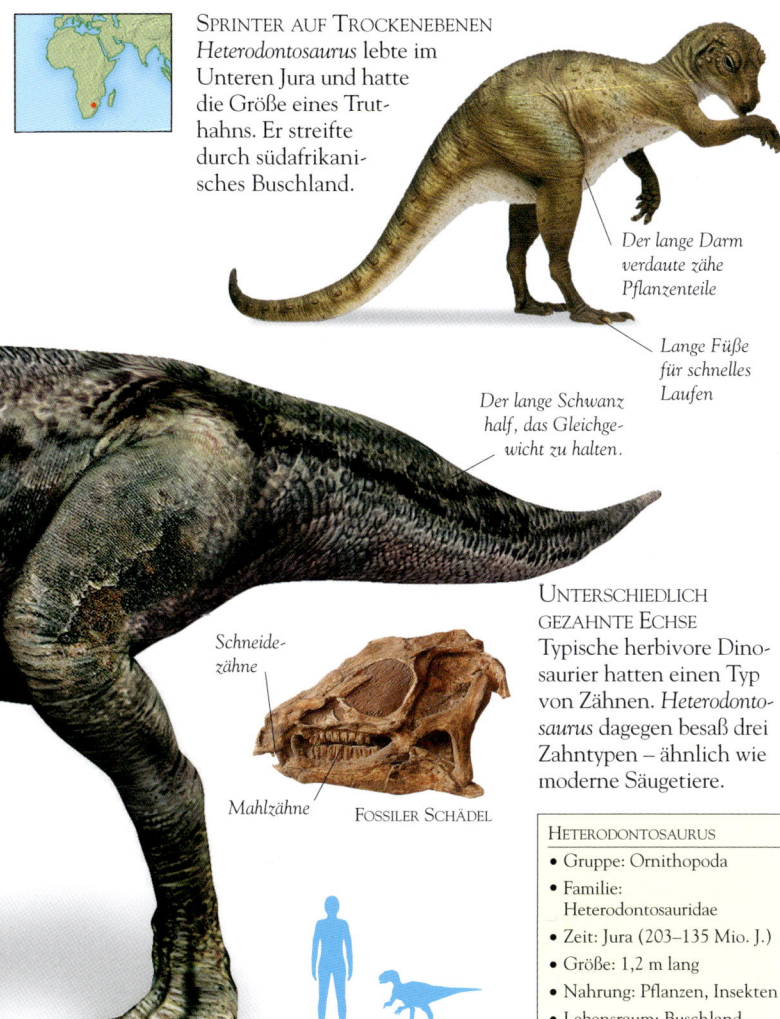

SPRINTER AUF TROCKENEBENEN

Heterodontosaurus lebte im Unteren Jura und hatte die Größe eines Truthahns. Er streifte durch südafrikanisches Buschland.

Der lange Darm verdaute zähe Pflanzenteile

Lange Füße für schnelles Laufen

Der lange Schwanz half, das Gleichgewicht zu halten.

Schneidezähne

Mahlzähne   FOSSILER SCHÄDEL

UNTERSCHIEDLICH GEZAHNTE ECHSE

Typische herbivore Dinosaurier hatten einen Typ von Zähnen. *Heterodontosaurus* dagegen besaß drei Zahntypen – ähnlich wie moderne Säugetiere.

HETERODONTOSAURUS
- Gruppe: Ornithopoda
- Familie: Heterodontosauridae
- Zeit: Jura (203–135 Mio. J.)
- Größe: 1,2 m lang
- Nahrung: Pflanzen, Insekten
- Lebensraum: Buschland

DRYOSAURUS

DRYOSAURUS („Baumechse") war ein leicht gebauter, auf zwei Beinen laufender Herbivore mit kräftigen, aber schlanken Beinen, die länger als seine Arme waren. Damit er das Tier besser ausbalancierte, war der Schwanz mit Sehnen versteift. Im kurzen Schädel saßen große Augen. Der zahnlose Schnabel eignete sich dazu, zähe Pflanzenteile abzureißen und zu zerkleinern.

WALDLÄUFER

Dryosaurus lebte im Waldland. Seine Fossilien wurden in Nordamerika, Afrika und Europa gefunden. Beine und Füße waren für schnelles Laufen gebaut. Es könnte sein, dass sich junge Tiere zunächst auf allen vieren fortbewegten.

OBERSCHENKELKNOCHEN

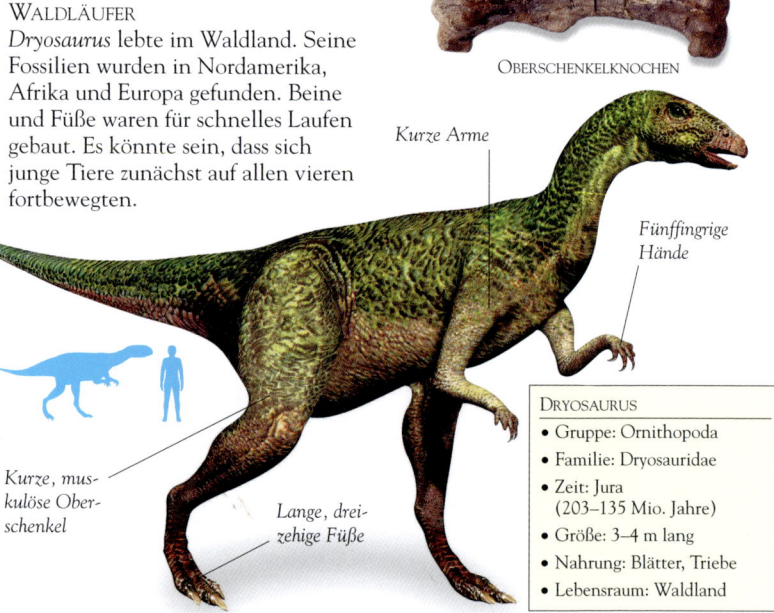

Kurze Arme

Fünffingrige Hände

Kurze, muskulöse Oberschenkel

Lange, dreizehige Füße

DRYOSAURUS
- Gruppe: Ornithopoda
- Familie: Dryosauridae
- Zeit: Jura (203–135 Mio. Jahre)
- Größe: 3–4 m lang
- Nahrung: Blätter, Triebe
- Lebensraum: Waldland

CAMPTOSAURUS

CAMPTOSAURUS („Bewegliche Echse")
war ein stämmiger Pflanzenfresser, der
krautige Pflanzen und Sträucher abweidete. Der
niedrig gehaltene Kopf war länglich und mündete
in einen breiten Schnabel. Die Arme waren kürzer
als die Beine. Dank der großen Handgelenke und
hufartigen Krallen konnte er auf allen vieren
gehen. Vermutlich fraß *Campto-*
saurus in dieser Haltung, richtete sich zum Laufen aber
auf.

KRÄFTIGES RÜCKGRAT
Wie bei anderen Ornithopoden wuchsen auch bei *Camp-*
tosaurus Sehnen längs und
quer zur Wirbelsäule. Sie
stützten und versteif-
ten den Rücken.

Knochige Streben
versteiften den
Schwanz.

Der gebogene Hals
zeigt, dass der Kopf
niedrig gehalten
wurde.

CAMPTOSAURUS
- Gruppe: Ornithopoda
- Familie: Camptosauridae
- Zeit: Jura
  (203–135 Mio. Jahre)
- Größe: 5–7 m lang
- Nahrung: Krautige Pflanzen
- Lebensraum: Lichtes Wald-
  land

Vierzehige
Füße

HYPSILOPHODON

DIESER PRIMITIVE ORNITISCHIER, verdankt seinen
Namen „Hochkroniger Zahn" seinen hohen, eingekerb-
ten Zähnen, die sich gut für das Zerkleinern der zähen
Pflanzen der Kreide eigneten. Weil das Kiefergelenk tie-
fer als die Zahnreihe lag, hatte er einen kräftigten Biss.
Seine 28 oder 30 Zähne schliffen sich gegenseitig. In
Backentaschen konnte er Futter aufbewahren.

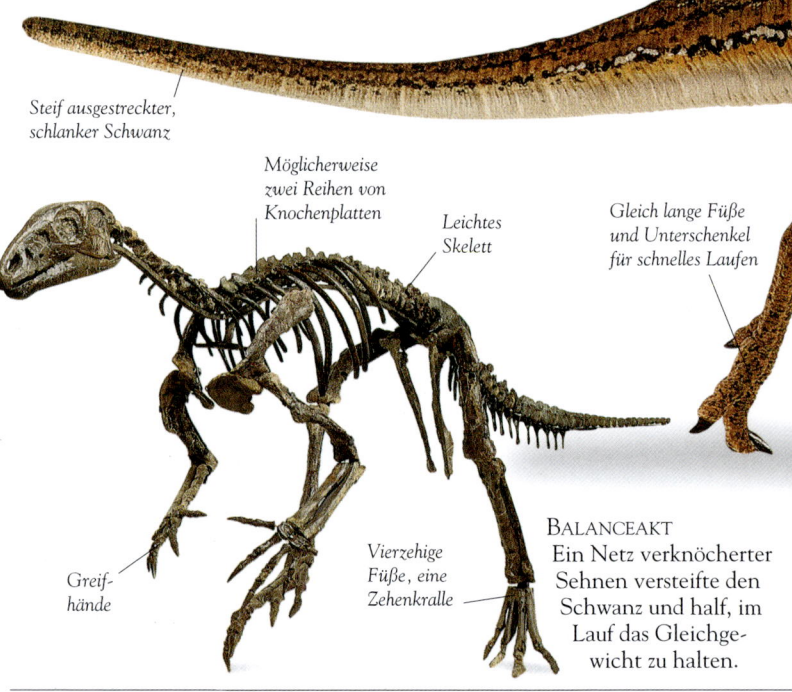

*Steif ausgestreckter,
schlanker Schwanz*

*Möglicherweise
zwei Reihen von
Knochenplatten*

*Leichtes
Skelett*

*Gleich lange Füße
und Unterschenkel
für schnelles Laufen*

*Greif-
hände*

*Vierzehige
Füße, eine
Zehenkralle*

BALANCEAKT
Ein Netz verknöcherter
Sehnen versteifte den
Schwanz und half, im
Lauf das Gleichge-
wicht zu halten.

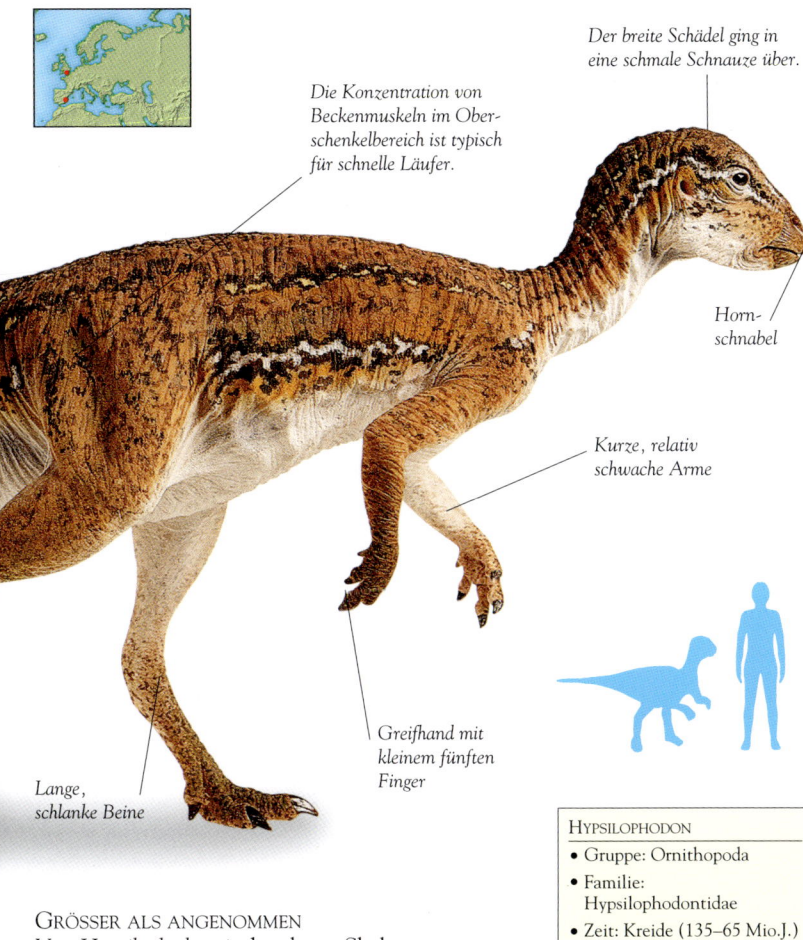

Die Konzentration von Beckenmuskeln im Oberschenkelbereich ist typisch für schnelle Läufer.

Der breite Schädel ging in eine schmale Schnauze über.

Horn-schnabel

Kurze, relativ schwache Arme

Lange, schlanke Beine

Greifhand mit kleinem fünften Finger

HYPSILOPHODON
- Gruppe: Ornithopoda
- Familie: Hypsilophodontidae
- Zeit: Kreide (135–65 Mio.J.)
- Größe: 2 m lang
- Nahrung: Pflanzen
- Lebensraum: Wälder

GRÖSSER ALS ANGENOMMEN
Von *Hypsilophodon* sind mehrere Skelette von Jungtieren bekannt. Deshalb hielt man ihn lange für einen kleinen Saurier. Vermutlich waren erwachsene Tiere ungefähr 3 m lang.

257

IGUANODON

IGUANODON („Leguanzahn") ist einer der bekanntesten Dinosaurier. Man fand seine Fossilien in Europa, Asien und Nordamerika. Er war ein stämmiger Herbivore, der beim Gehen Körper und Schwanz waagerecht hielt.

IGUANODON

- Gruppe: Ornithopoda
- Familie: Iguanodontidae
- Zeit: Kreide
  (135–65 Mio. Jahre)
- Größe: 9 m lang
- Nahrung: Pflanzen
- Lebensraum: Waldland

GESCHICKTER DINOSAURIER

Iguanodon lief überwiegend auf allen vieren, vermochte aber auch aufrecht zu gehen. Die hoch spezialisierten Hände könnte er zum Greifen, zum Laufen und als Waffe eingesetzt haben. Der Daumen war mit einer großen Kralle ausgestattet. Zweiter, dritter und vierter Finger waren zusammengewachsen, der fünfte Finger war beweglich.

15 cm lange Daumenkralle

FOSSILE DAUMEN-KRALLE

Hornschnabel

FOSSILER SCHÄDEL

PRAKTISCHER KIEFER

Iguanodon zerkleinerte seine Nahrung mit den Backenzähnen. Besondere Kiefergelenke und ein beweglicher Unterkiefer erlaubten ihm effizientes mahlendes Kauen.

OURANOSAURUS

DAS BEMERKENSWERTESTE
Merkmal dieses Dino-
sauriers waren die Kno-
chenstrahlen, die aus den
Wirbeln über Schultern,
Rücken und dem halben
Schwanz wuchsen. Sie
könnten ein Hautsegel
gestützt haben, das dem
Wärmeausgleich
diente, oder aber
einen Höcker.

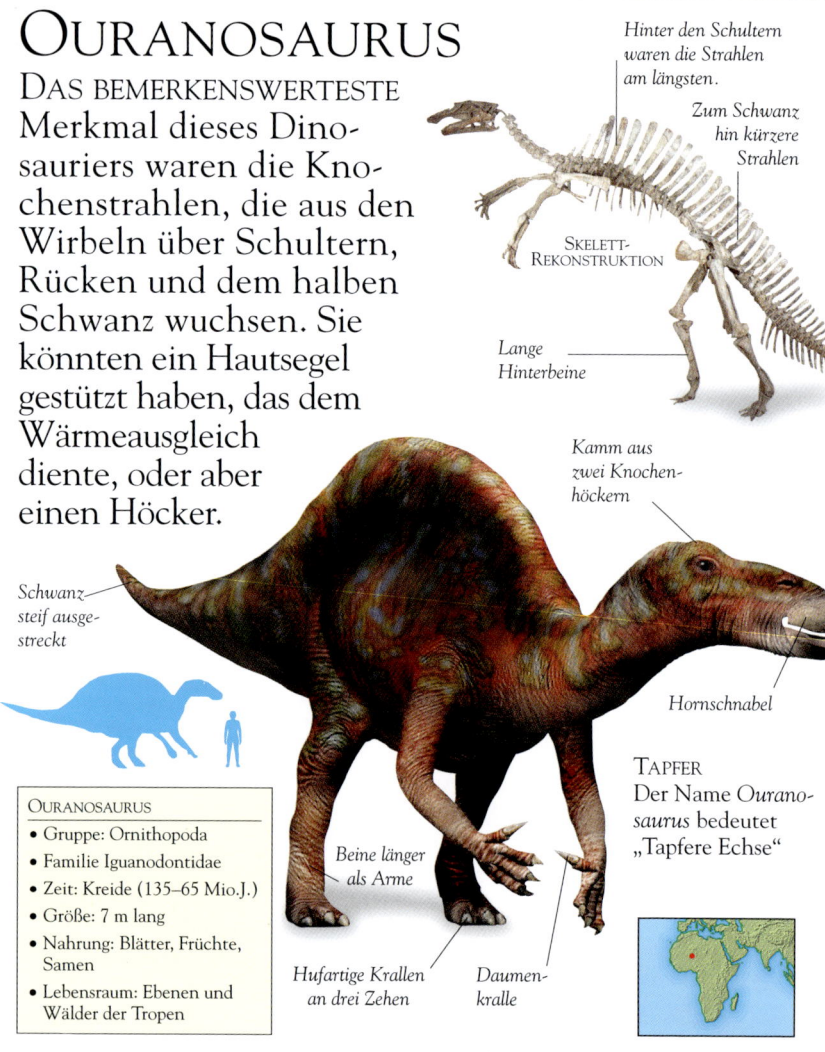

*Hinter den Schultern
waren die Strahlen
am längsten.*

*Zum Schwanz
hin kürzere
Strahlen*

SKELETT-
REKONSTRUKTION

*Lange
Hinterbeine*

*Kamm aus
zwei Knochen-
höckern*

*Schwanz
steif ausge-
streckt*

Hornschnabel

TAPFER
Der Name *Ourano-
saurus* bedeutet
„Tapfere Echse"

*Beine länger
als Arme*

*Hufartige Krallen
an drei Zehen*

*Daumen-
kralle*

OURANOSAURUS

- Gruppe: Ornithopoda
- Familie Iguanodontidae
- Zeit: Kreide (135–65 Mio.J.)
- Größe: 7 m lang
- Nahrung: Blätter, Früchte,
  Samen
- Lebensraum: Ebenen und
  Wälder der Tropen

HADROSAURUS

HADROSAURUS („Entenschnabel-
Echse") war der erste Dinosaurier, der
in Nordamerika gefunden wurde. Mit dem zahnlosen Schnabel riss er Pflanzenteile ab, die er mit den
hunderten von stumpfen Backenzähnen zerkleinerte. Obwohl seine Hinterbeine wesentlich kürzer
als die Vorderbeine waren, stand *Hadrosaurus* beim
Fressen auf allen vieren. Er lief auf den Hinterbeinen, mit ausgestrecktem Schwanz.

Massiver
Knochen-
kamm

Niedriges
Kiefergelenk
ermöglichte einen
kräftigen Biss

Hunderte eng
stehender Mahl-
zähne

NEUE ZÄHNE
Wenn die Zähne von *Hadrosaurus* durch das Kauen
abgenutzt waren, wur-
den sie durch nach-
wachsende Zähen
ersetzt.

*Kiefer gingen
in einen Horn-
schnabel über*

HADROSAURUS
- Gruppe: Ornithopoda
- Familie: Hadrosauridae
- Zeit: Kreide (135–65 Mio.J.)
- Größe: 9 m lang
- Nahrung: Blätter, Zweige
- Lebensraum: Sümpfe,
  Wälder

MAIASAURA

DER NAME bedeutet "Gute-Mutter-Echse". Das Tier erhielt ihn deshalb, weil man seine fossilen Reste bei einem Erdhügel fand, in dem in kreisförmigen Schichten angeordnete Eier lagen. *Maiasaura* wanderte und nistete in großen Herden.

NEST-REKONSTRUKTION

AUFZUCHT DER JUNGEN
Durch Fossilien wissen wir, dass die Dinosauriereltern ihren Jungen im Nest längere Zeit Futter brachten.

ENTENSCHNABEL-DINOSAURIER
Maiasaura war ein Enten-schnabel-Dinosaurier. In Hohlräumen nahe der Nasenlöcher könnten Hautsäcke gewesen sein.

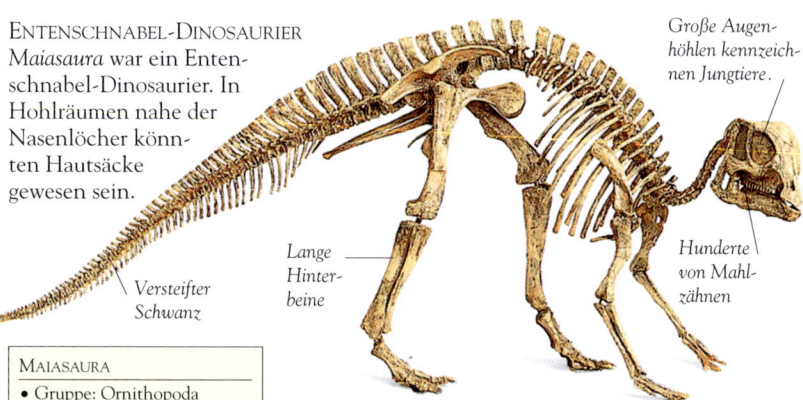

Große Augen-höhlen kennzeich-nen Jungtiere.

Lange
Hinter-
beine

Hunderte
von Mahl-
zähnen

Versteifter
Schwanz

SKELETT EINES JUNGTIERS

MAIASAURA
- Gruppe: Ornithopoda
- Familie: Hadrosauridae
- Zeit: Kreide
  (135–65 Mio. Jahre)
- Größe: 9 m lang
- Nahrung: Blätter
- Lebensraum: Küstenebenen

CORYTHOSAURUS

CORYTHOSAURUS („Helm-Echse") erhielt seinen Namen wegen des auffälligen hohlen Knochenkamms auf seinem Kopf. Der Kamm scheint bei männlichen Tieren größer gewesen zu sein. Möglicherweise erzeugten sie damit nebelhornartige Signale. Bau des Halses und Schnabels lassen vermuten, dass *Corythosaurus* niedrig wachsende Pflanzen fraß.

CORYTHOSAURUS
- Gruppe: Ornithopoda
- Familie: Hadrosauridae
- Zeit: Kreide (135–65 Mio. Jahren)
- Größe: 10 m lang
- Nahrung: Blätter, Samen, Kiefernnadeln
- Lebensraum: Wälder

FEUCHT UND GRÜN
Corythosaurus und andere Hadrosauride lebten in den warmen Sümpfen Nordamerikas inmitten von Zypressen, Kiefern und Farnen. Zu ihrer Zeit breiteten sich die ersten Blütenpflanzen aus.

Gebogener Hals hielt den Kopf nahe am Boden

Über dem Rückgrat könnte ein Hautkamm verlaufen sein.

Hoher Kamm

Durch verknöcherte Sehnen versteifter Schwanz

Lange Wirbelfortsätze im Schwanz

Relativ kurze Zehen

LAMBEOSAURUS

LAMBEOSAURUS wurde nach Lawrence Lambe benannt, der diesen Dinosaurier 1898 in Alberta entdeckte. Er ist eng verwandt mit *Corythosaurus*, trug aber auf dem Kopf zwei auffällige Gebilde: einen hohen, hohlen Knochenkamm über der Schnauze sowie ein nach hinten weisendes Knochenrohr.

LAMBEOSAURUS
- Gruppe: Ornithopoda
- Familie: Hadrosauridae
- Zeit: Kreide (135–65 Mio. Jahre)
- Größe: 9 m lang
- Nahrung: Blätter in Bodennähe, Früchte, Samen
- Lebensraum: Waldland

GESELLIGES TIER

Ebenso wie andere Mitglieder seiner Familie besaß *Lambeosaurus* einen schmalen Schwanz, den er starr hielt. Er streifte in großen Herden umher und ernährte sich von niedrig wachsenden Pflanzen.

Lange Wirbelfortsätze

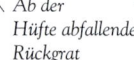

Knochen-rohr

Ab der Hüfte abfallendes Rückgrat

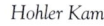

Hohler Kamm

FOSSILER SCHÄDEL

PARASAUROLOPHUS

DIESEN DINOSAURIER erkennt man an
seinem langen, nach hinten weisenden
Kamm auf den ersten Blick. Der Kamm
war bei männlichen Tieren länger als bei weiblichen. Eine Membran könnte Kamm und Hals verbunden haben. *Parasaurolophus* fraß zähe Pflanzen
und besaß hunderte kräftiger Zähne.

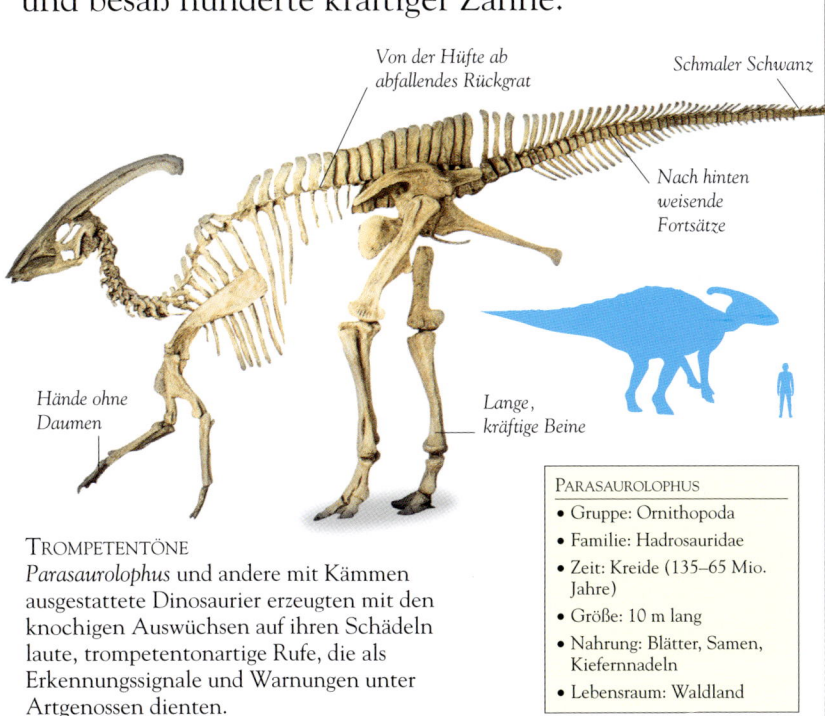

*Von der Hüfte ab
abfallendes Rückgrat*

Schmaler Schwanz

*Nach hinten
weisende
Fortsätze*

*Hände ohne
Daumen*

*Lange,
kräftige Beine*

TROMPETENTÖNE
Parasaurolophus und andere mit Kämmen
ausgestattete Dinosaurier erzeugten mit den
knochigen Auswüchsen auf ihren Schädeln
laute, trompetentonartige Rufe, die als
Erkennungssignale und Warnungen unter
Artgenossen dienten.

PARASAUROLOPHUS
- Gruppe: Ornithopoda
- Familie: Hadrosauridae
- Zeit: Kreide (135–65 Mio. Jahre)
- Größe: 10 m lang
- Nahrung: Blätter, Samen, Kiefernnadeln
- Lebensraum: Waldland

CERATOPSIER

HÖRNER, NACKENSCHILDE und ein Schnabel, der an den eines Papageis erinnert, waren die Kennzeichen der Horndinosaurier oder Ceratopsier. Sie entwickelten sich aus Dinosauriern, die auf zwei Beinen liefen. Man teilt die Ceratopsier nach der Größe ihrer Nackenschilde in zwei Gruppen ein. Sie waren unter den letzten überlebenden Dinosauriern.

PSITTACOSAURUS-SCHÄDEL

Psittacosaurus *könnte sich bei der Futtersuche auf allen vieren bewegt haben.*

PSITTACOSAURUS
Dieser Dinosaurier war ein auf zwei Beinen laufender Vorfahre der Ceratopsier. Er hatte einen „Papageienschnabel" und einen kurzen Rückenschild, aber keine Hörner.

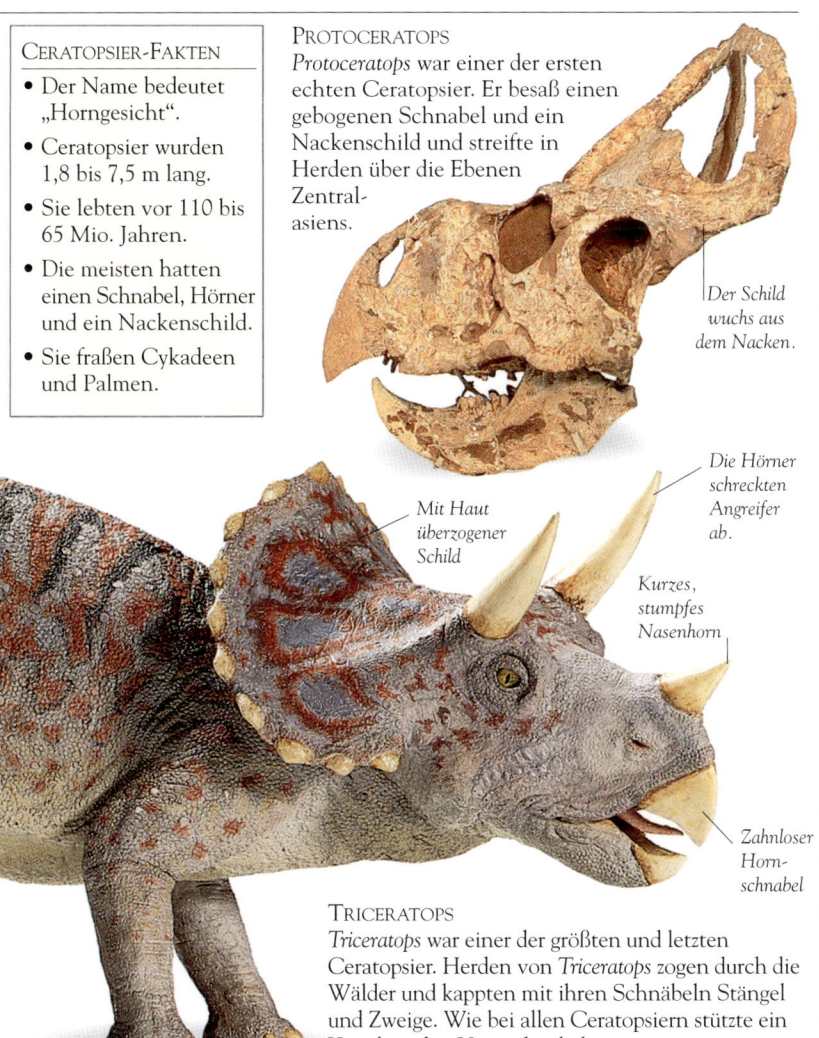

CERATOPSIER-FAKTEN

- Der Name bedeutet „Horngesicht".
- Ceratopsier wurden 1,8 bis 7,5 m lang.
- Sie lebten vor 110 bis 65 Mio. Jahren.
- Die meisten hatten einen Schnabel, Hörner und ein Nackenschild.
- Sie fraßen Cykadeen und Palmen.

PROTOCERATOPS

Protoceratops war einer der ersten echten Ceratopsier. Er besaß einen gebogenen Schnabel und ein Nackenschild und streifte in Herden über die Ebenen Zentralasiens.

Der Schild wuchs aus dem Nacken.

Die Hörner schreckten Angreifer ab.

Mit Haut überzogener Schild

Kurzes, stumpfes Nasenhorn

Zahnloser Horn-schnabel

TRICERATOPS

Triceratops war einer der größten und letzten Ceratopsier. Herden von *Triceratops* zogen durch die Wälder und kappten mit ihren Schnäbeln Stängel und Zweige. Wie bei allen Ceratopsiern stützte ein Knochen den Hornschnabel.

CERATOPSIER MIT KURZEM NACKENSCHILD

CERATOPSIER mit kleineren Nackenschilden hatten lange Nasenhörner und kurze Stirnhörner. *Styracosaurus* besaß den auffälligsten Nackenschild. *Brachyceratops* zog seine Jungen auf. Die Männchen schützten Weibchen und Junge.

STYRACOSAURUS-SCHÄDEL

STYRACOSAURUS
Aus dem Nackenschild von *Styracosaurus* wuchsen sechs lange Stacheln. Sein Nasenhorn war 60 cm lang und am Ansatz 15 cm breit. Über den Augen trug er Hornstümpfe. Im Lauf erreichte er 32 km/h.

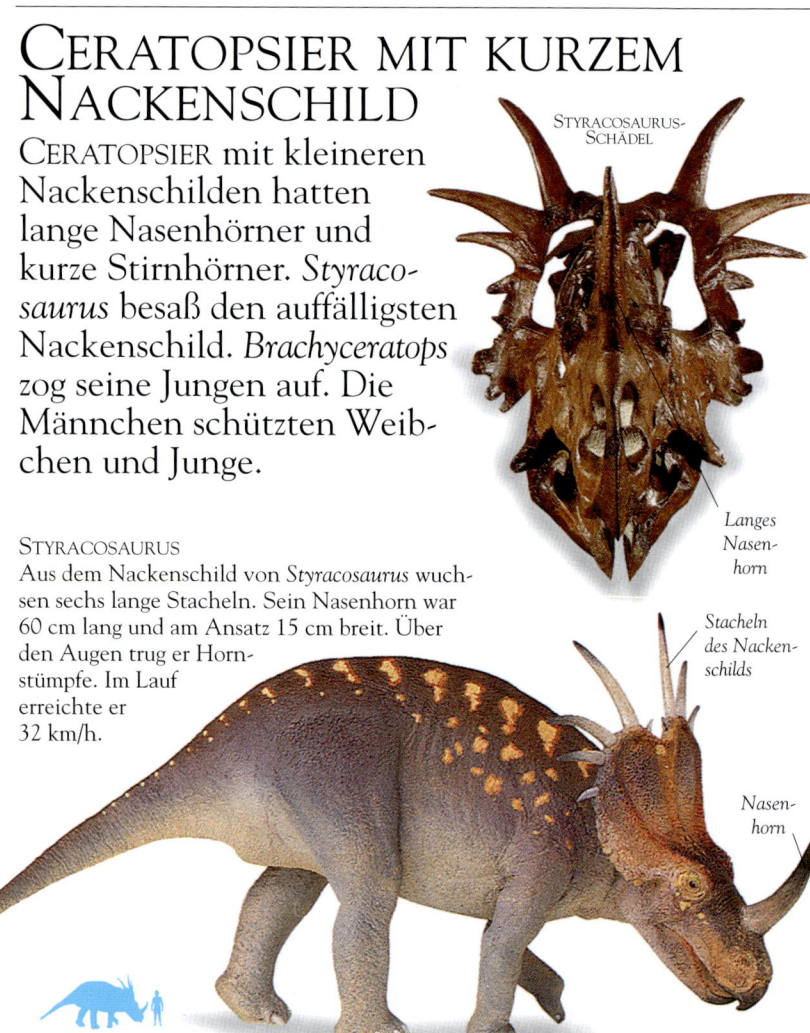

Langes Nasenhorn

Stacheln des Nackenschilds

Nasenhorn

FOSSILER SCHNABEL
Mit ihren Schnäbeln konnten Ceratopsier Zweige und zähe Pflanzenteile zerschneiden. Der Hornüberzug des Schnabels war an Rillen der Knochenoberfläche angewachsen.

Der Hornüberzug war an Rillen der Oberfläche angewachsen.

Knochenhaken

Höcker an der Kante des Schilds

CENTROSAURUS
Anders als bei den meisten anderen Ceratopsiern bog sich das Horn von *Centrosaurus* nach vorn. An der Kante des Nackenschilds saßen kleine Höcker und ein Paar nach vorn weisende, mittige Haken.

Ein Nashorn hat zwei Nasenhörner

ÄHNLICHER KÖRPERBAU
Mit ihrem massigen Körper und ihren Nasenhörnern ähneln Nashörner den Ceratopsiern. Nashörner erreichen Geschwindigkeiten von bis zu 45 km/h. Ein Ceratopsier wie *Centrosaurus* war vermutlich mindestens ebenso schnell.

CERATOPSIER MIT LANGEM NACKENSCHILD

DER NACKENSCHILD der Ceratopsier mit langen Schilden reichte bis zu den Schultern oder noch weiter. Mitunter wies er kurze Stacheln auf. Die Knochen hatten oft Höhlungen.

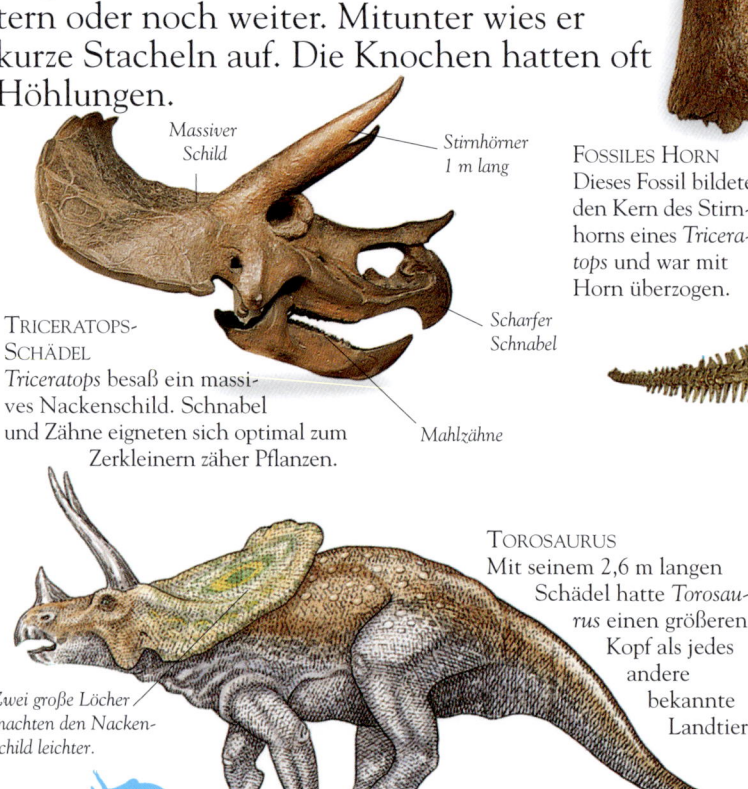

Horn aus massivem Knochen

Massiver Schild

Stirnhörner 1 m lang

FOSSILES HORN
Dieses Fossil bildete den Kern des Stirnhorns eines *Triceratops* und war mit Horn überzogen.

TRICERATOPS-SCHÄDEL
Triceratops besaß ein massives Nackenschild. Schnabel und Zähne eigneten sich optimal zum Zerkleinern zäher Pflanzen.

Scharfer Schnabel

Mahlzähne

TOROSAURUS
Mit seinem 2,6 m langen Schädel hatte *Torosaurus* einen größeren Kopf als jedes andere bekannte Landtier.

Zwei große Löcher machten den Nackenschild leichter.

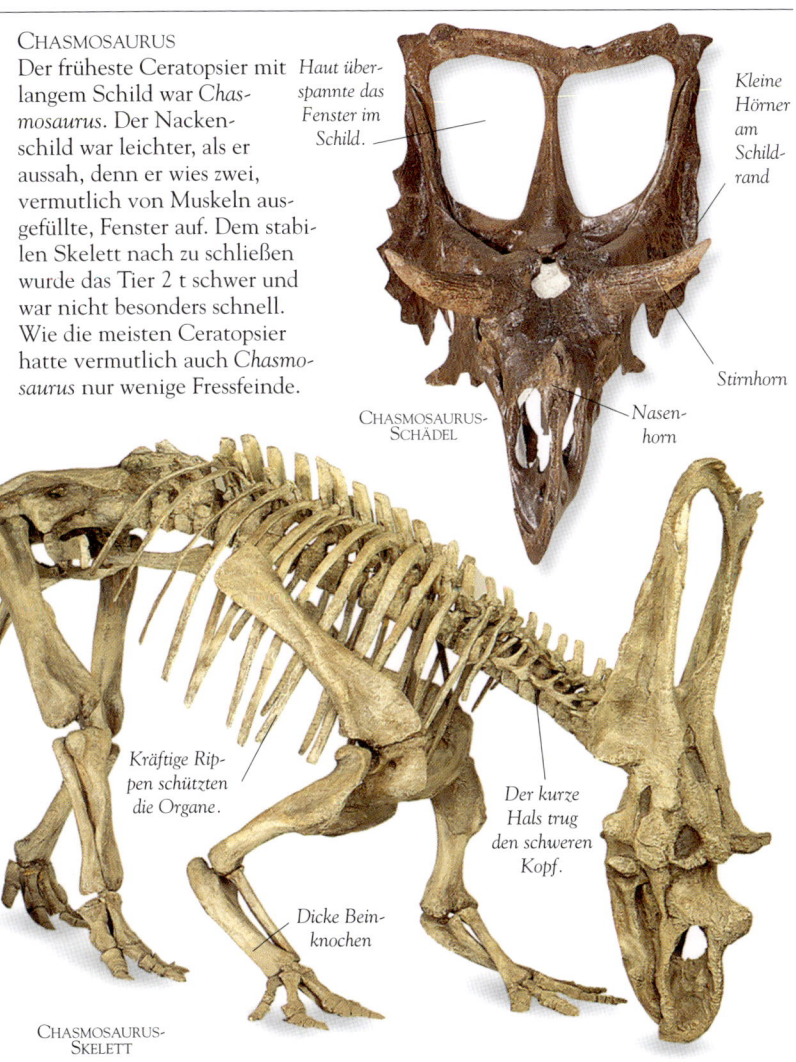

CHASMOSAURUS

Der früheste Ceratopsier mit langem Schild war *Chasmosaurus*. Der Nackenschild war leichter, als er aussah, denn er wies zwei, vermutlich von Muskeln ausgefüllte, Fenster auf. Dem stabilen Skelett nach zu schließen wurde das Tier 2 t schwer und war nicht besonders schnell. Wie die meisten Ceratopsier hatte vermutlich auch *Chasmosaurus* nur wenige Fressfeinde.

Haut überspannte das Fenster im Schild.

Kleine Hörner am Schildrand

Stirnhorn

Nasenhorn

CHASMOSAURUS-SCHÄDEL

Kräftige Rippen schützten die Organe.

Der kurze Hals trug den schweren Kopf.

Dicke Beinknochen

CHASMOSAURUS-SKELETT

PSITTACOSAURUS

IHREN NAMEN verdankt „Papageien-Echse" dem quadratischen Schädel und dem gebogenen Schnabel, mit denen dieser Dinosaurier an heutige Papageien erinnert. Das Knochenpaar an seinen Wangen könnte als Waffe oder Erkennungszeichen der Art gedient haben. Mit seiner Familie gehört er zu den primitivsten Ceratopsiern.

AUF ZWEI SCHNELLEN BEINEN
Weil seine Hinterbeine lang und dünn waren, könnte *Psittacosaurus* zweibeinig gelaufen sein. Vermutlich setzte er die langen Zehen mit ihren Krallen zum Graben ein. Verknöcherte Sehnen stützten den Schwanz.

Der Schwanz half, das Gleichgewicht zu halten.

Vierzehige Füße mit Krallen

Verknöcherte Sehnen stützten die Schwanzwirbel.

PSITTACOSAURUS
- Gruppe: Ceratopsia
- Familie: Psittacosauridae
- Zeit: Kreide (135–65 Mio. Jahre)
- Größe: 2 m lang
- Nahrung: Pflanzen
- Lebensraum: Wüste, Buschland

Wangen-
horn

Zähne hinter
zahnlosem
Schnabel

PSITTACOSAURUS-
SCHÄDEL

HEUTIGER PAPAGEI

WIE EIN PAPAGEI
Der auffällig breite
Schädel der Psittaco-
saurier ähnelte dem
eines Papageis.

*Mit seinen scharfen
Krallen könnte* Psitta-
cosaurus *effektiv
gegraben haben.*

FOSSILER PSITTACOSAURUS
Das erste Exemplar von
Psittacosaurus wurde in den
1920ern entdeckt. Seine
Skelette findet man häufig
in Sandstein aus der Wüste
– seinem Lebensraum.

PROTOCERATOPS

PROTOCERATOPS („Vor den Horngesichtern") war ein früher Ceratopsier mit relativ kleinem Horn. Das Nackenschild war bei männlichen Tieren breiter und höher. Das kleine Nasenhorn befand sich zwischen den Augen. Im Oberkiefer steckten zwei Paar Zähne. Die Fortsätze seiner Schwanzwirbel erzeugten einen Höcker.

SCHAF DER GOBI
Protoceratops ist dank der vielen Exemplare, die im Sand der Mongolei gefunden wurden, gut bekannt. Seine Fossilien treten in der Wüste Gobi so häufig auf, dass man ihn scherzhaft „Schaf der Gobi" nennt.

PROTOCERATOPS
- Gruppe: Ceratopsia
- Familie: Ceratopsidae
- Zeit: Kreide (135–65 Mio. Jahre)
- Größe: 1,8 m lang
- Nahrung: Pflanzen
- Lebensraum: Buschland, Wüste

Nasenhorn zwischen den Augen

Protoceratops *lief auf vier Beinen*

Höcker im Schwanz diente als Nährstoff-speicher oder zum Imponieren.

Große Augen

Protoceratops

Der Protoceratops *hält den Arm des* Velociraptor *fest.*

Velociraptor

FOSSILE KAMPFSZENE
Dieses mittlerweile berühmte Fossil wurde 1971 in der Wüste Gobi entdeckt. Ein *Protoceratops* und ein *Velociraptor* starben und versteinerten gemeinsam.

ENTWICKLUNGSSTADIEN
Der Nackenschild von *Protoceratops* wuchs mit. Dies belegen Fossilien von Tieren unterschiedlichen Alters. Bei weiblichen Tieren könnte er kleiner geblieben sein.

evtl. weiblich

evtl. weiblich

GESCHLÜPFT   BABY   JUNGTIER   HALBWÜCHSIG   HALBWÜCHSIG   ERWACHSEN   ERWACHSEN

275

CHASMOSAURUS

CHASMOSAURUS („Raben-Echse") war ein typischer Ceratopsier mit Nackenschild. Der Körper war massig, die Beine waren stämmig. Der Nackenschild reichte bis über die Schultern. Er könnte bunt gewesen sein und auch dazu gedient haben, die Aufmerksamkeit der Weibchen auf seinen Besitzer zu lenken.

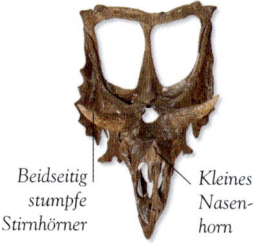

Beidseitig stumpfe Stirnhörner

Kleines Nasenhorn

SCHÄDEL VON OBEN

Schild wurde aufrecht gehalten und schreckte Fressfeinde ab.

Robuste Beinknochen

Kurzer Schwanz

Hornschnabel

Fünf kurze Zehen

LANGSAM, ABER UNAUFHALTSAM
Das Skelett von *Chasmosaurus* war so stabil gebaut, wie die 2,5 t Körpergewicht es erforderten. Das Tier bewegte sich langsam. Vermutlich hatte es kaum Angriffe von Fressfeinden zu befürchten.

CHASMOSAURUS
- Gruppe: Ceratopsia
- Familie: Ceratopsidae
- Zeit: Kreide (135–65 Mio. Jahre)
- Größe: 5 m lang
- Nahrung: Pflanzen
- Lebensraum: Waldland

CENTROSAURUS

CENTROSAURUS („Scharfspitzen-Echse") war ein verbreiteter Ceratopsier der Oberkreide und besaß ein auffälliges Nasenhorn. Ferner hatte er zwei kleine Stirnhörner und einen Nackenschild mit welligem Rand und Stacheln. *Centrosaurus* war schwer und massiv gebaut, mit verhältnismäßig kurzem Schwanz und sehr kräftigen Beinen.

Welliger Rand

Stirnhorn als Waffe und zum Anlocken von Weibchen.

Horn-schnabel

Aussparungen im Schild machten ihn leichter.

Gesägte Zähne

CENTROSAURUS
- Gruppe: Ceratopsia
- Familie: Ceratopsidae
- Zeit: Kreide (135–65 Mio. Jahre)
- Größe: 6 m lang
- Nahrung: Niedrige Pflanzen
- Lebensraum: Waldland

GEHÖRNTER DINOSAURIER
Bei *Centrosaurus* zeigte das Horn nach vorn, und nicht wie bei den meisten Ceratopsiern nach hinten. Der Schnabel eignete sich gut zum Zerschneiden von Pflanzen.

STYRACOSAURUS

DEN VERMUTLICH eindrucksvollsten Nackenschild besaß *Styracosaurus* („Dorn-Echse"), denn aus seinem Nackenschild wuchsen sechs lange und mehrere kürzere Stacheln. Auf der Schnauze saß ein nach vorne weisendes Horn. Die Krallen an allen zehn Fingern und Zehen waren hufartig.

STYRACOSAURUS
- Gruppe: Ceratopsia
- Familie: Ceratopsidae
- Zeit: Kreide (135–65 Mio. Jahre)
- Größe: 5 m lang
- Nahrung: Farne und palmenartige Pflanzen
- Lebensraum: Waldland

Fenster im Nackenschild

Sechs lange Stacheln

SCHEINRIESE
Der Nackenschild und die langen Stacheln ließen *Styracosaurus* größer wirken, als er war. Eine bunte Färbung könnte Angreifer zusätzlich abgeschreckt haben.

FOSSILER SCHÄDEL

Nasenhorn als Waffe

PENTACERATOPS

PENTACERATOPS („Fünfhorn-Gesicht")
besaß ein gerades Nasenhorn und zwei
lange, gebogene Stirnhörner. Dazu
kamen zwei Wangenhörner – insge-
samt waren es also wirklich fünf.
Ungewöhnlich war der 3 m lange
Kopf mit dem riesigen Nackenschild.

SCHÄDEL-FRAGMENT

NICHT ZU ÜBERSEHEN
Männliche *Pentaceratops* könnten die
Nackenschilde eingesetzt haben, um
damit Weibchen zu beeindrucken.
Möglicherweise machten bunte Farben oder Muster den Nackenschild noch auffälliger.

*Dreieckige
Auswüchse*

*Massiger
Rumpf mit
dicker Haut*

*Gerades
Nasenhorn*

*Wangen-
horn*

Kurze Beine

*Krummer
Schnabel*

PENTACERATOPS
- Gruppe: Ceratopsia
- Familie: Ceratopsidae
- Zeit: Kreide
  (135–65 Mio. Jahre)
- Größe: 5–8 m lang
- Nahrung: Pflanzen
- Lebensraum: Waldland

279

TRICERATOPS

DER VERMUTLICH BEKANNTESTE Horndinosaurier *Triceratops* („Dreihorngesicht") lebte
gegen Ende der Kreidezeit in Nordamerika. Da
viele aufgefundene fossile Schädel Narben
aufweisen, nimmt man an, dass
männliche *Triceratops* im Kampf
die Hörner ineinander
verschränkten.

*Knochenhöcker
am Schildrand*

DREIHORNGESICHT
Ein kurzes, dickes
Nasenhorn und zwei
längere Stirnhörner
zierten das Gesicht.
Kleine Höcker
säumten den
Nackenschild.

TRICERATOPS
- Gruppe: Ceratopsia
- Familie: Ceratopsidae
- Zeit: Kreide (135–65 Mio.
  Jahre)
- Größe: 9 m lang
- Nahrung: Pflanzen
- Lebensraum: Waldland

Kräftiges
Becken

Kurzes
Nasenhorn

SKELETT-
REKONSTRUKTION

Ein Kugelgelenk verband Kopf und Hals.

Nackenschild
aus massivem
Knochen

Stirnhörner
länger als
Nasenhorn

Massiver
Nacken-
schild

Horn-
schnabel

TRICERATOPS-SCHÄDEL
Weil sie so robust sind, blieben
fossile Schädel von *Triceratops*
hervorragend erhalten.

PACHYCEPHALOSAURIER

DIE KUPPELFÖRMIG verdickte Schädeldecke war bei diese[n] Dinosauriern der Grund für den Namen „Dickschädelechsen". Die männlichen Tiere könnten den Kopf bei Rivalenkämpfen eingesetzt haben. Vermutlich besaßen Dickschädelechsen einen gut entwickelten Geruchssin[n], der es ihnen ermöglichte, Fressfeinde zu wittern.

HÖRNERSAMMLUNG
Bei *Stygimoloch* saßen hinter der Schädeldachkuppel mehrere Hörner, die vermutlich jedoch keinen praktischen Nutzen hatten.

VIELE KNOTEN
Über den Hinterkopf von *Prenocephale* zog sich eine Reihe knotenartiger knöcherner Verdickungen.

PACHYCEPHALOSAURIER-
FAKTEN

- Der Name dieser Dinosaurier bedeutet „Dickschädelechsen".

- Sie wurden 90 cm bis 4,6 m lang.

- Auf ihrem Speiseplan standen u. a. Früchte, Blätter und Insekten.

STEGOCERAS
Stegoceras war ungefähr so hoch wie eine Ziege und 2,4 m lang. Bisher wurden mehrere Schädel von *Stegoceras* mit unterschiedlich dicken Schädeldächern gefunden. Am dicksten waren sie bei erwachsenen männlichen Tieren.

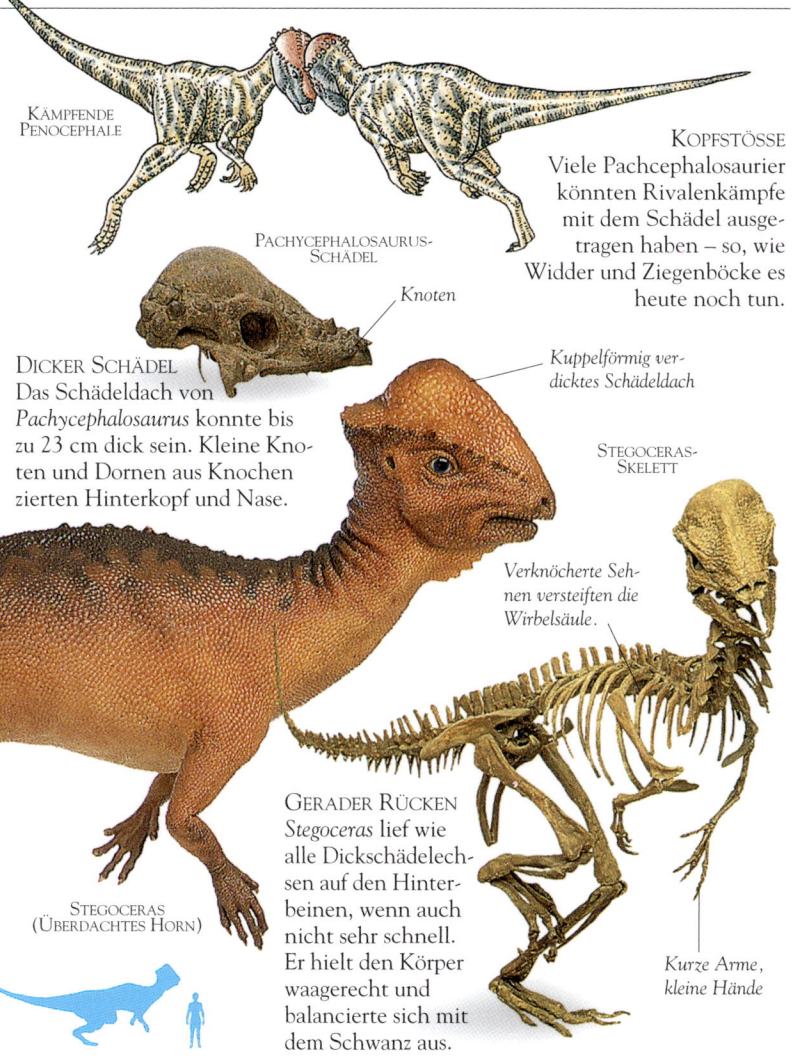

KÄMPFENDE
PENOCEPHALE

KOPFSTÖSSE
Viele Pachcephalosaurier
könnten Rivalenkämpfe
mit dem Schädel ausge-
tragen haben – so, wie
Widder und Ziegenböcke es
heute noch tun.

PACHYCEPHALOSAURUS-
SCHÄDEL

Knoten

DICKER SCHÄDEL
Das Schädeldach von
Pachycephalosaurus konnte bis
zu 23 cm dick sein. Kleine Knoten und Dornen aus Knochen
zierten Hinterkopf und Nase.

*Kuppelförmig ver-
dicktes Schädeldach*

STEGOCERAS-
SKELETT

*Verknöcherte Seh-
nen versteiften die
Wirbelsäule.*

GERADER RÜCKEN
Stegoceras lief wie
alle Dickschädelech-
sen auf den Hinter-
beinen, wenn auch
nicht sehr schnell.
Er hielt den Körper
waagerecht und
balancierte sich mit
dem Schwanz aus.

STEGOCERAS
(ÜBERDACHTES HORN)

*Kurze Arme,
kleine Hände*

STEGOCERAS

Knochige Leiste über Auge und Hinterkopf

Kuppelförmige Schädeldecke

„ÜBERDACHTES HORN", wie die Übersetzung von *Stegoceras* lautet, hatte den Körperbau eines Sprinters. Wenn er zum Angriff überging, bildete der gesenkte Kopf mit Hals, Rumpf und Schwanz eine Linie. Die knöcherne Schädel-

SCHÄDEL-FOSSIL

decke war massiv. Gefunden wurden sowohl Schädel mit flacher, als auch mit kuppelförmiger Schädeldecke. Die Zähne waren klein und gesägt.

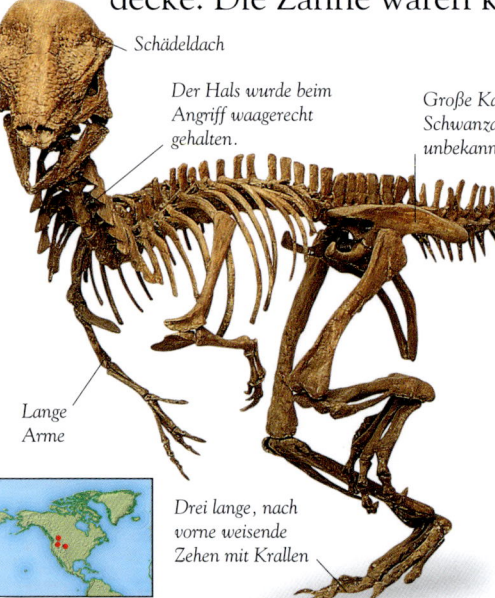

Schädeldach

Der Hals wurde beim Angriff waagerecht gehalten.

Große Kammer am Schwanzansatz mit unbekannter Funktion

Lange Arme

Drei lange, nach vorne weisende Zehen mit Krallen

STEGOCERAS

- Gruppe: Pachycephalosauria
- Familie: Pachycephalosauridae
- Zeit: Kreide (135–65 Mio. Jahre)
- Länge: 2 m
- Gewicht: 54 kg
- Nahrung: Blätter, Früchte
- Lebensraum: Bergwälder

PACHYCEPHALOSAURUS

DIE „DICKKOPFECHSE" *Pachycephalosaurus* besaß ein massives, kuppelförmiges und 25 cm dickes Schädeldach. Vermutlich setzte es seinen Kopf bei der Verteidigung gegen Rivalen und Fressfeinde wie einen Rammbock ein. *Pachycephalosaurus* starb als letztes Mitglied seiner Familie aus.

Verdicktes, kuppelförmiges Schädeldach

SCHÄDEL

Zähne an Schnauzenspitze

Knotenreihe am Hinterkopf

Versteifter Schwanz

Horndornen über der schnabelartigen Schnauze

Fünffingrige Hand

Lange, schlanke Beine

Dreizehiger Fuß

PACHYCEPHALOSAURUS
- Gruppe: Pachycephalosauria
- Familie: Pachycephalosauridae
- Zeit: Kreide (135–65 Mio. Jahre)
- Länge: 5 m
- Gewicht: 2 t
- Nahrung: Blätter, Früchte, evtl. kleine Tiere
- Lebensraum: Wälder

THYREOPHORA

THYREOPHORA oder „Schild-
tragende" ist der Name, den
man einer großen Familie von
Vierbeinern gab, in deren
Haut Knochenplatten eingelagert waren. Dieser Familie gehören
Dachechsen wie *Stegosaurus* ebenso
an wie Gekrümmte Echsen, z. B.
Ankylosaurus und *Euoplocephalus*.

FOSSILE SAUROPELTA-HAUT

*Flächen-
deckende Platten*

*Knochendornen
über Schultern
und Rücken*

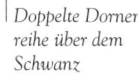

*Doppelte Dornen-
reihe über dem
Schwanz*

EMAUSAURUS

SCELIDOSAURIDE
Scelidosauride, die frühesten Thyreo-
phora, waren auch die ersten gepanzer-
ten Dinosaurier. Einer von ihnen war
Emausaurus mit seinen kegelförmigen
Knocheneinlagerungen in der Haut
von Rücken und Seiten sowie den
Knochenplatten auf dem Schwanz.

286

ANKYLOSAURIDE

Die am höchsten entwickelten Thyreophoren waren die Ankylosauriden, deren Rücken, Hals und Schwanz von Reihen von Knochenplatten und -dornen geschützt wurden. Der „Panzer" von *Sauropelta* (links) erinnert an das Kettenhemd mittelalterlicher Ritter.

Kleiner Kopf mit Hornschnabel

THYREOPHORA-FAKTEN

• Thyreophora lebten vom Mittleren Jura bis zum Ende der Kreide.

• Der Begriff „Thyreophora" (Thyreophore) wurde 1915 geprägt. Er bezeichnet sowohl die gehörnten als auch die gepanzerten Formen und wird seit den 1980ern offiziell für die Klassifikation verwendet.

Knochenplatten

Weiche, ungeschützte Unterseite

STEGOSAURIDE

Sie sind die bekanntesten Vertreter der Familie der Thyreophoren. Typische Merkmale sind die großen Knochenplatten über dem Rückgrat, wie *Stegosaurus* sie aufweist, sowie die kurzen Arme. Diese Rekonstruktion von *Tuojiangosaurus* verdeutlicht den Unterschied in der Länge der vorderen und hinteren Gliedmaßen.

Kurze Arme erleichterten das Äsen.

TUOJIANGOSAURUS

SCUTELLOSAURUS

SCUTELLOSAURUS oder „Kleine Schildechse" besaß einen lang gestreckten Körper mit schlanken Gliedmaßen. Mehr als 300 Knochendornen bedeckten Rücken, Flanken und Schwanzansatz. Vermutlich floh *Scutellosaurus* vor Angreifern auf den Hinterbeinen und glich mit dem Schwanz das Gewicht der Panzerung aus.

SCUTELLOSAURUS
- Gruppe: Thyreophora
- Familie: Scutellosauridae
- Zeit: Jura (203–135 Mio. Jahre)
- Größe: 1,2 m lang
- Nahrung: Blätter
- Lebensraum: Waldland

Reihe knochiger Dornen über dem Rückgrat

KLEIN, ABER SCHWER
Scutellosaurus war der kleinste bekannte gepanzerte Dinosaurier. Weil die Knochendornen den vorderen Teil des Körpers beschwerten, ging er vermutlich auf allen vieren.

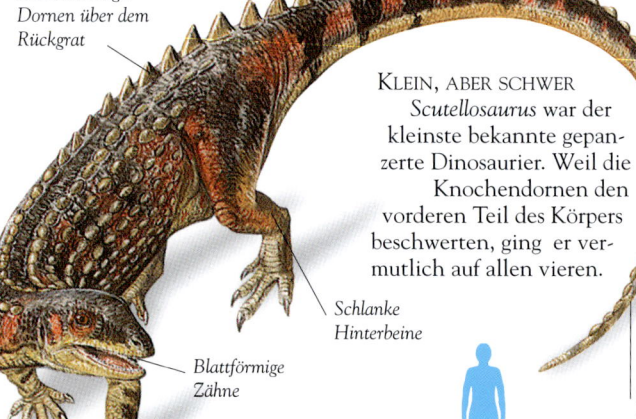

Schlanke Hinterbeine

Blattförmige Zähne

Sehr langer Schwanz

Scelidosaurus

DIESER KLEINE, schwer gepanzerte Dinosaurier scheint einer der frühesten und primitivsten Ornithischier zu sein. Sein Rücken wurde von Knochenplatten und einer Doppelreihe von Knochendornen geschützt. Zusätzliche Reihen von Dornen verliefen entlang der Flanken, über dem Hals standen drei Dornenreihen.

Drei Reihen von Dornen auf dem Hals

Scharfrandiger Hornschnabel

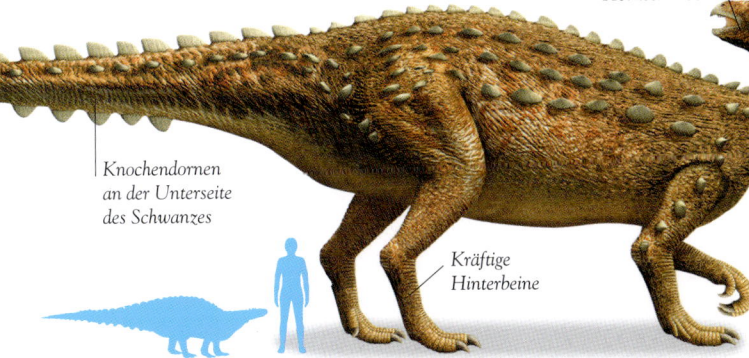

Knochendornen an der Unterseite des Schwanzes

Kräftige Hinterbeine

SCELIDOSAURUS
- Gruppe: Thyreophora
- Familie: Scelidosauridae
- Zeit: Jura (203–135 Mio. Jahre)
- Größe: 3 m lang
- Nahrung: Pflanzen
- Lebensraum: Waldland

Füße länger als bei Thyreophoren

FOSSILER FUSS

LANGE FÜSSE
Scelidosaurus hatte längere Füße als seine späteren Verwandten. Obwohl seine Arme viel kürzer als die Beine waren, lief er auf allen vieren.

STEGOSAURIER

BEMERKENSWERTESTE Kennzeichen der Stegosaurier waren die Reihen großer Knochenplatten über dem Rückgrat. Sie könnten zum Ausgleichen der Körpertemperatur, als Schutz oder dazu gedient haben, einen Partner anzulocken. Stegosaurier hatten kleine Köpfe und ein Gehirn von der Größe eines Golfballs. Sie trugen den Kopf in Bodennähe, um niedrige Pflanzen zu fressen.

Augenhöhle

STEGOSAURUS-SCHÄDEL
Der Schädel von *Stegosaurus* war lang und schmal. Er hatte einen zahnlosen Schnabel und Backenzähne.

SCHWANZENDE
Stegosaurus ist der bekannteste Stegosaurier. Der Schwanz war mit langen Knochenstacheln besetzt. Das Tier konnte Raubdinosauriern wie *Allosaurus* mit einem Schlag des Schwanzes furchtbare Wunden zufügen.

Stacheln hatten scharfe Spitzen

PLATTEN UND STACHELN
An diesem Modell erkennt man, dass die Platten auf dem Rücken von *Stegosaurus* versetzt angeordnet waren. Wie man sieht, wiesen die Stacheln am Schwanz nach hinten und seitwärts. Dadurch schützten sie *Stegosaurus* auch, wenn er floh.

Seitwärts weisende Stachel

Versetzt angeordnete Platten

STEGOSAURIER-FAKTEN

- Der Name bedeutet „Dachechse".

- Stegosaurier wurden 4,5 bis 9 m lang.

- Es gab sie über 50 Mio. Jahre lang.

- Sie fraßen nur bestimmte Pflanzen, u. a. vermutlich Farne und Cykadeen.

- Alle Stegosaurier besaßen Schwanzstacheln.

STEGOSAURUS

Die Platten auf dem Rücken von *Stegosaurus* waren über den Hüften am größten. Hier erreichten sie 75 cm Höhe. Aus der Ferne oder von der Seite her gesehen, wirkte *Stegosaurus* durch sie vermutlich wesentlich größer. Das könnte räuberische Dinosaurier abgeschreckt haben.

Platten waren mit Horn oder Haut überzogen

FOSSILE PLATTE

Diese kleinere Platte stammt aus dem vorderen Rückenabschnitt. Die dünnen Knochenplatten waren von einem Netz von Blutgefäßen durchzogen.

Kleiner Kopf

TUOJIANGOSAURUS

TUOJIANGOSAURUS („Tuo-Fluss-Echse") besaß zwei Reihen von Stacheln, die über Hals Schultern und Rücken verliefen sowie zwei lange Stacheln am Schwanzende. Er ähnelte *Kentrosaurus*. Anders als bei *Stegosaurus* wurden Hüften und Lenden nicht von breiten Platten geschützt.

TUOJIANGOSAURUS	
• Gruppe:	Stegosauria
• Familie:	Stegosauridae
• Zeit:	Jura (203–135 Mio. Jahre)
• Größe:	7 m lang
• Nahrung:	Niedrige Pflanzen
• Lebensraum:	Wälder

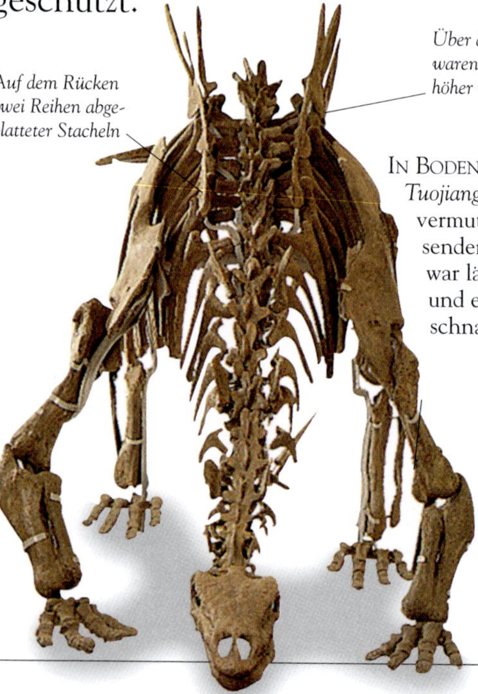

Auf dem Rücken zwei Reihen abgeplatteter Stacheln

Über dem Becken waren die Stacheln höher und spitzer.

IN BODENNÄHE
Tuojiangosaurus ernährte sich vermutlich von niedrig wachsenden Pflanzen. Der Kopf war länglich und abgeflacht und endete in einem Hornschnabel.

KENTROSAURUS

DIESER OSTAFRIKANISCHE Dinosaurier war ein Zeitgenosse von *Stegosaurus*. Er war kleiner als dieser, aber ebenso gut gepanzert. *Kentrosaurus* („Spitzen-Echse") besaß zwei Reihen rechteckiger Platten, die über Hals und Rücken verliefen. Von der Hüfte an schützten zwei Reihen von Stacheln das Rückgrat. Längere Stacheln ragten aus den Schultern.

KENTROSAURUS
- Gruppe: Stegosauria
- Familie: Stegosauridae
- Zeit: Jura (203–135 Mio. Jahre)
- Größe: 5 m lang
- Nahrung: Niedrige Pflanzen
- Lebensraum: Wälder

Zwei Reihen von Knochenplatten über Hals und Kopf

Kleiner, flacher Kopf

Relativ lange, stämmige Hinterbeine

Viel Raum für Darm

Kürzere Vorderbeine erleichterten das Äsen.

KLEINER KOPF
Der Schädel von *Kentrosaurus* ist nur durch Fragmente bekannt. Er war vermutlich lang und schmal, endete in einem zahnlosen Hornschnabel und barg ein winziges Gehirn.

STEGOSAURUS

STEGOSAURUS („Dachechse") war
der größte seiner Familie. Er
hatte einen kleinen Kopf mit einem
zahnlosen Schnabel. Zwei Reihen
von Knochenplatten verliefen
über Rücken und Schwanz.
Seine Arme waren kurz.

*Platte
hatte eine
Spitze*

*Scharfer
Schwanz-
stachel*

FOSSILER
SCHWANZ-
STACHEL

FOSSILE PLATTE

PLATTEN UND STACHEL
Die Platten könnten paarweise
oder versetzt angeordnet gewesen
sein. Das Schwanzende war mit
langen Stacheln besetzt.

Sehr kleiner Schädel

Massiger Rumpf

SKELETT-REKONSTRUKTION

Lange Schwanzwirbel

STEGOSAURUS

- Gruppe: Stegosauria
- Familie: Stegosauridae
- Zeit: Jura (203–135 Mio. Jahre)
- Größe: 6 m lang
- Nahrung: Pflanzen
- Lebensraum: Waldland

Platten mit Horn oder Haut bedeckt

ANKYLOSAURIER

MIT IHREN STACHELN und Knochen-platten stellten die Ankylosaurier die „Panzer" unter den Dinosau-riern dar. Die schwerfälligen Tiere waren zu langsam, um zu fliehen. Man unterscheidet zwei Gruppen von Ankylosauriern: die Ankylo-sauriden und die Nodosauriden.

ANKYLOSAURUS-SCHÄDEL
Der dreieckige Schädel von *Ankylosaurus* war mit Knochenplatten bedeckt. Mit dem Hornschnabel schnitt das Tier Pflanzen-teile ab.

ANKYLOSAURIDE
Zahlreiche Ankylosauride besaßen zusätzlich zu den Knochenplatten auch Schulterstachel. Ihr beson-deres Merkmal war das zu einer Keule ver-dickte knochige Schwanz-ende.

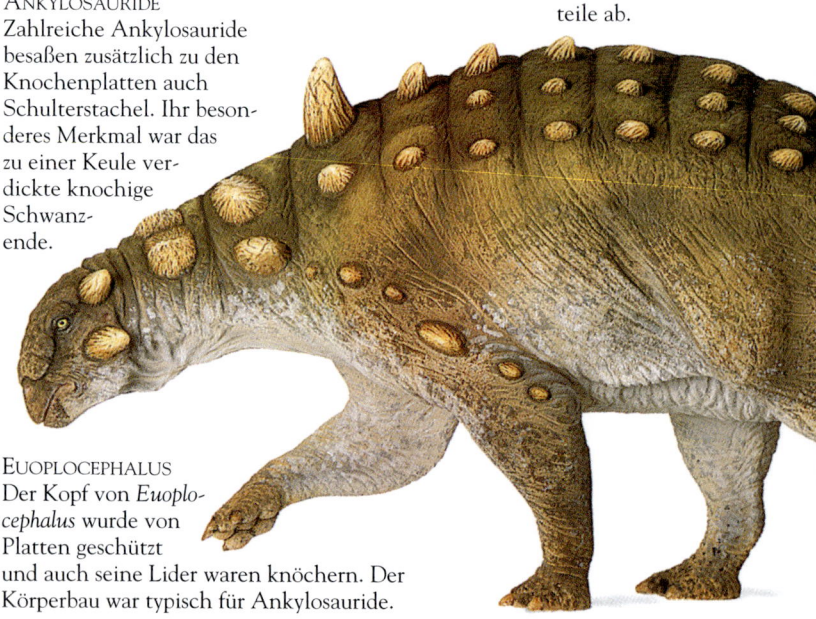

EUOPLOCEPHALUS
Der Kopf von *Euoplo-cephalus* wurde von Platten geschützt und auch seine Lider waren knöchern. Der Körperbau war typisch für Ankylosauride.

ANKYLOSAURIER-
FAKTEN

• Der Name bedeutet
„Gekrümmte Echse".

• Sie wurden 1,8 bis
9 m lang.

• Ihre Reste fand man
in Nordamerika, Europa,
Asien, Australien und
Antarktika.

• Bei allen war die
Oberseite mit Kno-
chenplatten bedeckt,
bei nur wenigen jedoch
die Unterseite.

SCHWANZKEULE
Die Knochenplatten boten guten
Schutz, während die
Schwanzkeule eine sehr
wirksame Waffe war.
Mit einem gut gezielten
Schlag konnte selbst ein
Tyrannosaurus schwer
verletzt werden.

*Tyrannosaurus
wird am Bein
verletzt.*

*Ankylosaurus
setzt die Keule
gezielt ein.*

SCHWANZKEULE
Die Keule bestand aus
miteinander verwachse-
nen Knochenverdickun-
gen. Kräftige Muskeln
bewegten den Schwanz.
Verknöcherte Sehnen ver-
banden die Schwanzwirbel.

FOSSILE SCHWANZKEULE
EINES ANKYLOSAURIDEN

EUOPLOCEPHALUS

*Versteifter,
muskulöser
Schwanz*

*Schwere
Schwanzkeule*

297

ACANTHOPHOLIS

ACANTHOPHOLIS („Stachlige Schuppen") ist ein wenig bekannter Nodosauride mit einem niedrigen und schwerfälligen Körperbau. Typische Nodosauride waren mit Reihen ovaler Platten gepanzert und besaßen außerdem lange Stacheln, die aus Schultern und Nacken wuchsen. Weitere Stacheln verliefen an beiden Seiten bis zum Schwanzende.

ACANTHOPHOLIS
- Gruppe: Ankylosauria
- Familie: Nodosauridae
- Zeit: Kreide (135–65 Mio. Jahre)
- Größe: 4 m
- Nahrung: Niedrige Pflanzen
- Lebensraum: Waldrand

Reihen von ovalen, in die Haut eingebetteten Platten

Schützende Stacheln an Nacken und Schultern

Spitzer Schnabel

Kurze, massige Beine

DICKER PFLANZENFRESSER
Dieser schwer gebaute Dinosaurier musste große Mengen an Pflanzenteilen vertilgen, um seinem Körper genügend Nährstoffe zuzuführen. Deshalb war sein Darm vermutlich sehr lang.

MINMI

DIESE DICK GEPANZERTE Echse hatte
Reihen von Knochenplättchen auf
dem Rücken und dreieckige Stacheln über den Hüften. Nacken
und Schultern wurden von großen
Platten geschützt. Anders als bei
anderen Ankylosauriern verliefen bei *Minmi*
Knochenplatten beidseitig neben der Wirbelsäule. Der Schädel war quadratisch,
mit kleinem Schnabel. Hinter dem
Gesicht sprossen vier Hörner.

MINMI	
• Gruppe: Ankylosauria	
• Familie: Nodosauridae	
• Zeit: Kreide (135–65 Mio. Jahre)	
• Größe: 3 m	
• Nahrung: Niedrige Pflanzen	
• Lebensraum: Buschland und bewaldete Ebenen	

DINOSAURIER DER SÜDHALBKUGEL
Das nach Minmi Crossing in Australien benannte Tier war der erste
Dinosaurier, der südlich des Äquators entdeckt wurde. Er war kleiner
als die meisten Ankylosaurier,
doch schwer gebaut und
sehr gut gepanzert.

Knochenplatten
neben allen
Wirbeln

Kurzer
Hals

Kurze
Beine

Breite
Füße

299

GASTONIA

DER NACH DEM Fossilienjäger
Robert Gaston benannte Pflanzenfresser verfügte über eine
beachtliche Panzerung: Aus dem
Kopf ragten vier Stacheln, Kno-
chenringe schützten den Nacken,
Reihen von Stacheln wuchsen aus
Rücken und Flanken und Platten
bedeckten die Hüften. Beider-
seits des Schwanzes
verliefen Reihen
scharfer
dreieckiger
Platten.

GASTONIA
- Gruppe: Ankylosauria
- Familie: Polacanthidae
- Zeit: Kreide
  (135–65 Mio. Jahre)
- Größe: 5 m lang
- Nahrung: Pflanzen
- Lebensraum: Waldland

Dornen über den Hüften

Gebogene Stacheln

Hornschnabel

Beine länger als Arme

Schädel an der Stirn am höchsten

Augenhöhle

Backenzähne

UNVOLLSTÄNDIGER FOSSILER SCHÄDEL

GASTONIA-SCHÄDEL
Der breite Schädel mündete in einen kurzen Schnabel. Weiter hinten in den Kiefern steckten kleine Backenzähne. Mit ihnen zerschnitt das Tier weiche Pflanzenteile.

Biegsamer Schwanz

Mit dem Schwanz konnte Gastonia seitwärts schlagen.

DORNIGER FUND
Gastonia war etwa so lang wie ein Auto und sah wie ein Dornbusch aus. Wir kennen ihn dank eines fast vollständigen Skeletts und mehrerer in Utah (USA) gefundener Schädel.

Breite, flache Stacheln verhinderten Angriffe von der Seite.

GEFÄHRLICHE STACHELN
Die langen Stacheln beidseitig am *Gastonias* Rückgrat waren gekrümmt und wiesen nach außen, sodass kein Fressfeind das Tier in den Rücken beißen konnte.

301

PANOPLOSAURUS

PANOPLOSAURUS WAR ein typischer nodosaurider Ankylosaurier. Er besaß keine Schwanzkeule und war im Bereich der Schultern am besten gepanzert. Seitliche Stacheln wiesen vorwärts und seitwärts. Sie könnten zum Schutz gegen Fressfeinde, aber auch als Waffe in Rivalenkämpfen gedient haben.

PANOPLOSAURUS

- Gruppe: Ankylosauria
- Familie: Nodosauridae
- Zeit: Kreide
  (135-65 Mio. Jahre)
- Größe: 5 m lang
- Nahrung: Bestimmte
  niedrige Pflanzen
- Lebensraum: Waldland

FEINSCHMECKER

Ebenso wie die übrigen Nodosauriden hatte auch *Panoplosaurus* ein schmales Maul und fraß nur bestimmte Pflanzen. Die breitmäuligeren ankylosauriden Ankylosaurier dagegen waren weniger wählerisch.

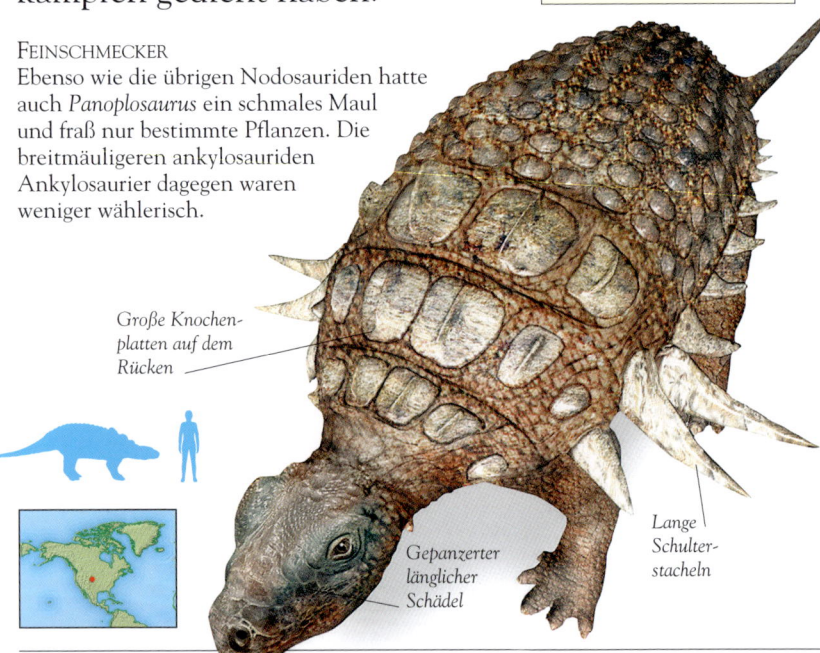

Große Knochenplatten auf dem Rücken

Gepanzerter länglicher Schädel

Lange Schulterstacheln

ANKYLOSAURUS

ANKYLOSAURUS („Gekrümmte Echse") war an Kopf, Nacken und Rücken schwer gepanzert. In die ledrige Haut waren hunderte ovaler Platten und Dornen aus Knochen eingebettet. Zwei Stacheln sprossen aus den Schläfen, zwei weitere aus den Wangen.

ANKYLOSAURUS
- Gruppe: Ankylosauria
- Familie: Ankylosauridae
- Zeit: Kreide (135–65 Mio. Jahre)
- Größe: 7,5–10,5 m lang
- Nahrung: große herbivore Dinosaurier
- Lebensraum: Waldland

FOSSILE SCHWANZKEULE

LEBENDER PANZER
Ankylosaurus wurde treffend als „Lebender Panzer" beschrieben. Der Schwanz endete in einer Knochenkeule, die das Tier mit Wucht schwingen konnte.

Knochen-keule

Hornschnabel

Arme kürzer als Beine

Ungeschützte Unterseite

EDMONTONIA

DIESER ANKYLOSAURIDE (dessen Name „aus Edmonton" bedeutet) besaß einen wuchtigen Körper, kurze, dicke Beine, breite Füße und einen kurzen Hals. Zwei „Kragen" aus Knochenplatten bedeckten den Nacken, ein dritter die besonders gut geschützten Schultern. Rücken und Schwanz waren durch Reihen von Knochenplatten und Dornen gesichert. Die Hirnkapsel des birnenförmigen Kopfs von *Edmontonia* war von großen Schuppen abgedeckt. Das Tier hatte einen zahnlosen Schnabel und kleine Backenzähne.

Abfallender Rücken

Nacken mit Knochenschuppen bedeckt

Birnenförmiger Schädel

Zwei Schulterstacheln

Breite Füße

Zahnloser Hornschnabel

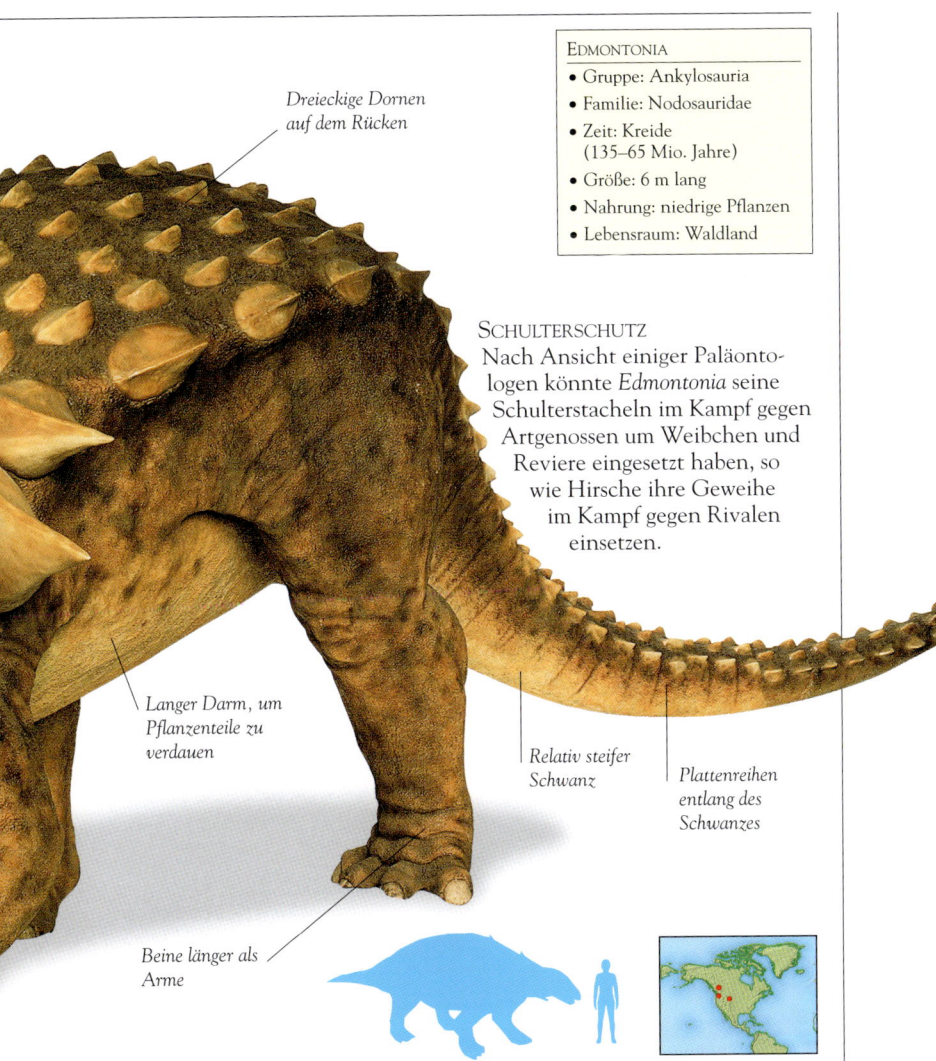

Dreieckige Dornen
auf dem Rücken

EDMONTONIA
- Gruppe: Ankylosauria
- Familie: Nodosauridae
- Zeit: Kreide
  (135–65 Mio. Jahre)
- Größe: 6 m lang
- Nahrung: niedrige Pflanzen
- Lebensraum: Waldland

SCHULTERSCHUTZ
Nach Ansicht einiger Paläontologen könnte *Edmontonia* seine
Schulterstacheln im Kampf gegen
Artgenossen um Weibchen und
Reviere eingesetzt haben, so
wie Hirsche ihre Geweihe
im Kampf gegen Rivalen
einsetzen.

Langer Darm, um
Pflanzenteile zu
verdauen

Relativ steifer
Schwanz

Plattenreihen
entlang des
Schwanzes

Beine länger als
Arme

EUOPLOCEPHALUS

DER EIN WENIG an ein riesiges Gürteltier erinnernde *Euoplocephalus* („Gut geschützter Kopf") war einer der verbreitetsten Ankylosauriden der Oberkreide. Spitz zulaufende Platten bedeckten Rücken und Nacken, Dornen schützten Schultern, Schwanz und Gesicht. Stämmige Beine trugen das beträchtliche Gewicht.

EUOPLOCEPHALUS
- Gruppe: Ankylosauria
- Familie: Ankylosauridae
- Zeit: Kreide (135–65 Mio. Jahre)
- Größe: 6 m lang
- Nahrung: Pflanzen
- Lebensraum: Waldland

SCHLAGKRAFT
Ein dicker Knoten aus miteinander verwachsenen Knochenplatten bildete eine Keule, die der Dinosaurier mithilfe der Schwanzmuskeln seitwärts schwingen konnte: eine furchtbare Waffe gegen Angreifer.

Knochige Schwanzplatten

Mit Wirbelsäule verwachsenes, kräftiges Becken

SCHWANZKEULE

UNVERWUNDBAR
Der Rücken von *Euoplocephalus* war vermutlich mit flexiblen Bändern von Knochenplatten abgedeckt. Reihen von Knochendornen sorgten für zusätzlichen Schutz.

Platten über Nacken

FOSSILER PANZER

Höchster Punkt des Schädels vor den Augen

Geräumige Nasengänge

FOSSILER SCHÄDEL

Quer verlaufende Trennung zwischen den Bändern

Reihen von Platten und Dornen über dem Rücken

Knochige Lider schützten die Augen

Kurze, dicke Beine

308

SÄUGETIERE UND IHRE VORFAHREN

KRIECHENDE, SCHUPPIGE Pelicosaurier mit hohen Rückensegeln (unten) sehen Tigern oder Kühen überhaupt nicht ähnlich. Trotzdem sind die echsenähnlichen Tiere, die in diesem Teil als Erste vorgestellt werden, die Vorfahren aller heutigen Säugetiere – und damit also auch unsere Vorfahren.

FRÜHE SYNAPSIDEN

ZU DEN SYNAPSIDEN („mit Bogen") gehören die säugetierähnlichen „Reptilien" und ihre Nachkommen. Sie hatten im Schädel hinter jedem Auge ein Fenster, das eine bessere Verankerung der Kiefermuskulatur ermöglichte. Die frühen Synapsiden, Pelycosaurier genannt, starben Ende des Perm aus.

Indem es sich mit gespreiztem Segel sonnte, erwärmte das Tier sein Blut.

RÄUBER MIT RÜCKENSEGEL
Dimetrodon war eines der ersten großen Landtiere, die Tiere gleicher Größe angreifen und töten konnten. Er wurde bis zu 3,5 m lang.

Eckzähne mit gesägten Kanten

DIMETRODON-
SCHÄDEL

ZAHNFORMEN VON DIMETRODON
Die oberen Eckzähne konnten Fleisch durchstoßen. Die Schneidezähne dienten zum Packen und Abbeißen, die Backenzähne zum Kauen.

DIMETRODON

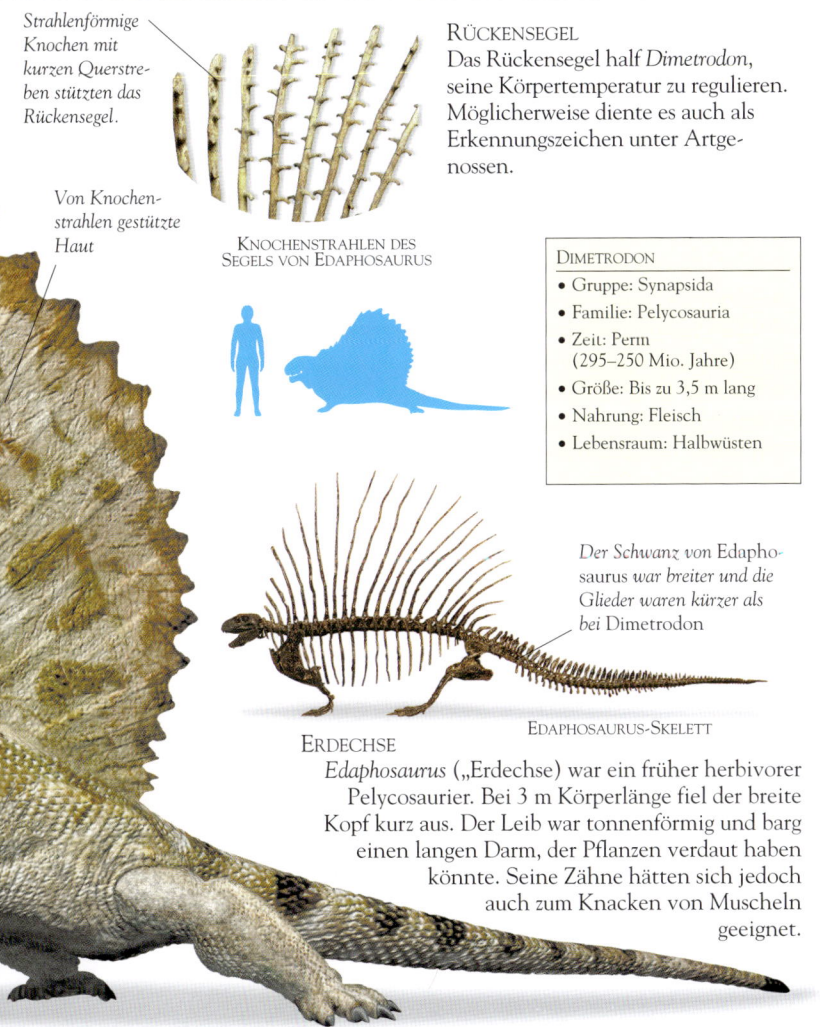

Strahlenförmige
Knochen mit
kurzen Querstre-
ben stützten das
Rückensegel.

Von Knochen-
strahlen gestützte
Haut

KNOCHENSTRAHLEN DES
SEGELS VON EDAPHOSAURUS

RÜCKENSEGEL

Das Rückensegel half *Dimetrodon*,
seine Körpertemperatur zu regulieren.
Möglicherweise diente es auch als
Erkennungszeichen unter Artgenossen.

DIMETRODON

- Gruppe: Synapsida
- Familie: Pelycosauria
- Zeit: Perm
  (295–250 Mio. Jahre)
- Größe: Bis zu 3,5 m lang
- Nahrung: Fleisch
- Lebensraum: Halbwüsten

Der Schwanz von Edapho-
saurus *war breiter und die
Glieder waren kürzer als
bei* Dimetrodon

EDAPHOSAURUS-SKELETT

ERDECHSE

Edaphosaurus („Erdechse") war ein früher herbivorer
Pelycosaurier. Bei 3 m Körperlänge fiel der breite
Kopf kurz aus. Der Leib war tonnenförmig und barg
einen langen Darm, der Pflanzen verdaut haben
könnte. Seine Zähne hätten sich jedoch
auch zum Knacken von Muscheln
geeignet.

FURCHTBARE KÖPFE

DINOCEPHALIER ("Furchtbare Köpfe"), Therapsiden mit synapsidem Schädelbau, hatten im Verhältnis zum Körper sehr massive Köpfe. Sie waren artenreich und sehr verbreitet, starben jedoch nach dem Perm aus, ohne Nachkommen zu hinterlassen. Es gab karnivore und herbivore Dinocephalier.

Die Hörner einiger Arten des Estemmenosuchus waren verzweigt.

Möglicherweise hatten nur Männchen Stirnhöcker.

GEHÖRNTE KÖPFE
Die Schädel herbivorer Dinocephalier wiesen Hörner und Stirnhöcker auf. Sie könnten für Partnerwahl oder Rivalenkämpfe von Bedeutung gewesen sein.

STRUTHIOCEPHALUS-SCHÄDEL
(VON OBEN)

Breites Maul mit großen Schneidezähnen und Eckzähnen

ESTEMMENOSUCHIDE
Primitive russische Dinocephalier, Estemmnosuchide genannt, hatten an den Backen und dem oberen Teil des Schädels massive knochige Auswüchse, die mit Horn überzogen gewesen sein könnten.

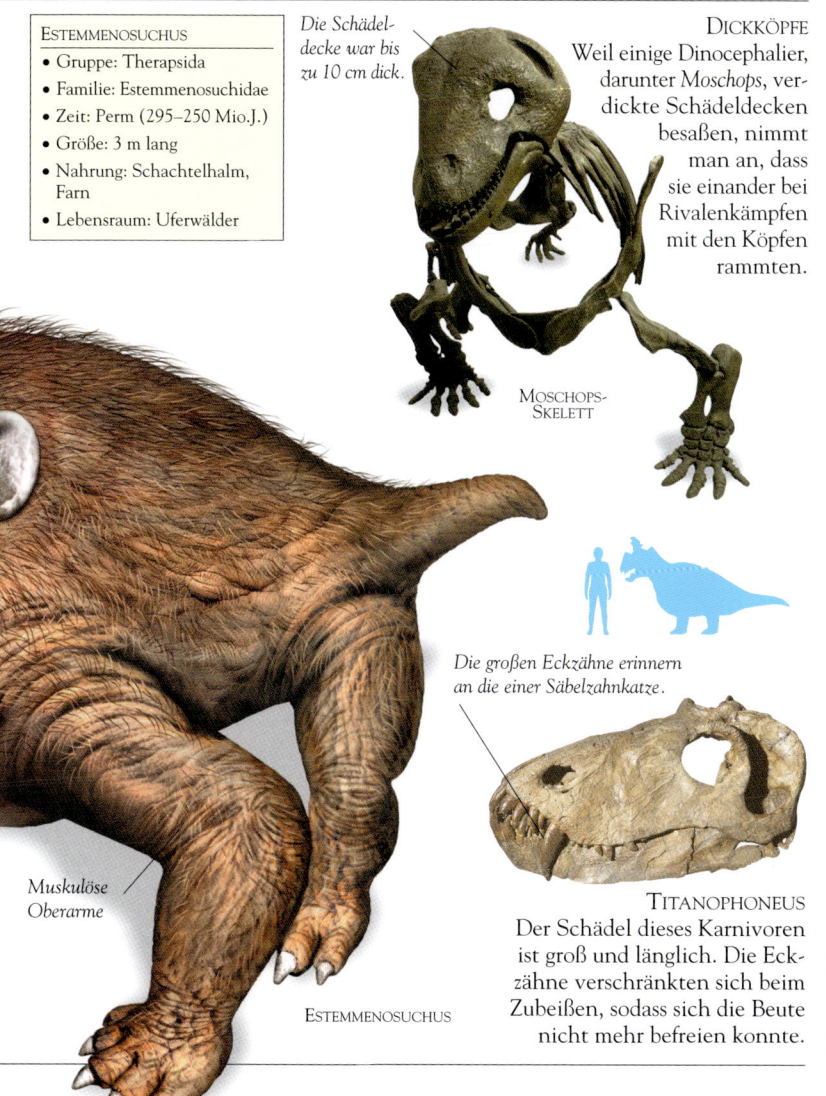

ESTEMMENOSUCHUS
- Gruppe: Therapsida
- Familie: Estemmenosuchidae
- Zeit: Perm (295–250 Mio.J.)
- Größe: 3 m lang
- Nahrung: Schachtelhalm, Farn
- Lebensraum: Uferwälder

Die Schädeldecke war bis zu 10 cm dick.

MOSCHOPS-SKELETT

DICKKÖPFE

Weil einige Dinocephalier, darunter *Moschops*, verdickte Schädeldecken besaßen, nimmt man an, dass sie einander bei Rivalenkämpfen mit den Köpfen rammten.

Die großen Eckzähne erinnern an die einer Säbelzahnkatze.

Muskulöse Oberarme

ESTEMMENOSUCHUS

TITANOPHONEUS

Der Schädel dieses Karnivoren ist groß und länglich. Die Eckzähne verschränkten sich beim Zubeißen, sodass sich die Beute nicht mehr befreien konnte.

ZWEI HUNDZÄHNE

DICYNODONTIER („Zwei Hunde-
zähne") waren kurzschwänzige
Synapsiden, deren Kiefer in
einem Schnabel ausliefen. Sie
lebten vom Unterperm bis zur
Oberen Trias. Der ungewöhnlich
geformte Kiefer und der tonnenförmige
Leib lassen vermuten, dass sie sich von
faserreichen Pflanzen ernährten.

SINOKANNEMEYERIA
- Gruppe: Therapsida
- Familie: Kannemeyeriidae
- Zeit: Trias
  (250–203 Mio. Jahre)
- Größe: 3 m lang
- Nahrung: Pflanzen
- Lebensraum: Wälder an
  Seen und Flüssen

SINOKANNEMEYERIA
Dieser große chinesische Dycinodontier
besaß abwärts weisende Stoßzähne, die
Ausbuchtungen in seinem Oberkiefer
entsprangen. Aufgrund des Schädelbaus
nimmt man an, dass er nicht die kräftigen Kaumuskeln anderer Dicynodontier
besaß und deshalb die Pflanzen mit dem
vorderen Teil der Schnauze abriss.

*Mit dem breiten, stumpfen
Schnabel konnte er große
Mengen Pflanzenmaterial
packen.*

*Fenster im
Schädel boten
Kaumuskeln
viel Platz.*

*Seitwärts gestellter
Arm*

LYSTROSAURUS
Der kleine Dicynodont
Lystrosaurus aus der Unteren Trias
hatte einen kurzen Schädel mit breiter
Schnauze und stämmige Arme und Beine.

Kurze, breite Füße

PLACERIAS

DIE LETZTEN DICYNODONTIER

In der Oberen Trias wurden Dicynodontier selten. Die wenigen überlebenden Arten, wie z. B. *Placerias*, waren über 3 m lang und wurden alle in Amerika entdeckt.

IN BAUEN ZU HAUSE

Einige kleine Dicynodontier wie *Cistecephalus* aus dem Oberperm Südafrikas könnten Baue gegraben haben.

Keilförmiger Kopf mit breitem Schädeldach: typisch für grabende Tiere

CISTECEPHALUS-SCHÄDEL

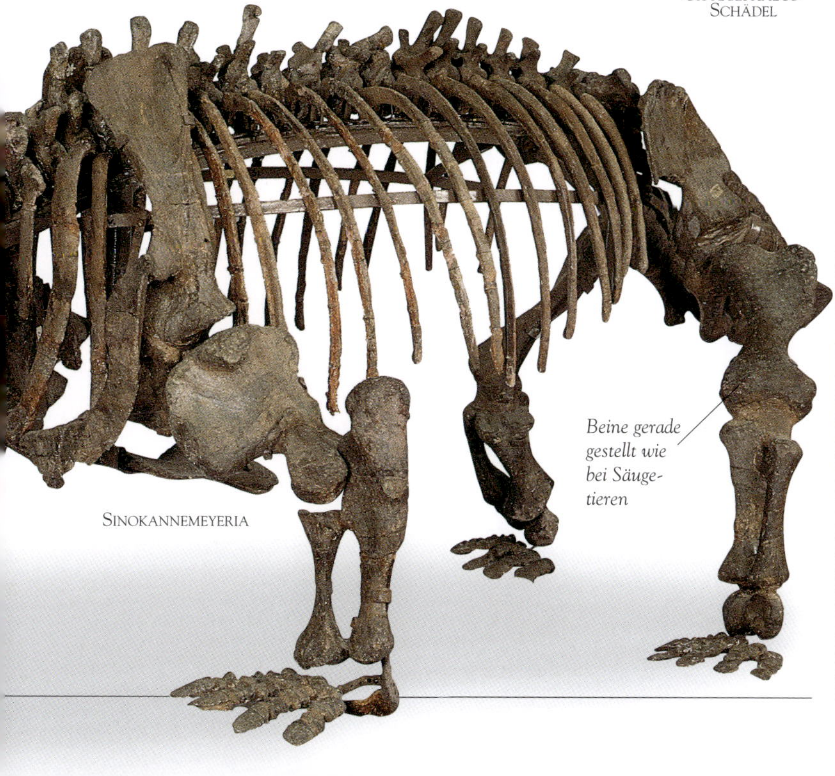

SINOKANNEMEYERIA

Beine gerade gestellt wie bei Säugetieren

HUNDEZÄHNE

CYNODONTIER („Hunde-
zähne") waren kleinere
karnivore Synapsiden. Ein
knochiger Gaumen,
der die Nasengänge
vom Mund trennte und gleichzeitiges
fressen und atmen ermöglichte,
machte sie zu den Vorfahren der
Säugetere. Sie kamen weltweit
80 Mio. Jahre lang vor – länger als
alle anderen Therapsidengruppen.

*Kräftige, gerade
Beine ermöglichten
schnelles Laufen*

DREIZACKZAHN

Der mit scharfen Zähnen ausgestattete
Thrinaxodon („Dreizackzahn") lebte in der
Unteren Trias Südafrikas und Antarktikas. Er
suchte in Bauen Unterschlupf und fraß kleine
Tiere. Merkmale seiner Überreste weisen
darauf hin, dass er Säugetieren ähnlicher
war als seine Vorfahren.

THRINAXODON

- Gruppe: Therapsida
- Familie: Galesauridae
- Zeit: Trias (250–203 Mio. J.)
- Größe: 50 cm lang
- Nahrung: Kleine Tiere
- Lebensraum: Offenes
  Waldland

HUNDEKIEFER
Cynognathus („Hundekiefer")
war einer der aggressivsten Fleischfresser der Unteren Trias. Seine langen
Kiefer konnten kräftig zubeißen.

CYNOGNATHUS-
SCHÄDEL

Dentalknochen

Dentalknochen

Zweiteilung des
Körpers in Brust
und Bauch

SCHÄDEL DES FRÜHEN
SYNAPSIDEN DIMETRODON

SCHÄDEL DES CYNODONTIERS
THRINAXODON

EVOLUTION DES KIEFERS
Die Kiefer der Cynodontier veran-
schaulichen wichtige Veränderungen in der Entwicklung
vom frühen Synapsiden zum
Säugetier. Knochen
bildeten sich zurück, bis
der Unterkiefer nur
noch aus dem Dental-
knochen bestand.
Weitere Verände-
rungen führten
zu einem
kräftigeren
Biss.

THRINAXODON

reite Backen-
ähne mit Höckern
r effektives Kauen

DREIKNOPFZÄHNE
Nicht alle Cynodontier
waren karnivor. Die Kiefer
von Tritylodontiern wie
Bienotherium eigneten sich
für das Fressen von Pflanzen.

Schneidezähne für das
Benagen von Pflanzen
und Backenzähne
zum Kauen

BIENOTHERIUM-SCHÄDEL

DIE ERSTEN SÄUGETIERE

SÄUGETIERE sind warmblütige Wirbeltiere. Drüsen der Weibchen erzeugen Milch für die Jungen. Sie entwickelten sich aus den Therapsiden. Die ersten Säugetiere ähnelten vermutlich Spitzmäusen und hatten mit heutigen Säugetieren den Unterkiefertyp und die Gehörknöchelchen gemeinsam.

WINZIGER VORFAHRE DER SÄUGETIERE

Morganucodon („Morgans Zahn"), ein winziges Säugetier aus dem Jura, wird meistens den Triconodonten zugerechnet. Diese ausgestorbenen frühen Säugetiere sind nach ihren dreispitzigen Zähnen benannt.

JEHOLODENS

Mit dem Skelett eines *Jeholodens* wurde in China das erste vollständige Skelett eines Triconodonten gefunden.

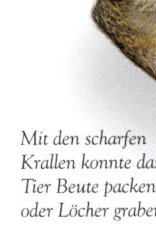

JEHOLODENS

Morganucodon
stand aufrecht.

Mit den scharfen Krallen konnte das Tier Beute packen oder Löcher graben.

MORGANUCODON
- Gruppe: Prototheria
- Familie: Morganucodontidae
- Zeit: Jura
  (203–135 Mio. Jahre)
- Größe: 10 cm lang
- Nahrung: Insekten, Würmer
- Lebensraum: Wald

Reptilienähnliche Körperhaltung früher Säugetiere

MODERNES
SCHNABELTIER

EINE ALTE ORDNUNG
Das Schnabeltier gehört zu den Eier legenden Monotremata oder Kloakentieren. Die frühesten Fossilien von Tieren aus dieser Ordnung sind 100 Mio. Jahre alt und wurden in Australien gefunden.

UNTERKIEFER VON TAENIOLABIS

RATTENARTIGES SÄUGETIER
Taeniolabis ist ein Vertreter der Multituberculaten, einer größeren Gruppe nagetierähnlicher Pflanzenfresser, deren Zähne mehrere Spitzen oder Höcker aufwiesen.

Dank seiner Tasthaare fand Morganucodon *sich im Dunkeln zurecht.*

Auch frühe Säugetiere hatten bereits ein Fell.

MORGANUCODON

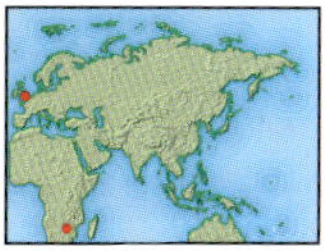

AUSTRALISCHE BEUTELTIERE

UNTER DEN frühesten Säugetieren gab es viele, deren Weibchen ihre unreifen Jungen in einer Hauttasche trugen. Später entwickelte sich bei den Weibchen der meisten Säugetierarten eine Gebärmutter und der Beutel bildete sich zurück. Bei Beuteltieren wie Kängurus und Koalas blieb er erhalten. Ihre modernen Nachkommen leben heute in Australien.

SKELETT VON
STHENURUS

STHENURINEN
Moderne Graslandkängurus entwickelten sich im Pleistozän. Der größte dieser Gruppe war *Sthenurus*.

Thylacinen hatten scharfe Zähne und mächtige Kiefer.

DIPROTODON WAR DAS GRÖSSTE BEUTELTIER ALLER ZEITEN

BEUTELWÖLFE
Die Thylacinen (Beutelwölfe) waren hundeähnliche Raubtiere, die in Tasmanien in den 1930ern ausstarben.

THYLACINUS

DIPROTODON

- Gruppe: Marsupialia
- Familie: Diprotodontidae
- Zeit: Pleistozän bis Holozän (1,75 Mio. Jahre – heute)
- Größe: 3 m lang
- Nahrung: Sträucher
- Lebensraum: Buschland, offenes Waldland

Die abgenutzten Zähne belegen, dass Thylaleoniden Raubtiere waren.

THYLACOLEO-SCHÄDEL

BEUTELLÖWEN

Eine interessante Gruppe der Beuteltiere ist die der Thylacoleoniden. Wegen ihrer Schädel und Zähne, die an die der Katzen erinnern, nennt man sie auch „Beutellöwen".

Diprotodontiden hatten einen nilpferdähnlichen Körper.

DIPROTODON

Zwischen Oligozän und Pleistozän war Australien von massigen Pflanzenfressern bevölkert, die man Diprotodontiden nennt. Der bekannteste ist *Diprotodon*, ein nashorngroßer Pflanzenfresser. Diprotodontiden starben im Pleistozän aus, als die tropischen Wälder Australiens durch Grasland ersetzt wurden.

Beuteltierweibchen haben eine Hauttasche, in der das Baby heranwächst.

Mit den scharfen Krallen könnte das Tier gegraben haben.

AMERIKANISCHE BEUTELTIERE

SIE ENTWICKELTEN sich in der Oberkreide. Unter ihnen gab es hunde- und bärähnliche Formen, eine Art, die der Säbelzahnkatze ähnlich sah, sowie Beutelratten – die erfolgreichste Gruppe.

Thylacosmilus *hatte vielleicht die gleiche Fellfarbe wie heutige Löwen.*

ALPHADON

OPOSSUM
Alphadon ist eine der frühesten bekannten Beutelratten aus Nordamerika.

THYLACOSMILUS
Eines der bemerkenswertesten Beuteltiere war *Thylacosmilus*, der oberflächlich an eine Säbelzahnkatze erinnerte. Vom Skelett her ähnelte er jedoch eher einer riesigen Beutelratte.

DIE DIDELPHOIDEN
Eine wichtige Gruppe räuberischer nordamerikanischer Beuteltiere nennt man Didelphoide. Zu ihnen zählen *Lycopsis* und *Thylacosmilus*.

LYCOPSIS-SKELETT

Lange, kräftige Beine

Fünf krallenbewehrte Zehen

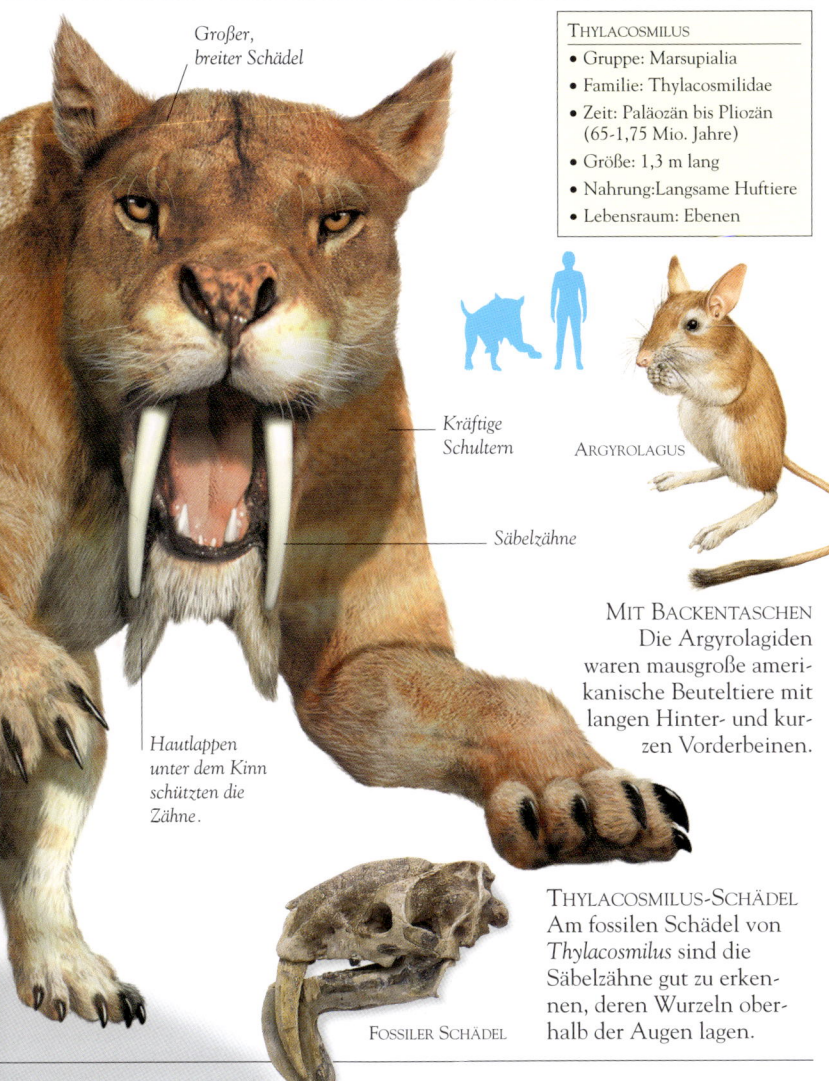

Großer,
breiter Schädel

THYLACOSMILUS
- Gruppe: Marsupialia
- Familie: Thylacosmilidae
- Zeit: Paläozän bis Pliozän (65-1,75 Mio. Jahre)
- Größe: 1,3 m lang
- Nahrung:Langsame Huftiere
- Lebensraum: Ebenen

Kräftige
Schultern

ARGYROLAGUS

Säbelzähne

Hautlappen
unter dem Kinn
schützten die
Zähne.

MIT BACKENTASCHEN
Die Argyrolagiden
waren mausgroße ameri-
kanische Beuteltiere mit
langen Hinter- und kur-
zen Vorderbeinen.

THYLACOSMILUS-SCHÄDEL
Am fossilen Schädel von
Thylacosmilus sind die
Säbelzähne gut zu erken-
nen, deren Wurzeln ober-
halb der Augen lagen.

FOSSILER SCHÄDEL

NEBENGELENKTIERE

DIE XENARTHRA, eine Gruppe von Säugetieren, sind vermutlich die primitivsten Plazentatiere. Xenarthra bedeutet „Fremdgelenker" und bezieht sich auf die zusätzlichen Gelenke, die bei diesen Tieren zwischen den Wirbeln sitzen. Xenarthra entwickelten sich in Südamerika. Einige wanderten nach Nordamerika aus. Ihre heute lebenden Nachkommen sind Faultiere, Ameisenbären und Gürteltiere.

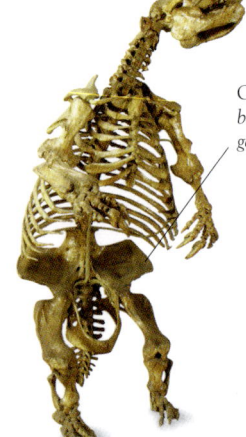

Der Schwanz könnte den am Boden lebenden Faultieren beim Aufrichten als Stütze gedient haben.

Glossotherium besaß ein kräftiges Becken.

MEGATHERIUM
Faultiere wurden so groß wie heutige Elefanten. Anstatt auf Bäume zu klettern, um Blätter zu fressen, zogen sie die Äste zu sich herab, damit sie sie abweiden konnten. Die größten waren *Eremotherium* und *Megatherium*.

GLOSSOTHERIUM
Ein mittelgroßes Faultier, *Glossotherium* genannt, lebte in Grasland mit Baumbestand und Wäldern Amerikas.

MEGATHERIUM
- Gruppe: Xenarthra
- Familie: Megatheriedae
- Zeit: Paläozän bis Holozän (65 Mio. Jahre – heute)
- Größe: 6 m lang
- Nahrung: Blätter, Zweige
- Lebensraum: Grasland

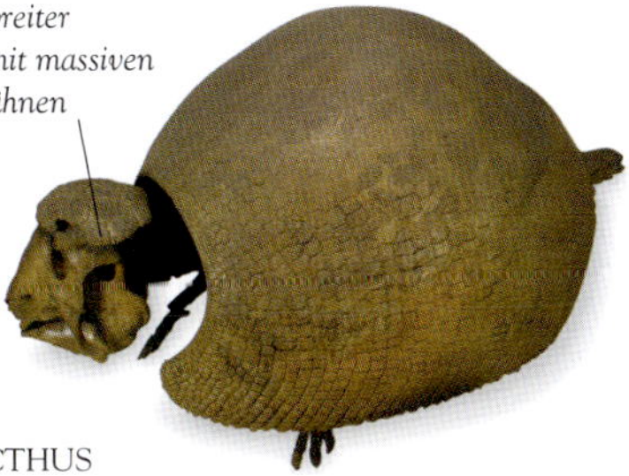

Kurzer, breiter Schädel mit massiven Backenzähnen

Mit den geboge-nen Fingerkrallen könnten sie Äste wie mit Haken heruntergezogen haben.

Fossile Spuren zeigen, dass Faul-tiere mitunter auf zwei Beinen liefen.

MEGATHERIUM

PANOCTHUS

Glyptodonten waren gepanzerte Xear-thra und sahen ein wenig wie südame-rikanische Riesengürteltiere aus.

GLYPTODONTENPANZER

Die Körper von Glypto-donten waren von einer festen Schale ineinander verschränkter sechseckiger Knochenplatten umgeben. Schuppenringe schützten Kopf und Schwanz.

325

FRÜHE PLAZENTATIERE

PLAZENTATIERE (Tiere, deren Junge sich im Bauch der Mutter entwickeln) traten gegen Ende der Kreide, als die Dinosaurier ausstarben. Die frühesten Formen waren kleine, nachtaktive Allesfresser, die heutigen Spitzmäusen ähneln. Nahezu alle heutigen Säugetiere sind Plazentatiere. Ausnahmen sind die Eier legenden Kloakentiere und die Beuteltiere.

CORYPHODON

Das Gehirn hatte ungefähr drei Viertel der Größe dessen einer heutigen Spitzmaus.

ZALAMBDALESTES
Eines der am besten erforschten frühen Plazentatiere war *Zalambdalestes* aus der Mongolei, der heutigen Elefantenspitzmäusen ähnelte.

ZALAMBDALESTES
- Gruppe: Eutheria
- Familie: Zalambdalestidae
- Zeit: Kreide (135–65 Mio.J.)
- Größe: 20 cm lang
- Nahrung: Insekten, kleine Tiere
- Lebensraum: Gestrüpp, Wüste

Unter der Schnauze befanden sich lange Schneidezähne.

PANTODONTEN
Diese stämmigen Plazentatiere erlebten ihre Blütezeit vor 65 bis 32 Mio. Jahren. An Fingern und Zehen hatten sie Krallen, die Männchen besaßen große Eckzähne.

TILLODONTEN
Diese Gruppe von Plazentatieren besaß große Nagezähne und ernährte sich vermutlich von Wurzeln und Knollen.

TROGOSUS-SCHÄDEL

Kleine Zähne, typisch für Insektenfresser

UKHAATHERIUM-FOSSIL

UKHAATHERIUM UND VERWANDTE
Die Asioryctitheren waren mongolische Plazentatiere der Kreidezeit, die eine oberflächliche Ähnlichkeit mit heutigen Spitzmäusen hatten. Einzelheiten ihrer Schädel- und Beckenknochen zeigen aber, dass sie mit ihnen nicht verwandt waren.

FRÜHE RAUBTIERE

RAUBTIERE – Katzen, Hyänen, Hunde, Bären und ihre Verwandten – sind eine sehr erfolgreiche Säugetiergruppe. Ihr Schlüsselmerkmal sind die Reißzähne (spezialisierte Backenzähne). Die ältesten bekannten Raubtierfossilien stammen aus dem Paläozän. Die frühesten – die Miacoiden – erschienen in Nordamerika.

Im Verhältnis zur Körpergröße hatten Miacoide kleinere Gehirne als moderne Raubtiere.

Kräftige, bewegliche Gliedmaßen

VULPAVUS-SKELETT

MIACIS
Einer der bekanntesten Miacoiden war *Miacis* aus dem Zweig der Hundeartigen. Er war ein guter Kletterer und ernährte sich vermutlich von kleinen Tieren, Eiern und Früchten.

LEBEN IN DEN BÄUMEN
Das Skelett einiger Miacoiden, wie z. B. von *Vulpavus*, zeigt, dass sie so bewegliche Gliedmaßen wie heutige auf Bäume kletternde Rautiere hatten.

Große Eck-
zähne zerris-
sen Fleisch

HYAENODON-SCHÄDEL

Könnte den
Schwanz als
Balancierhilfe
genutzt haben

CREODONTEN

Hyaenodon war ein wolfähnli-
ches Tier, das im hinteren Teil
der Kiefer scharfe Zähne hatte.
Es gehörte der Gruppe der
Creodonten an, die heutigen
Zibetkatzen, Katzen oder Hunden ähnelten.

Frühe Raubtiere wie
Miacis besaßen fünf
Zehen.

Einzigartig bei primitiven
Raubtieren sind die einzieh-
baren Krallen.

MIACIS

- Gruppe: Carnivora
- Familie: Canidae
- Zeit: Paläozän bis Pliozän
  (65–1,75 Mio. Jahre)
- Größe: 30 cm lang
- Nahrung: Kleine Säugetiere,
  Reptilien, Vögel
- Lebensraum: Trop. Wälder

FELIFORME

DIE FELIFORMEN, zu denen auch die Katzen gehören, traten erstmals im Eozän auf. Während einige Feliforme zu großen Raubtieren wurden, die in offenem Gelände jagten, blieben andere Waldbewohner. Zibetkatzen und andere Schleichkatzen (Viveriden) sind primitive Feliforme, die sich kaum veränderten.

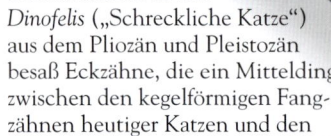

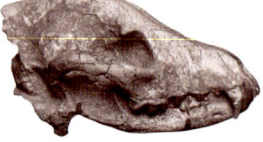

SCHÄDEL EINER FRÜHEN HYÄNE

HYÄNEN

Obwohl Hyänen Hunden ähnlicher sehen als Katzen, gehören sie dem Katzen-Zweig der Raubtiere an.

SCHÄDEL EINER SÄBEZAHN-KATZE

VERGRÖSSERTE ECKZÄHNE

Im Laufe der Entwicklung der Katzen wurden ihre Eckzähne länger. Dafür bildeten sich die Backenzähne zurück.

SCHRECKLICHE KATZE

Dinofelis („Schreckliche Katze") aus dem Pliozän und Pleistozän besaß Eckzähne, die ein Mittelding zwischen den kegelförmigen Fangzähnen heutiger Katzen und den abgeflachten Eckzähnen der Säbelzahnkatzen darstellten. *Dinofelis* hatte den Körperbau heutiger Jaguare.

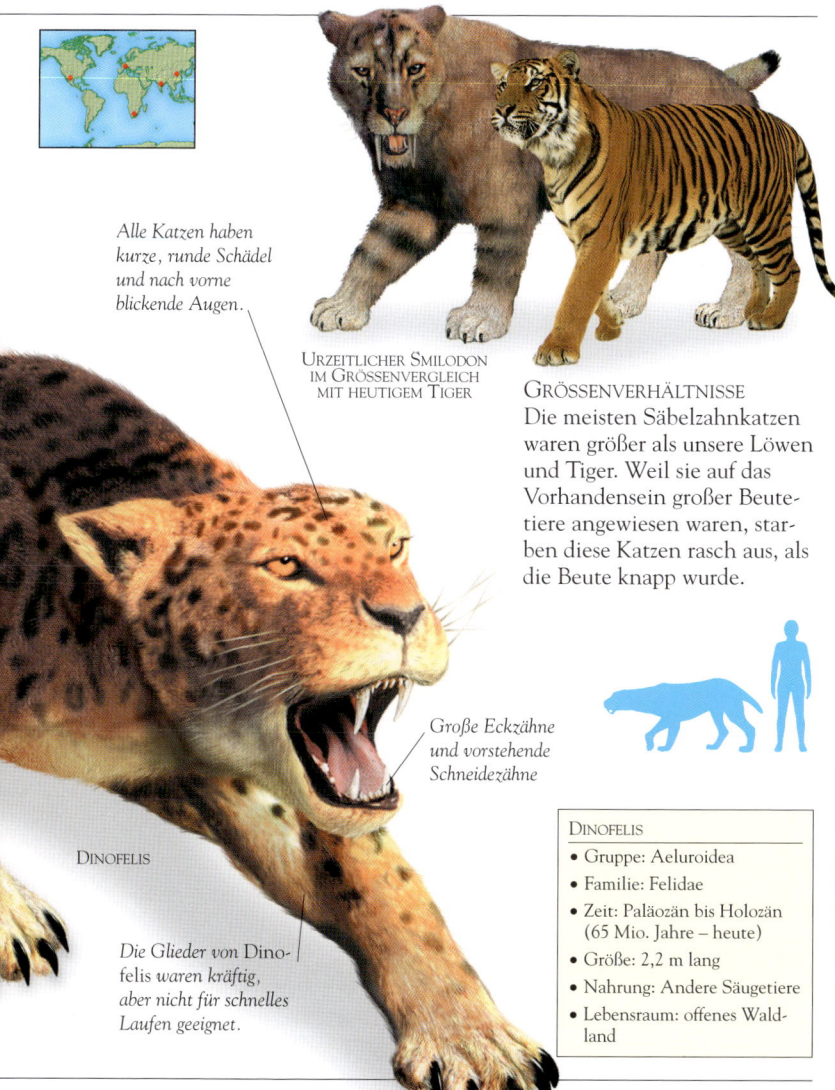

Alle Katzen haben kurze, runde Schädel und nach vorne blickende Augen.

URZEITLICHER SMILODON
IM GRÖSSENVERGLEICH
MIT HEUTIGEM TIGER

GRÖSSENVERHÄLTNISSE
Die meisten Säbelzahnkatzen waren größer als unsere Löwen und Tiger. Weil sie auf das Vorhandensein großer Beutetiere angewiesen waren, starben diese Katzen rasch aus, als die Beute knapp wurde.

Große Eckzähne und vorstehende Schneidezähne

DINOFELIS

Die Glieder von Dinofelis waren kräftig, aber nicht für schnelles Laufen geeignet.

DINOFELIS
- Gruppe: Aeluroidea
- Familie: Felidae
- Zeit: Paläozän bis Holozän (65 Mio. Jahre – heute)
- Größe: 2,2 m lang
- Nahrung: Andere Säugetiere
- Lebensraum: offenes Waldland

SÄBELZAHNKATZEN

DIE MACHAIRODONTIDEN oder Säbelzahnkatzen waren urzeitliche Mitglieder der Katzenfamilie. Bekannt sind sie wegen ihrer großen Eckzähne. Sie verzweigten sich in amerikanische, afrikanische, europäische und asiatische Arten, die löwen- bis pumagroß wurden. Die letzten Säbelzahnkatzen starben erst vor 10000 Jahren aus. Die berühmteste Gattung ist *Smilodon*.

Smilodon *besaß kräftige Arme und Schultern sowie einen starken und beweglichen Hals.*

JAGEN UND AAS SUCHEN IN DER GRUPPE
Da im Pleistozän mehr Gruppen von Raubtieren
nebeneinander lebten, war die Futterkonkurrenz
vermutlich groß. Viele Katzenfossilien weisen
Spuren schwerer Verletzungen auf. *Smilodon*
könnte in sozialen Verbänden gelebt haben, in
denen verwundete oder geschwächte Rudelmit-
glieder an der Beute beteiligt wurden.

*Bei den größten Katzen
wurden die oberen Eck-
zähne über 25 cm lang.*

SMILODON

- Gruppe: Carnivora
- Familie: Felidae
- Zeit: Pleistozän bis Holozän
  (1,75 Mio. Jahre – heute)
- Größe: 1,7–2,5 m lang
- Nahrung: Große Säugetiere
- Lebensraum: Grasland

CANIFORME

DIE GRUPPE der Caniformen, der Hunde, Bären und Robben angehören, entwickelte sich im Eozän. Hunde traten als erste Caniforme auf. Neuere Typen, wie Wiesel, Waschbären und Bären, erschienen später im Eozän. Viele wurden zu Allesfressern, andere zu Pflanzenfressern oder passten sich an ein Leben im Wasser an.

DIREWOLF

Canis dirus („Furchtbarer Hund") war ein großer Wolf des Pleistozän Nordamerikas. Fossilien kennt man vor allem aus kalifornischen Teergruben, in denen über 1600 Exemplare erhalten blieben. Verglichen mit heutigen Wölfen hatten Direwölfe proportional größere Schädel und Zähne, abe kürzere Beine.

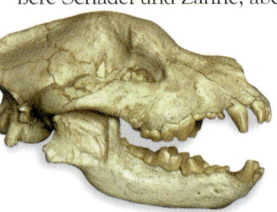

OSTEOBORUS-SCHÄDEL

Canis dirus hatte einen breiteren Kopf, kräftigere Kiefer und längere Zähne als heutige Wölfe und konnte Knochen effektiver brechen.

HYÄNENARTIGE HUNDE

Borophaginen waren eine Gruppe von Hunden, die vom Oligozän bis zum Pleistozän auftrat. Bekanntester Vertreter ist *Osteoborus*, ein wolfsähnlicher Hund mit der Lebensweise einer Hyäne.

ROBBEN UND SEELÖWEN

Robben, Seelöwen und Walrösser entwickelten sich im Oligozän aus bärenähnlichen Vorfahren. Im späten Miozän kamen Robben fast weltweit vor, während Walrösser und Seelöwen wie *Thalassoleon* nur auf der Nordhalbkugel verbreitet waren.

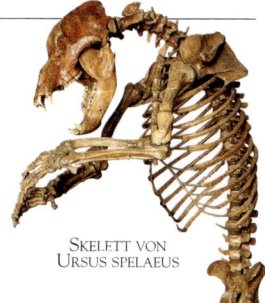

SCHÄDEL VON
THALASSOLEON
MEXICANUS

SKELETT VON
URSUS SPELAEUS

Bei heute lebenden Hunden dient der Schwanz dazu, wichtige soziale Signale zu geben. Vermutlich war es bei den urzeitlichen Hunden nicht anders.

BÄREN

Die acht heutigen Bärenarten gehören der Gruppe der Ursinen an. *Ursus spelaeus* aus dem Pleistozän entwickelte sich zum Höhlenbären.

Hände und Füße waren auf das Laufen spezialisiert.

CANIS DIRUS

- Gruppe: Carnivora
- Familie: Canidae
- Zeit: Pleistozän bis Holozän (1,75 Mio. Jahre – heute)
- Größe: 2 m lang
- Nahrung: Säugetiere, Aas
- Lebensraum: Grasland, Wald

INSELRIESEN UND -ZWERGE

VOR UNGEFÄHR 1,75 Mio. Jahren führte das Ansteigen des Wasserspiegels des Mittelmeers dazu, dass Gebiete vom Festland abgeschnitten wurden. Auf den so entstandenen Inseln lebten bis vor 8000 Jahren ungewöhnliche Säugetiere: Flusspferde, Elefanten und Hirsche wurden zu Zwergen, Eidechsen, Eulen und Haselmäuse dagegen zu Riesen. Durch starke Bejagung starben diese Arten mit der Zeit aus.

RIESIGE HASELMÄUSE

Leithia, eine Riesenhaselmaus aus Malta und Sizilien, war mit heutigen Haselmäusen relativ eng verwandt, wenn auch wesentlich größer: Mit 40 cm Länge hatte sie eher die Maße eines Eichhörnchens.

Zwergelefanten fraßen Pflanzen, die in Bodennähe wuchsen.

Wahrscheinlich wies Leithia *ebenso wie ihre heute lebenden Verwandten schwarze Augenstreifen auf.*

ZWERGELEFANTEN
Palaeoloxodon falconeri war
ein „Miniaturelefant" mit
90 cm Schulterhöhe. Auf
den Inseln standen nur
beschränkte Nahrungs-
mengen zur Verfügung und
kleinere Exemplare hatten
höhere Überlebenschancen.

*Wie andere Elefanten
hatten auch Zwergfor-
men Stoßzähne, die sie
als Waffe und Werk-
zeug einsetzten.*

ZWERGELEFANT
- Gruppe: Proboscidae
- Familie: Elephantidae
- Zeit: Pleistozän bis Holozän
  (1,75 Mio. Jahre – heute)
- Größe: 90 cm hoch
- Nahrung: Gräser, Früchte
- Lebensraum: Wälder

DINOCERATEN

DINOCERATEN, die „Schrecklichen Hörner", waren nashornähnliche Säugetiere mit Hufen, paarigen Hörnern und Stoßzähnen. *Prodinoceras*, der früheste Dinocerat, trat erstmals im Paläozän Asiens auf, nahezu alle anderen Formen lebten jedoch in Nordamerika.

UINTAH-TIER
Der größte und bekannteste der Dinoceraten, *Uintatherium*, wurde 1872 nach dem Indianerstamm der Uintah benannt, die ebenso wie zuvor *Uintatherium* in Utah (USA) lebten.

Hörnerpaar

Uintatherium
hatte einen tonnenförmigen Leib

ABGUSS DES SCHÄDELS VON UINTATHERIUM

HÖRNER, HÖCKER, STOSSZÄHNE
Die verschiedenen Auswüchse auf den Schädeln von Dinoceraten wie *Uintatherium* und *Eobasileus* sollten vermutlich die Geschlechtsreife anzeigen.

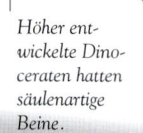

Höher entwickelte Dinoceraten hatten säulenartige Beine.

UINTATHERIUM

Das hintere Hörner-
paar war immer das
größte.

Die Hörner waren
stumpf und evtl. mit
Haut überzogen.

UINTATHERIUM

- Gruppe: Dinocerata
- Familie: Uintatheriidae
- Zeit: Paläozän bis Pliozän
  (65–1,75 Mio. Jahre)
- Größe: 3 m lang
- Nahrung: Blätter, Früchte,
  Wasserpflanzen
- Lebensraum: Wälder

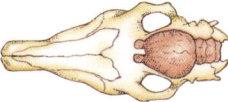

SCHÄDEL EINES HEUTIGEN PFERDS

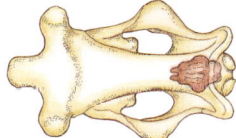

MEGACEROPS-SCHÄDEL

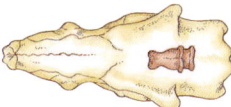

UINTATHERIUM-SCHÄDEL

Sehr kurze
Finger- und
Zehenknochen
– wie bei heuti-
gen Elefanten

Die Hautlappen am
Unterkiefer könnten
als Schutz der Eck-
zähne gedient haben.

GROSSER SCHÄDEL, KLEINES HIRN

Verglichen mit späteren Huftieren hatten Dinoceraten
kleine Gehirne. Die Schädel
von *Uintatherium* oder *Eobasileus* waren zwar knapp 1 m,
der Platz für das Gehirn darin
jedoch nur 10 cm lang.

PRIMITIVE HUFTIERE

DIE VOR KURZEM definierte Gruppe der Condylar-
then fasst Urhuftiere aus dem frühen Tertiär zusammen. Sie waren ratten- bis schafsgroß. Einige hatten
Klauen, andere entwickelten stumpfe Hufe. Ihre
Zähne weisen sie als Pflanzenfresser aus. Manche
Arten besaßen vergrößerte Backenzähne, mit
denen sie Pflanzenteile zerquetschten.

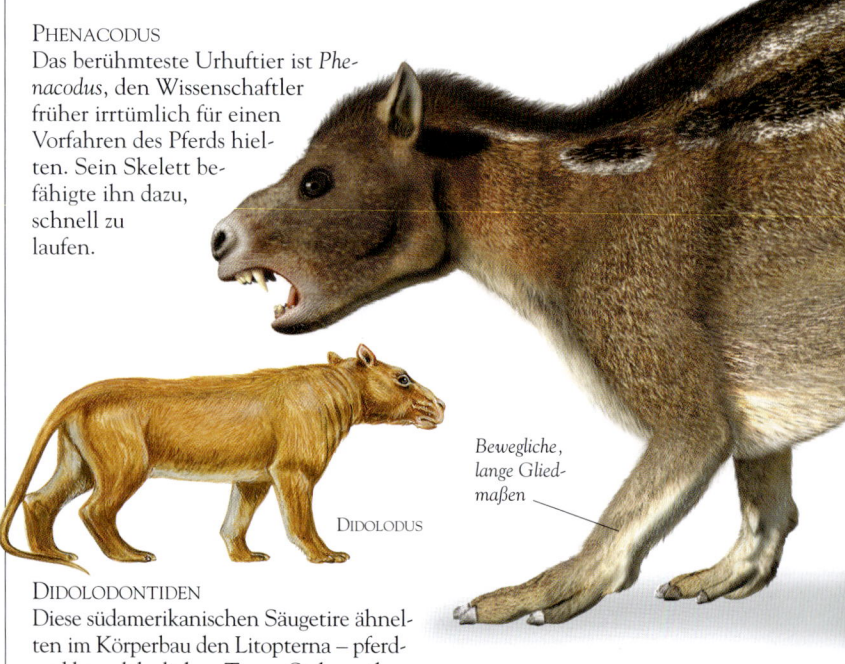

PHENACODUS
Das berühmteste Urhuftier ist *Phenacodus*, den Wissenschaftler
früher irrtümlich für einen
Vorfahren des Pferds hielten. Sein Skelett be-
fähigte ihn dazu,
schnell zu
laufen.

*Bewegliche,
lange Glied-
maßen*

DIDOLODUS

DIDOLODONTIDEN
Diese südamerikanischen Säugetire ähnelten im Körperbau den Litopterna – pferd-
und kamelähnlichen Tieren Südamerikas.

PHENACODUS
- Gruppe: Condylarthra
- Familie: Phenacodontidae
- Zeit: Paläozän bis Pliozän
  (65–1,75 Mio. Jahre)
- Größe: 1,5 m lang
- Nahrung: Blätter
- Lebensraum: Grasland,
  lichte Wälder

UR-ERDFERKEL?
Ectoconus lebte in
Nordamerika und vielleicht auch in Asien. Sein
Körperbau wurde mit dem des
heutigen Erdferkels verglichen.

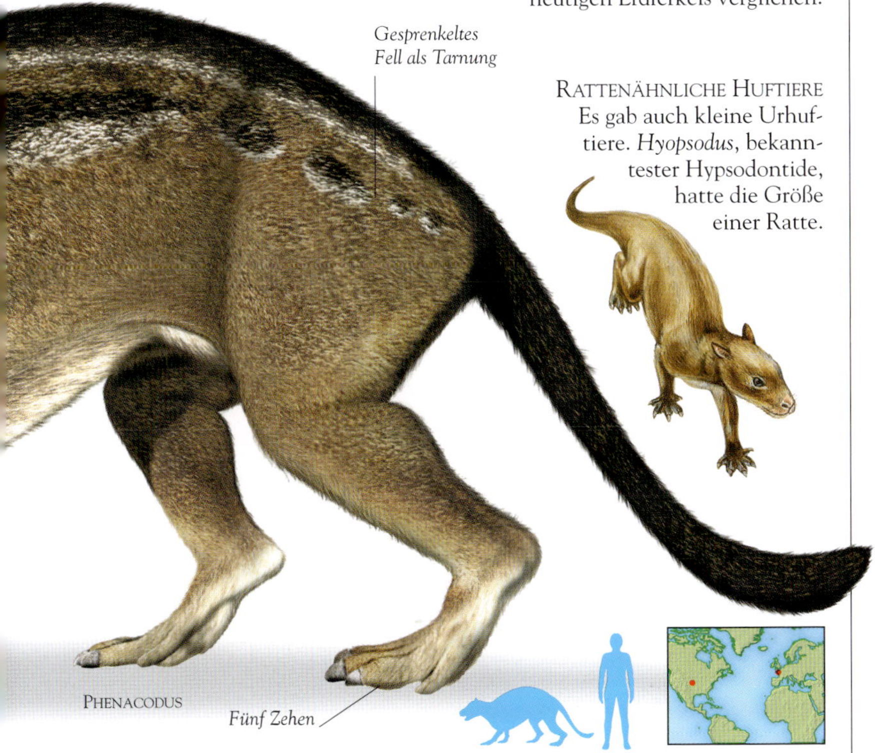

*Gesprenkeltes
Fell als Tarnung*

RATTENÄHNLICHE HUFTIERE
Es gab auch kleine Urhuftiere. *Hyopsodus*, bekanntester Hypsodontide,
hatte die Größe
einer Ratte.

PHENACODUS

Fünf Zehen

SÜDAMERIKANISCHE HUFTIERE

IM TERTIÄR und frühen Quartär war Südamerika die Heimat einer Gruppe von Huftieren, die man als Meridiungulaten bezeichnete. Einige Formen ähnelten Tieren, die anderswo lebten, wie Kamelen und Pferden. Dies ist vermutlich auf die Ähnlichkeit der Lebensweisen zurückzuführen.

Der lange Hals von Macrauchenia erinnert an den eines Kamels.

Macrauchenia hatte einen kleinen Höcker.

Mit den Hinterbeinen konnte es kräftige Tritte austeilen.

Kurzer Rüssel, ähnlich dem des heutigen Tapirs

Die Kiefer waren mit 44 Backenzähnen bestückt.

SKELETT VON MACRAUCHENIA
Macrauchenia wurde von Charles Darwin entdeckt und von Sir Richard Owen benannt und beschrieben. Beide zählten zu den bedeutendsten Wissenschaftlern ihrer Zeit. Darwin hielt das Skelett für das eines großen Lamas

GROSSES LAMA
Eine Gruppe von Meridiungulaten, die Litopterna, ähnelten Pferden und Kamelen. Zu den bekanntesten zählt *Macrauchenia* („Großes Lama"). Seine Nasenöffnungen saßen hoch oben auf dem Schädel. Möglicherweise besaß es einen kurzen Rüssel.

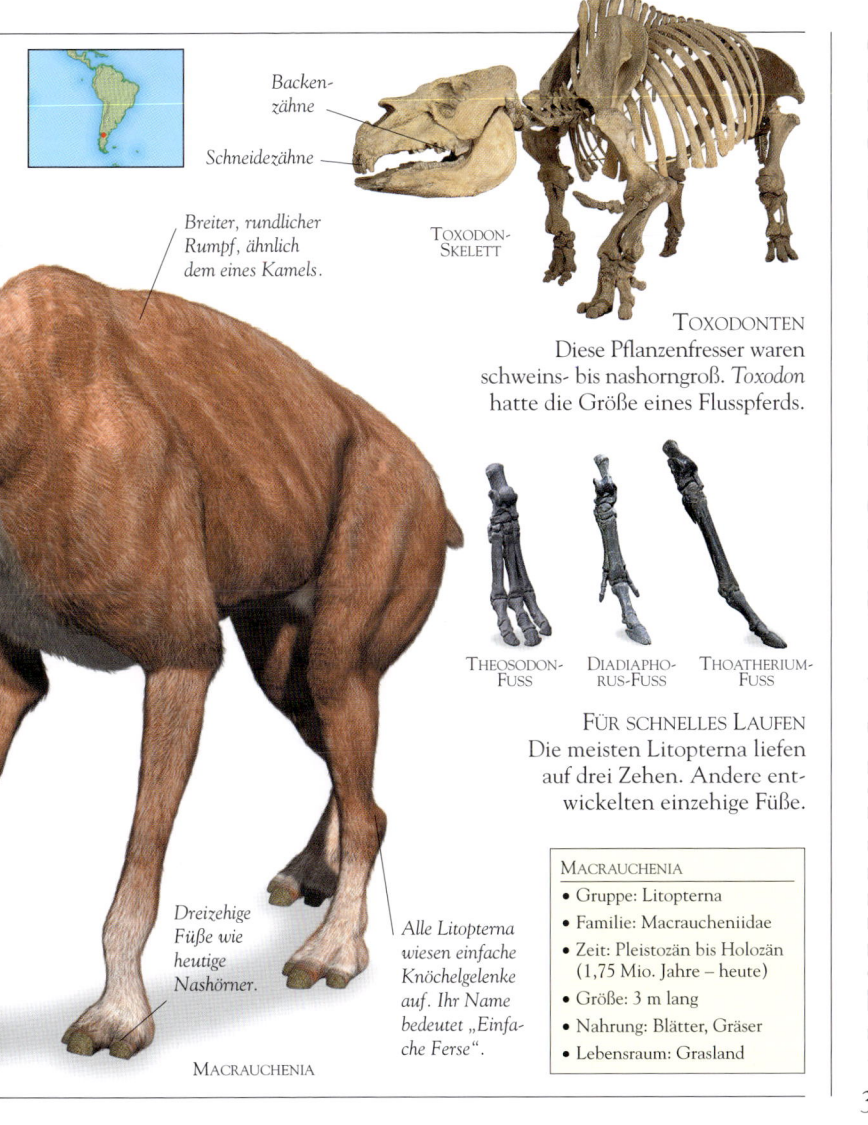

Backen-
zähne

Schneidezähne

Breiter, rundlicher
Rumpf, ähnlich
dem eines Kamels.

TOXODON-
SKELETT

TOXODONTEN

Diese Pflanzenfresser waren
schweins- bis nashorngroß. *Toxodon*
hatte die Größe eines Flusspferds.

THEOSODON-
FUSS

DIADIAPHO-
RUS-FUSS

THOATHERIUM-
FUSS

FÜR SCHNELLES LAUFEN

Die meisten Litopterna liefen
auf drei Zehen. Andere entwickelten einzehige Füße.

Dreizehige
Füße wie
heutige
Nashörner.

Alle Litopterna
wiesen einfache
Knöchelgelenke
auf. Ihr Name
bedeutet „Einfa-
che Ferse".

MACRAUCHENIA

MACRAUCHENIA
- Gruppe: Litopterna
- Familie: Macraucheniidae
- Zeit: Pleistozän bis Holozän
  (1,75 Mio. Jahre – heute)
- Größe: 3 m lang
- Nahrung: Blätter, Gräser
- Lebensraum: Grasland

RÄUBERISCHE HUFTIERE

IN EINEM FRÜHEN Stadium der Evolution
der Huftiere waren unter ihnen auch Fleischfresser:
die Acreodi. Wie Schafe oder Rinder hatten sie
Hufe, doch ihre Zähne eigneten sich nicht für das
Zerkleinern von Pflanzenteilen,
sondern von Fleisch und
Knochen. Sie verhielten
sich wie Wölfe,
Hyänen und
Bären.

*Lange,
schmale
Kiefer mit
Zähnen,
die denen
der Bären
ähneln.*

GIGANTISCHER ALLESFRESSER
Andrewsarchus lebte im Eozän
(vor über 40 Mio. Jahren) in der
Mongolei und war das größte
bekannte Landraubtier. Es könnte
ungefähr 6 m lang geworden sein und besaß gebogene
Eckzähne sowie Backenzähne, die Knochen brachen.

*Anstelle scharfer
Krallen trugen die
Zehen kurze Hufe.*

ANDREWSARCHUS

- Gruppe: Acreodi
- Familie: Mesonychidae
- Zeit: Paläozän bis Pliozän (65–1,75 Mio. Jahre)
- Größe: bis zu 6 m lang
- Nahrung: Fleisch, Pflanzen
- Lebensraum: Gestrüpp, lichte Wälder

Der schlanke Körper erinnert an einen Wolf

Kräftige Glieder trugen den schweren Leib

MESONYX

FLINKER JÄGER
Mesonyx war ein Vertreter der Mesonychiden, der bekanntesten Familie der Acreodi. Dieser wolfähnliche Räuber war ein schneller Läufer und jagte vermutlich Pflanzen fressende Huftiere.

Besaß evtl. einen langen Schwanz

ANDREWSARCHUS

Lange, schmale Kiefer wie bei Mesonychiden

WALVORFAHREN
Aus den Acreodi, die später ausstarben, entwickelte sich eine sehr erfolgreiche Gruppe: die Wale. Die Schädel früher Wale wie *Archaeocetes* ähneln sehr denen einiger Acreodi.

ARCHAEOCETES-SCHÄDEL

345

URANOTHEREN

ZU DEN EIGENARTIGSTEN Säugetieren zählen die Uranotheria, eine Gruppe Pflanzen fressender Huftiere, der auch die Elefanten, Seekühe und Schliefer angehören. Obgleich diese Tiere sehr unterschiedlich aussehen, besitzen sie Merkmale, die andere Säugetiere nicht haben. Die ersten Elefanten z. B. waren hundsgroß und könnten wie heutige Schliefer ausgesehen haben. Die Tethytheren genannte spätere Gruppe lebte amphibisch.

Männliche Tiere hatten größere und spitzere Hörner als weibliche.

ARSINOITHERIUM
- Gruppe: Uranotheria
- Familie: Arsinotheriidae
- Zeit: Paläozän bis Pliozän (65–1,75 Mio. Jahre)
- Größe: 3,5 m lang
- Nahrung: Zähe Pflanzen
- Lebensraum: Waldland, Grasland mit Baumbestand

Die hochkronigen Zähne waren zum Kauen zäher Pflanzen geeignet.

Die Schultern waren massig und kräftig bemuskelt.

Stoßzahn-ähnliche Eckzähne

KVABEBIHYRAX

SCHLIEFER

Heutige Schliefer sind afrikanische Säugetiere, die an Meerschweinchen erinnern. Fossile Schliefer sahen ganz anders aus und waren unterschiedlich groß. *Kvabebihyrax* ähnelte einem Flusspferd und könnte amphibisch gelebt haben.

Die fünf Zehen jedes Fußes gingen in kleine Hufe über

ARSINOITHEREN

Diese nashorngroßen Uranotheren lebten vom Paläozän bis zum Oligozän (vor 65–23,5 Mio. Jahren) Der bekannteste Arsinoithere ist *Arsinoitherium* – ein großes, schweres Tier, das auf seinem Schädel zwei gewaltige Hörner trug. Die größten Exemplare von *Arsinoitherium* (vermutlich alte Männchen) erreichten etwa die Größe kleiner Elefanten. Anders als die Hörner von Nashörnern waren die der Arsinoitheren hohl.

ARSINOITHERIUM

BRONTOTHEREN UND CHALICOTHEREN

DIE VERTRETER dieser beider Gruppen waren Unpaarhufer (Perissodactyla). Brontotheren erinnern an Nashörner und trugen Hörner, während Chalicotheren pferdeähnlich waren und gebogene Krallen hatten.

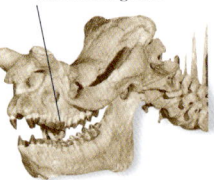

Die kleinen Zähne weisen auf weiche Blätter als Nahrung hin.

BRONTOPS-SCHÄDEL

BRONTHOTHEREN-HÖRNER
Im Laufe der Entwicklung der Brontotheren wurden ihre Hörner größer. Bei männlichen Tieren waren sie stärker entwickelt als bei weiblichen.

Aus Verletzungen an Schädeln schließt man, dass Brontotheren ihre Hörnern im Kampf einsetzten.

Hörner mit Haut bedeckt

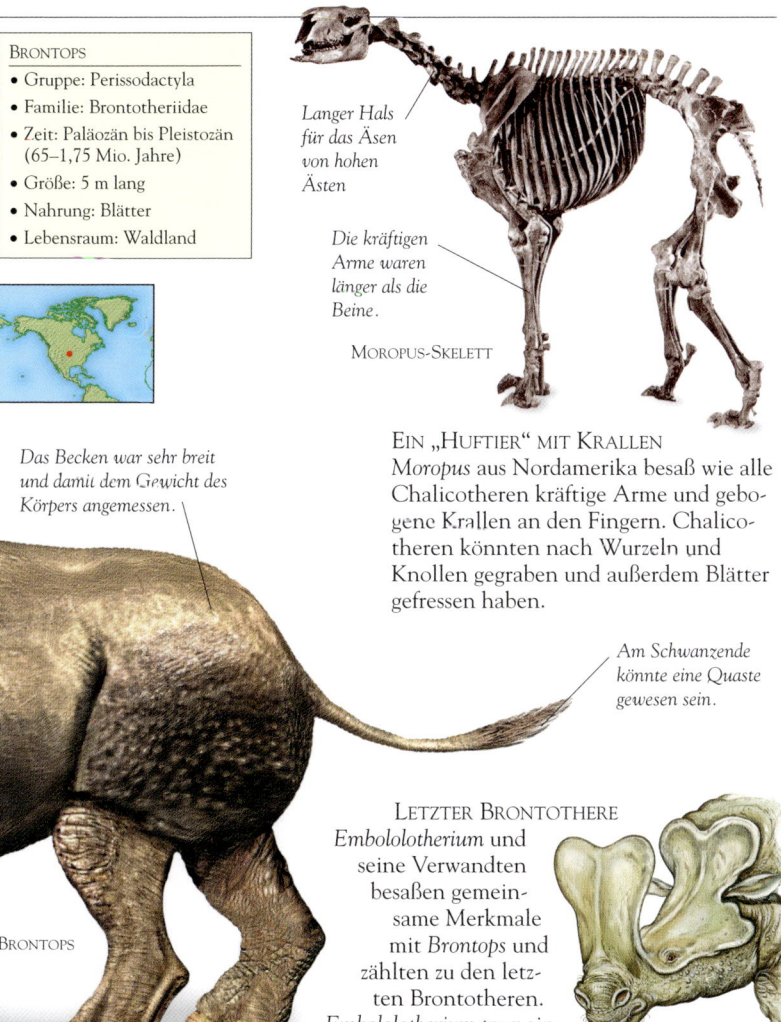

BRONTOPS
- Gruppe: Perissodactyla
- Familie: Brontotheriidae
- Zeit: Paläozän bis Pleistozän (65–1,75 Mio. Jahre)
- Größe: 5 m lang
- Nahrung: Blätter
- Lebensraum: Waldland

Langer Hals für das Äsen von hohen Ästen

Die kräftigen Arme waren länger als die Beine.

MOROPUS-SKELETT

Das Becken war sehr breit und damit dem Gewicht des Körpers angemessen.

EIN „HUFTIER" MIT KRALLEN
Moropus aus Nordamerika besaß wie alle Chalicotheren kräftige Arme und gebogene Krallen an den Fingern. Chalicotheren könnten nach Wurzeln und Knollen gegraben und außerdem Blätter gefressen haben.

Am Schwanzende könnte eine Quaste gewesen sein.

BRONTOPS

LETZTER BRONTOTHERE
Embolotherium und seine Verwandten besaßen gemeinsame Merkmale mit *Brontops* und zählten zu den letzten Brontotheren. *Embolotherium* trug ein gegabeltes Nasenhorn.

NASHÖRNER

FÜNF ARTEN VON Nashörnern überdauerten bis in die heutige Zeit. Nashörner sind Pflanzenfresser mit Hörnern auf der Nase. Fossile Nashörner hatten unterschiedliche Lebensweisen und Gestalten ausgebildet. Die möglicherweise primitivsten Nashörner warendie Hyracodontiden oder „Rennnashörner". Zur Familie der Amynodontiden gehörten amphibisch lebende Nashörner mit kurzem beweglichem Rüssel.

DAS GRÖSSTE LANDSÄUGETIER
Paraceratherium war ein gigantischer Hyracodontide. In starkem Gegensatz zu den früheren kleineren Formen betrug seine Schulterhöhe 6 m. Es wog ungefähr 16 t und war damit das größte Landsäugetier aller Zeiten.

Das gewaltige Horn war 2 m lang.

ELASMOTHERIUM
Die überlebenden Nashornarten zählen zur Gruppe der Rhinocerotiden. Der größte dieser Gruppe war *Elasmotherium* mit bis zu 5 m Körperlänge.

Trotz seiner enormen Größe hatte Paraceratherium lange, schlanke Beine.

PARACERATHERIUM

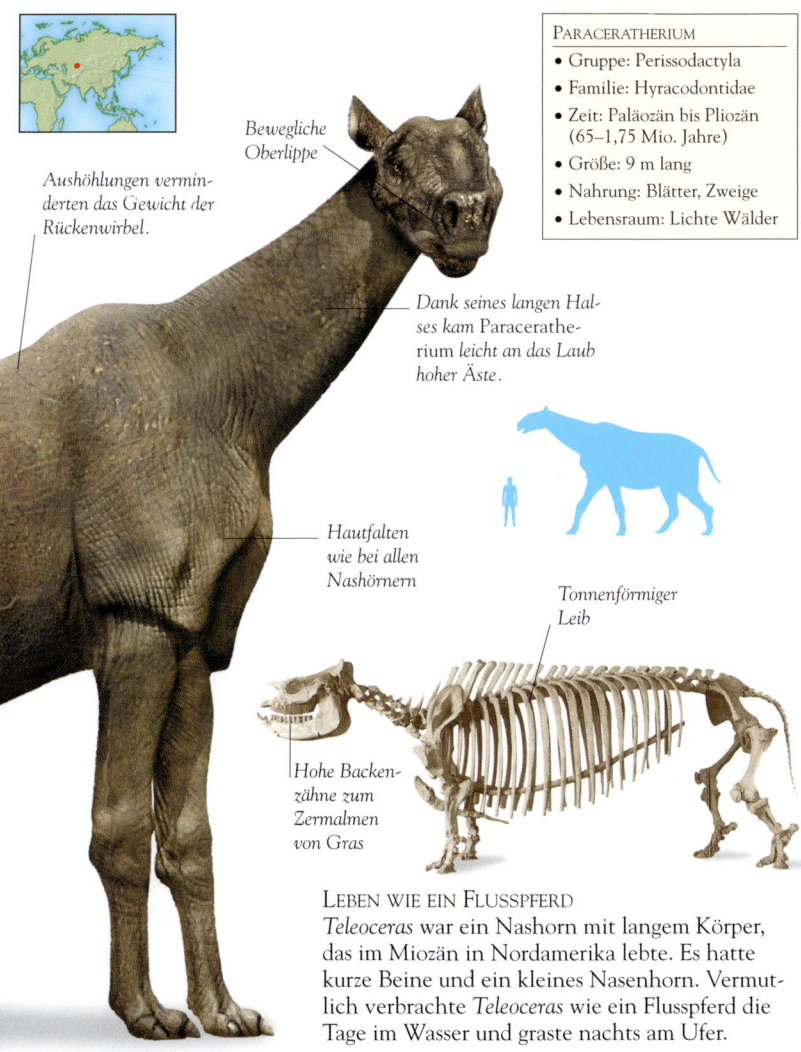

Aushöhlungen vermin-
derten das Gewicht der
Rückenwirbel.

Bewegliche
Oberlippe

PARACERATHERIUM
- Gruppe: Perissodactyla
- Familie: Hyracodontidae
- Zeit: Paläozän bis Pliozän
  (65–1,75 Mio. Jahre)
- Größe: 9 m lang
- Nahrung: Blätter, Zweige
- Lebensraum: Lichte Wälder

Dank seines langen Hal-
ses kam Paraceratherium leicht an das Laub
hoher Äste.

Hautfalten
wie bei allen
Nashörnern

Tonnenförmiger
Leib

Hohe Backen-
zähne zum
Zermalmen
von Gras

LEBEN WIE EIN FLUSSPFERD

Teleoceras war ein Nashorn mit langem Körper,
das im Miozän in Nordamerika lebte. Es hatte
kurze Beine und ein kleines Nasenhorn. Vermutlich verbrachte *Teleoceras* wie ein Flusspferd die
Tage im Wasser und graste nachts am Ufer.

PFERDE

KEIN ANDERES TIER eignete sich so gut für das Leben im offenen Grasland wie das Pferd. Pferde erschienen im Eozän. Heute gibt es ungefähr acht Arten. Spätere Gruppen bildeten unterschiedliche Merkmale und Körpergrößen aus, um sich ihrer Umwelt optimal anzupassen. *Hipparion* lebte im Miozän im offenen Grasland der nördlichen Halbkugel.

Langer Schädel mit quadratischem Maul und großen Nasenlöchern

Das Leben im Grasland begünstigte bei Pferden die Entwicklung der Körpergröße und das Längerwerden der Beine.

HIPPARION

- Gruppe: Perissodactyla
- Familie: Equidae
- Zeit: Paläozän bis Pliozän
  (65–1,75 Mio. Jahre)
- Größe: 1,5 m lang
- Nahrung: Blätter, Gräser
- Lebensraum: Grasland

ZÄHNE FÜR DAS GRAS

Höher entwickelte Pferde wie *Hipparion* besaßen hochkronige Mahlzähne mit harten Schmelzfalten auf der Kaufläche. Die vorderen Backenzähne wurden groß und quadratisch, sodass sie den hinteren ähnelten. Diese widerstandsfähigen Zähne ermöglichten den höher entwickelten Pferden, sich von harten, faserreichen Gräsern zu ernähren.

DREIZEHIGE FÜSSE

Ebenso wie heutige Pferde war auch *Hipparion* ein Bewohner des Graslands. Anders als unsere Pferde, die an jedem Fuß nur eine Zehe haben, besaß *Hipparion* dreizehige Füße.

Mäßig langer Schwanz

ELEFANTEN

DER ÄLTESTE BEKANNTE Elefant war *Phosphatherium* aus dem Paläozän, der eine Schulterhöhe von nur 60 cm erreichte. Spätere Elefanten wurden größer und entwickelten säulenartige Beine und Stoßzähne im Oberkiefer. Fast alle fossilen Arten hatten einen Rüssel.

PHIOMIA
Dieser primitive Elefant lebte im Oligozän in Afrika. *Phiomia* war gerade mal so groß wie ein heutiges Pferd.

Phiomia *hatte vermutlich einen kurzen Rüssel.*

MOERITHERIUM
Einer der primitivsten bekannten Elefanten ist *Moeritherium*. Am Schädel erkennt man, dass er eine vergrößerte Oberlippe hatte, doch weiß man nicht, ob dies ein echter Rüssel war.

Der Hals von Moeritherium *war länger als bei moderneren Elefanten.*

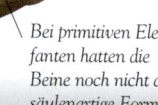

Bei primitiven Elefanten hatten die Beine noch nicht die säulenartige Form.

Gomphotherium war ungefähr so groß wie ein indischer Elefant.

SCHAUFELZÄHNE
Wie nahezu alle primitive Elefanten hatte *Phiomia* sowohl im Ober- wie auch im Unterkiefer Stoßzähne. Mit den schaufelförmigen Stoßzähnen des Unterkiefers könnte das Tier Wasserpflanzen geschöpft haben.

GOMPHOTHEREN
Im Miozän und Pliozän verbreitete sich die erfolgreiche Elefantengruppe der Gomphotheren über die ganze Welt. Tiere, die *Gomphotherium* ähnelten, wurden zu den Vorfahren der modernen Elefanten.

PHIOMIA-SCHÄDEL

Deinotherium hatte 4 m Schulterhöhe.

Rüssel kürzer als bei heutigen Elefanten.

DEINOTHERES
Diese Elefanten besaßen nur im Unterkiefer nach unten gebogene Stoßzähne. Mit ihnen könnten sie Wurzeln ausgegraben oder Rinde abgeschält haben.

Lippe und Nase könnten zusammen einen kurzen Rüssel gebildet haben.

MOERITHERIUM

MOERITHERIUM
• Gruppe: Proboscidea
• Familie: Moeritheriidae
• Zeit: Paläozän bis Pliozän (65–1,75 Mio. Jahre)
• Größe: 3 m lang
• Nahrung: Wasserpflanzen
• Lebensraum: Seen, Flüsse, Uferwälder

PLATYBELODON

PLATYBELODON zählte zur Gruppe der Gomphotheren. Zähne und verlängerter Unterkiefer bildeten eine Schaufel. Zunächst nahm man an,
dieser Elefant hätte in Sümpfen gelebt, doch
Abnutzungsspuren an den Stoßzähnen lassen
vermuten, dass er in Grasland und Wäldern
lebte und von Bäumen zähe
Pflanzenteile
abfraß.

BIEGSAMER RÜSSEL

Alte Modelle stellen *Platybelodon* mit einem kurzen, breiten Rüssel dar, der nicht sehr biegsam sein konnte. Ihre Schöpfer gingen von dem primitiveren *Phiomia* aus, dessen Rüssel kurz war. *Platybelodon* besaß jedoch die gleichen Nasenöffnungen wie moderne Elefanten. Daraus schloss man später, dass er einen langen, beweglichen Rüssel besaß.

Größere Ohren als primitivere Elefanten

PLATYBELODON
• Gruppe: Proboscidea
• Familie: Gomphotheriidae
• Zeit: Paläozän bis Pliozän (65–1,75 Mio. Jahre)
• Größe: 3 m Schulterhöhe
• Nahrung: Blätter, Gräser
• Lebensraum: Grasland, Wald

UNTERKIEFER

Die Abnutzungsspuren am Unterkiefer von *Platybelodon* zeigen, das Pflanzen über die Spitzen der Stoßzähne gezogen wurden. *Platybelodon* könnte sie wie Messer eingesetzt haben, um damit Äste zu durchschneiden.

KAMELE

KAMELE UND IHRE Verwandten entwickelten sich im Eozän. Knapp 100 fossile Arten sind bekannt. Während die heutigen Kamele in Wüsten lebten, bewohnten ihre Vorfahren Wald- und Grasland. Kamele schlucken ihre Nahrung hinunter und würgen sie später wieder hoch, um sie nochmals zu kauen. Weil sie weniger Urin produzieren, kommen sie mit wenig Wasser aus und können in wasserarmer Umgebung leben.

Stenomylus bildete vermutlich große Herden.

Verglichen mit dem anderer Kamele war sein Schädel klein.

Die langen, Beine machten Aepycamelus sicher zu einem schnellen Läufer.

AEPYCAME

SCHMALZAHN

Die sechs heute lebenden Kamelarten stammen aus Afrika, Asien und Südamerika. Der größte Teil der Geschichte der Kamele spielte sich jedoch in Nordamerika ab. Hier gab es noch bis vor 11 000 Jahren Kamele. Die frühesten, darunter *Stenomylus*, waren klein und zierlich.

AEPYCAMELUS
- Gruppe: Artiodactyla
- Familie: Camelidae
- Zeit: Paläozän bis Pliozän (65–1,75 Mio. Jahre)
- Größe: 2 m Schulterhöhe
- Nahrung: Laub
- Lebensraum: Lichte Wälder, Grasland mit Baumbestand

Merkmale von Zähnen und Schädel lassen auf eine engere Verwandtschaft mit Lamas schließen.

Spitze, kleine Schneidezähne

RIESENGIRAFFENKAMEL
Aepycamelus („Hohes Kamel") war ein großes Kamel mit ungewöhnlich langen Beinen und Halswirbeln. Vermutlich war er ein Pflanzenfresser, der Laub von den Bäumen äste. Acht *Aepycamelus*-Arten sind bekannt.

Bei moderneren Kamelen wie Oxydactylus waren zwei Mittelfußknochen zusammengewachsen.

Bei Kamelen sind Vorder- und Hinterbeine einander in der Länge ähnlicher als bei anderen Huftieren.

FOSSILER OXYDACTYLUS-FUSS

Vermutlich hatten fossile Kamelarten ebenso wie die heutigen ein wolliges Fell.

LAUFBEWEGUNGEN DER KAMELE
Anders als andere Paarhufer gehen heutige Kamele nicht auf den Zehenspitzen, sondern auf der gesamten Länge der Zehen. Weiche Polster erleichtern das Laufen auf Felsen und Sand.

359

MAMMUTS

DIE VERTRETER der acht Mammutarten waren echte Elefanten und eng mit den heute lebenden Elefanten verwandt. Das genetische Material der Mammuts wurde 1994 entdeckt und verdeutlichte, dass es mit dem modernen Elefanten fast identisch ist. Das Wollhaarmammut könnte das bekannteste fossile Tier des Pleistozän sein.

Höcker

Bei den Wollhaarmammuts hatten sowohl männliche als auch weibliche Tiere lange Stoßzähne, die sie im Kampf und bei der Nahrungssuche einsetzten.

WOLLHAARMAMMUT

WOLLHAARMAMMUT
Diese Mammuts lebten in Herden und ernährten sich von Gräsern und anderen kleinen Pflanzen, die sie mit den beiden „Fingern" an der Rüsselspitze pflückten. Im gefrorenen Boden Sibiriens wurden mehrere Wollhaarmammuts gefunden. Fell, Haut, Muskeln und sogar Mageninhalt blieben erhalten.

Schädel noch nicht voll entwickelt.

DIMA, DAS MAMMUT
„Dima" nannte man ein männliches Wollhaarmammut-baby, das 1977 in Russland gefunden wurde. Es war bemerkenswert gut erhalten.

WOLLHAARMAMMUT
• Gruppe: Proboscidea
• Familie: Elephantidae
• Zeit: Pleistozän bis Holozän (1,75 Mio. Jahre bis 4000 Jahre)
• Größe: 3,3 m lang
• Nahrung: Gräser und auch Pflanzen
• Lebensraum: Wald, Grasland

Das Fell der gefrorenen Exemplare bestand aus bis zu 90 cm langen Haaren.

Die Stoßzähne waren so lang und gebogen, dass sie sich überkreuzten.

Hohe säulenartige Beine trugen das Gewicht.

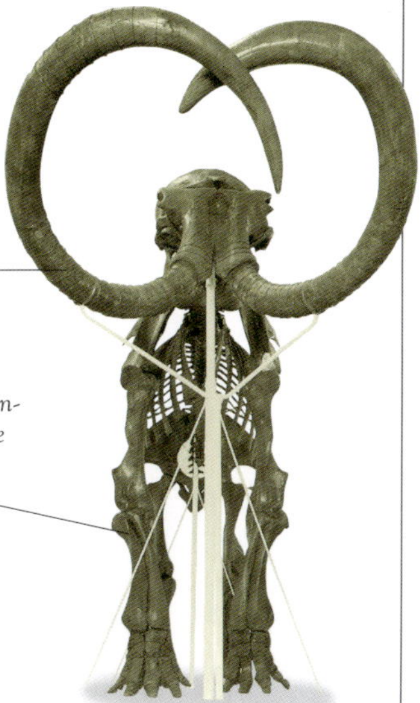

KAISERLICHES MAMMUT
Mammuthus imperialis war ein riesiges nordamerikanisches Mammut des Pleistozän und einer der größten Elefanten aller Zeiten. Seine gebogenen Stoßzähne wurden bis zu 4,3 m lang.

SCHWEINE, FLUSSPFERDE UND PEKARIS

DIE GRÖSSTE und erfolgreichste Gruppe der Huftiere sind die Paarhufer (Artiodactyla). Ihre Füße besitzen je zwei oder vier Zehen. Eine Gruppe der Paarhufer sind die Schweineverwandten, denen u.a. Schweine, Flusspferde und Pekaris angehören.

FLUSSPFERDE

Die ersten Flusspferde traten im späten Miozän auf. Zwei Arten überlebten: das amphibische *Hippopotamus* und das kleine, an Land lebende *Hexaprotodon*. Der ausgestorbene *Hippopotamus lemerlei* war eine Zwergform aus Madagaskar.

Große Knochenhöcker mit verdickten Enden

Augen hoch oben am Kopf

ARCHAEOTHERIUM-SKELETT

An jedem Fuß zwei Zehen

Amphibische Flusspferde haben lange Kiefer.

SCHÄDEL DES HIPPO-POTAMUS LEMERLEI

ALTE TIERE

Entelodonten waren mittlere bis große Schweineverwandte, die im Eozän und Miozän Europas, Asiens und Nordamerikas vorkamen. Die Schädel wiesen seitliche große Knochenhöcker auf. Sie besaßen mächtige Backenzähne und Eckzähne. *Archaeotherium* war ein erfolgreicher schweinsgroßer Entelodont.

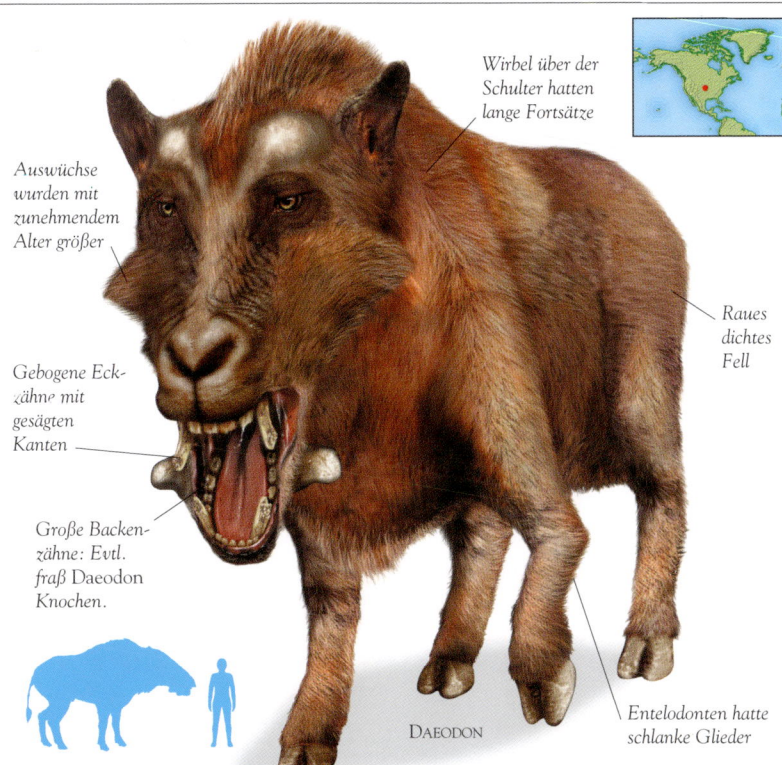

Wirbel über der Schulter hatten lange Fortsätze

Auswüchse wurden mit zunehmendem Alter größer

Raues dichtes Fell

Gebogene Eckzähne mit gesägten Kanten

Große Backenzähne: Evtl. fraß Daeodon Knochen.

Enteledonten hatte schlanke Glieder

DAEODON

MÖRDERBISONSCHWEIN

Daeodon ist einer der größten, bekanntesten und letzten Enteledonts. Ebenso wie andere Mitglieder der Gruppe hatte er einen wuchtigen Körper und lange Beine. Die Wunden an einigen fossilen Exemplaren lassen vermuten, dass die Auswüchse an Wangen und Kiefer im Kampf eingesetzt wurden. Zähne und Kerben der Muskelansätze weisen darauf hin, dass *Daeodon* ein Allesfresser war, der auch die Knochen von Kadavern brechen konnte.

DAEODON
- Gruppe: Artiodactyla
- Familie: Enteledontidae
- Zeit: Paläozän bis Pliozän (65–1,75 Mio. Jahre)
- Größe: 3 m lang
- Nahrung: Pflanzen, Aas, kleinere Tiere
- Lebensraum: Grasland, lichte Wälder

363

HIRSCHE

MEHRERE Gruppen kleiner, in Wäldern lebender Pflanzenfresser erschienen im Miozän. Die Ausbreitung des Graslands erlaubte einigen Arten, den Wald zu verlassen und größer zu werden. Die erfolgreichsten dieser Huftiere waren die Hirsche.

Das Geweih erreichte bis zu 3,7 m Spannweite.

RIESENGEWEIH
Das größte Geweih aller Zeiten gehörte *Megaloceros*, der bis vor 9000 Jahren lebte.

PROTOCERAS

Ein gesprenkeltes Fell könnte Cranioceras *im dichten Wald getarnt haben.*

SYNTHETOCERAS

Im Profil wirkt das Geweih am eindrucksvollsten

SYNDYOCERAS

Die beiden mittleren Zehen trugen das gesamte Gewicht.

FRÜHE HÖRNER
Männliche Protoceratiden („Frühe Hörner"), die vor 55 bis 2 Mio. Jahren lebten, zählen zu den eindrucksvollsten im Tierreich.

DREIHORNIGE HIRSCHVERWANDTE

Cranioceras gehörte zur Gruppe der Palaeomerinyciden, die vom Oligozän bis zum Pliozän auftraten. Viele, wenn nicht alle Palaeomeryciden trugen oberhalb ihrer Augen knochige Hörner, die nach hinten, vorn oder oben wiesen. Tiere der Gruppe, der *Cranioceras* angehörte, wiesen ein drittes Horn am Hinterkopf auf, das nach oben-hinten wuchs.

Hintere Knochenzapfen

Drittes Horn am Hinterkopf

GIRAFFOKERYX

GIRAFFEN

Giraffokeryx war eine primitive Giraffe, die vor ungefähr 5 Mio. Jahren in Asien, Europa und Afrika auftrat. Auf ihrem Kopf saßen zwei Paare von mit Haut und Fell überzogenen Knochenzapfen.

Die Beine waren nicht so lang und schlank wie bei Verwandten, die im Grasland lebten.

Die Hörner könnten im Kampf gegen Rivalen eingesetzt worden sein.

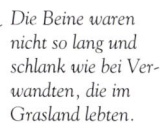

CRANIOCERAS
- Gruppe: Artiodactyla
- Familie: Dromomerycidae
- Zeit: Oligozän bis Pliozän (33,7–1,75 Mio. Jahren)
- Größe: 1 m Schulterhöhe
- Nahrung: Blätter
- Lebensraum: Subtropisches Waldland

RINDER, SCHAFE, ZIEGEN

RINDER UND IHRE VERWANDTEN (Schafe, Ziegen, Antilopen und Moschusochsen) bilden heute die artenreichste Gruppe der Paarhufer: die Boviden. All die genannten Arten entwickelten sich vermutlich vor 20 Mio. Jahren aus kleinen, hirschähnlichen Vorfahren, die keine Hörner trugen.

Spitze, kräftige Hörner

Rinder werfen ihre Hörner nicht ab.

Zähne mit hohen Kronen für effektives Kauen

OVIS-CANADENSIS-SCHÄDEL

FRÜHE SCHAFE UND ZIEGEN

Ziegen und Schafe sowie Bergschafe (z.B. *Ovis canadensis*), besitzen einen gemeinsamen Vorfahren, der vor über 20 Mio. Jahren lebte. Aus ihm entwickelten sich erst Antilopen, dann Schafe und Ziegen und zuletzt Rinder.

AUEROCHSE

Bos primigenius, der Ur oder Auerochse, ist der Vorfahre der meisten zahmen Rinderrassen, aber auch wild lebender Arten wie Bison, Büffel und Yak. Er streifte durch die Wälder Europas, Asiens und Afrikas. Der letzte wilde Auerochse wurde 1627 in Polen getötet.

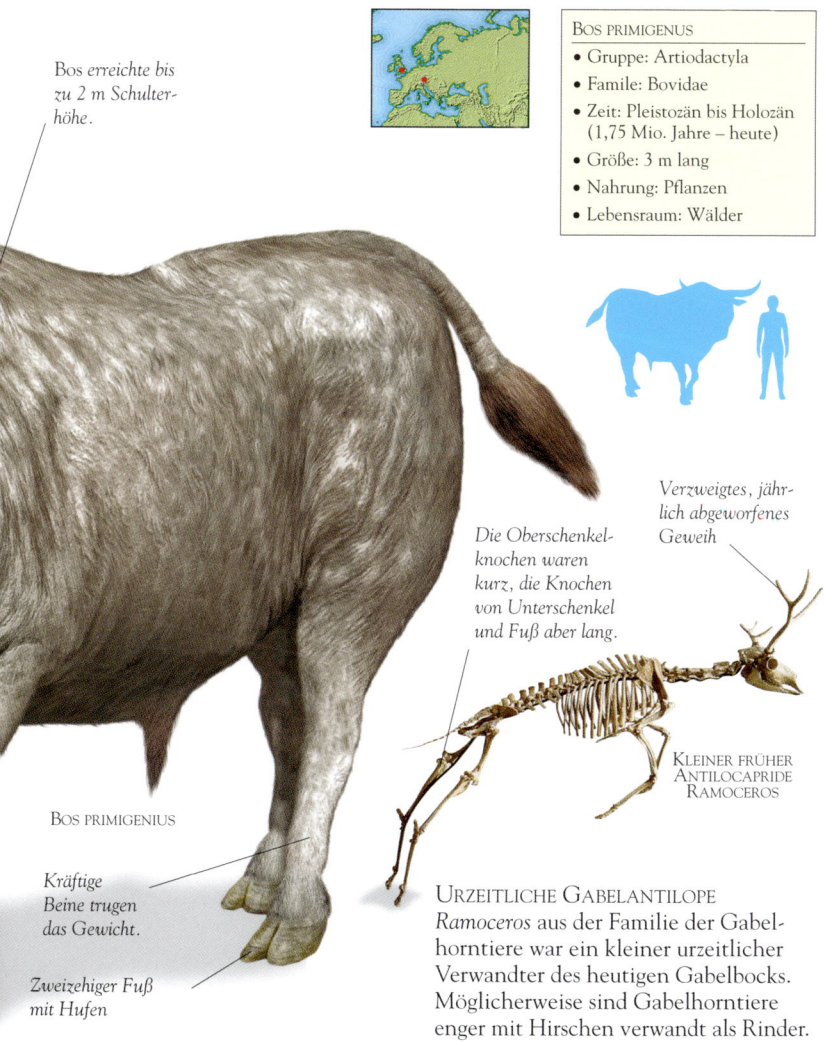

Bos erreichte bis zu 2 m Schulterhöhe.

- Gruppe: Artiodactyla
- Familie: Bovidae
- Zeit: Pleistozän bis Holozän (1,75 Mio. Jahre – heute)
- Größe: 3 m lang
- Nahrung: Pflanzen
- Lebensraum: Wälder

Verzweigtes, jährlich abgeworfenes Geweih

Die Oberschenkelknochen waren kurz, die Knochen von Unterschenkel und Fuß aber lang.

KLEINER FRÜHER ANTILOCAPRIDE RAMOCEROS

BOS PRIMIGENIUS

Kräftige Beine trugen das Gewicht.

Zweizehiger Fuß mit Hufen

URZEITLICHE GABELANTILOPE
Ramoceros aus der Familie der Gabelhorntiere war ein kleiner urzeitlicher Verwandter des heutigen Gabelbocks. Möglicherweise sind Gabelhorntiere enger mit Hirschen verwandt als Rinder.

FRÜHE WALE

UNTER DEN ersten Walen waren einige, die ausgeprägte Hinterbeine besaßen und sich vermutlich noch an Land bewegen konnten. Ihre Skelette zeigen, dass sie mit aufwärts und abwärts gerichteten Schwanzbewegungen schwammen. Gegen Ende des Eozän gab es Wale wie *Basilosaurus*.

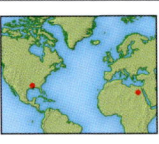

Lange Fluken lieferten den notwendigen Schub.

An den Seiten standen winzige, dreizehige Hinterbeine ab.

Nasenöffnungen nahe der Spitze der langen Schnauze

AMBULOCETUS

ERSTE WALE

Ambulocetus, ein früher Wal, erinnert an eine Kreuzung zwischen einem Wolf und einer Robbe und hatte einen langen, krokodilähnlichen Kopf. Der erste bekannte Wal, *Pakicetus*, stammt aus dem mittleren Eozän Pakistans.

ECHOORTUNG IM EINSATZ

Wale können sich mithilfe der Echoortung eine Vorstellung von ihrer Umgebung machen. Durch ein Gebilde an der Stirn, die Melone, senden sie Laute aus. Über ein Fettpolster im Unterkiefer werden die Echos dieser Laute zu den Ohren des Wals übertragen.

Ein in der Nähe befindliches Objekt erzeugt ein Echo.

Die Melone sitzt in einer Grube oben auf dem Schädel

Evolution des Schädels

Die Nasenlöcher früher Wale saßen noch nahe der Schnauzenspitze. Höher entwickelte Wale wie *Basilosaurus* hatten sie auf dem mittleren Teil der Schnauze. Bei fortschrittlichen Walen wie *Prosqualodon* saßen sie oben auf dem Kopf.

DORUDON-SCHÄDEL

Dorudon *und andere Wale des Eozän besaßen zwei Typen von Zähnen.*

PROSQUALODON-SCHÄDEL

Zähne fortschritt-licher Wale ähneln einander sehr.

Riese aus dem Eozän

Basilosaurus ist mit über 20 m Körperlänge einer der größten bekannten Wale. Seine Rücken- und Schwanzwirbel sind ungewöhnlich lang und unterscheiden sich stark von den verkürzten Wirbeln der meisten Walarten. Durch sie könnte *Basilosaurus* beweglicher gewesen sein.

Einzigartig langer Körper: Andere Wale des Eozän waren viel kürzer.

BASILOSAURUS

- Gruppe: Cetaceae
- Familie: Basilosauridae
- Zeit: Paläozän bis Pliozän (65–1,75 Mio. Jahre)
- Größe: 20–25 m lang
- Nahrung: Andere Meeressäuger, Fische
- Lebensraum: Seichte tropische Meere

Die Rippen waren sehr dick und schwer.

Anders als heutige Wale hatten Basilosaurier bewegliche Ellbogen.

INSEKTENFRESSER UND FLEDERMÄUSE

MAULWÜRFE, IGEL u.a. Insektenfresser erschienen im Eozän. Sie haben bestimmte Schädelknochen und Muskeln der Schnauze gemeinsam. Ebenso wie Flugsaurier und Vögel entwickelten Fledermäuse den echten Ruderflug.

Mit ihren spitzen Zähnen können Desmane Würmer, Insekten, Schnecken und Fische fangen.

Icaronycteris besaß Zehen mit scharfen Krallen.

UNTERKIEFER VON DESMANA MOSCHATA

IN DER ERDE ODER IM WASSER
Urzeitliche Maulwürfe ähnelten Spitzmäusen. Desmane sind im und am Wasser lebende Maulwürfe, die es seit dem Oligozän gibt.

ICARONYCTERIS
Die frühe Fledermaus *Icaronycteris* ist aus dem Eozän Nordamerikas bekannt. Dank ihrer Gehörknöchelchen konnte sie wie heutige Fledermäuse Echoortung einsetzen.

Die Flugmembranen der Fledermäuse bestehen aus Hautschichten.

Fledermäuse haben
große Ohren und
ein scharfes Gehör.

Icaronycteris
hatte mehr Zähne
als heutige Insek-
ten fressende
Fledermäuse.

MODERNE
HUFEISENNASE

VORLIEBEN

Vor dem Eozän
spalteten sich
die Fledermäuse
in zwei Haupt-
gruppen auf: die
überwiegend Insekten fressen-
den Fledermäuse und die Früchte fressenden Flughunde. Die auch heute noch
lebenden Fisch fressenden Fledermäuse
entwickelten sich im Miozän. Hufeisenna-
sen sind Insektenfresser, der Gemeine
Vampir trinkt das Blut von
Wirbeltieren.

Anders als heutige Fle-
dermäuse hatten frühe
Formen wie Icaro-
nycteris sowohl an den
zweiten Fingern als
auch an den Daumen
Krallen.

Lange, dünne
Finger stützen die
Flugmembranen.

MACROCRANION-FOSSIL

STACHELIGEL UND HAARIGEL

Von Igeln sind viele Fossilien erhalten und zahlreiche Formen bekannt. Einige waren klein, während
andere wie *Deinogalerix* 1 m lang wurden. *Macrocra-
nion* war ein vermutlich stacheloser Igel des Eozän.

ICARONYCTERIS

- Gruppe: Chiroptera
- Familie: Ungeklärt
- Zeit: Paläozän bis Pliozän (65–1,75 Mio. Jahre)
- Größe: 40 cm Spannweite
- Nahrung: Fluginsekten
- Lebensraum: Wälder, Höh-len, Flussufer

AFFEN

AFFEN GEHÖREN zur Primatengruppe
der Anthropoiden und entwickelten sich im Eozän. Es gibt
zwei Hauptgruppen: die
Altweltaffen oder Schmal-
nasen (Catharrina) Asiens
und Afrikas und die Neu-
weltaffen oder Breitnasen
(Ceboidea), die sich in
Südamerika entwickelten.

*Nord- und Süd-
amerika gehören
zur Neuen Welt*

*Zur Alten Welt zählt man
Afrika, Europa und Asien.*

ATLAN-
TISCHER
OZEAN

ALTE
WELT

NEUE
WELT

THEROPITHECUS
OSWALDI

Die Altweltaffen breite-
ten sich im Grasland aus,
wo sie neue Nahrungsquel-
len nutzten. Mehrere Arten
des *Theropithecus*, eines
Samen fressenden Graslandaf-
fen, entwickelten sich im Pliozän und lebten in Europa,
Afrika und Asien. *Theropithecus oswaldi* war die größte Art.

AMERIKANISCHE INVASION
Lange Zeit stritten sich Fach-
leute über die Herkunft der
Neuweltaffen. Neue Fossilienfunde zeigen, dass Breitnasen
einen afrikanischen Vorfahren
haben, der den Atlantischen
Ozean zu einem Zeitpunkt
überquerte, zu dem er schmaler
als heute war.

*Gegenüberstellbare Daumen
ermöglichten den geschickten
Umgang mit Dingen.*

Anders als Neuweltaffen besitzen Altweltaffen keinen Greifschwanz.

PARACOLOBUS-SKELETT

REICH DER ALTWELTAFFEN

Altweltaffen, unter denen es viele geschickte Kletterer gibt, ersetzten im Miozän Menschenaffenarten. Die Schlankaffen verließen im Miozän Afrika und brachten in Asien die Blätter fressenden Languren und Nasenaffen hervor. *Mesopithecus* und *Paracolobus* waren frühe Schlankaffen.

OBERER TEIL EINES
TREMACEBUS-SCHÄDELS

WALDLIEBENDE NEUWELTAFFEN

Die Neuweltaffen zogen nie in das Grasland hinaus und blieben Waldbewohner. *Tremacebus* aus dem späten Oligozän Patagoniens ähnelte dem heutigen Eulenaffen.

THEROPITHECUS

- Gruppe: Anthropoidea
- Familie: Cercopithecidae
- Zeit: Paläozän bis Holozän (65 Mio. Jahre – heute)
- Größe: 1–2 m lang
- Nahrung: Gräser, Samen, Früchte, Wirbellose
- Lebensraum: Grasland

PRIMITIVE PRIMATEN

ZUR GRUPPE der Primaten gehören
primitive Formen, aber auch
fortschrittliche: die Menschenaffen und Menschen.
Primatenähnliche Säugetiere
erschienen früh im Paläozän und
entwickelten sich im Eozän.
Lemuren zählen zu den wenigen
überlebenden primitiven Formen.

*Der lange Schädel war
anders geformt als bei
späteren Primaten.*

*Der Kopf von Mega-
ladapis ähnelte dem
eines Hundes.*

*Große Backen-
zähne*

VIELERLEI LEMUREN
In der Urzeit waren die
Lemuren artenreicher als
heute. *Megaladapis* war so
groß wie ein heutiger Orang-
Utan. Er starb erst vor
600 Jahren aus.

*Ähnlicher
Körperbau
wie der
des Koala*

SKELETT VON
MEGALADAPIS
EDWARDIS

PLESIADAPIS
Die Plesiadapiden waren eine frühe Primatengruppe. Bekanntester Vertreter war *Plesiadapis*. Er
besaß Greifhände und -füße und einen langen
Schwanz. Er könnte mit seinen vorstehenden
Schneidezähnen ins Holz gebissen haben, um
an Maden und Baumsaft zu kommen.

Lange
Finger

MODERNES
FINGER-
TIER

LANGE FINGER

Fingertiere sind eine nur auf Madagaskar vorkommende Primatengruppe und möglicherweise primitiver als Lemuren. Sie haben einen auffallend langen Finger, mit dem sie Maden aus der Baumrinde holen.

Plesiadapis
*könnte seinen
Schwanz als
Balancierhilfe
genutzt haben.*

Greifhände
mit langen
Fingern

NOTHARCTUS
Notharctus war einer der letzten nordamerikanischen Primaten und gleichzeitig das erste bekannte Primatenfossil Nordamerikas.

PLESIADAPIS
- Gruppe: Primates
- Familie: Plesiadapidae
- Zeit: Paläozän bis Pliozän (65–1,75 Mio. Jahren)
- Größe: 80 cm lang
- Nahrung: Insekten, Früchte
- Lebensraum: Subtrop. Wälder

GRUNDWISSEN

DIESER TEIL befasst sich eingehend mit den Entdeckern und Erforschern ausgestorbener Lebewesen und beschreibt die Suche nach Fossilien und ihre Rekonstruktion für Museen und Ausstellungen. Eine Doppelseite stellt Rekordbrecher unter den Dinosauriern vor und räumt mit Märchen und alten Irrtümern auf. Den Abschluss bildet ein Glossar wichtiger Fachbegriffe.

DINOSAURIERENTDECKER

BEREITS VOR TAUSENDEN von Jahren fanden Menschen Dinosaurierfossilien, doch erst 1841 identifizierten Wissenschaftler die erste Dinosauriergruppe. Es gibt zahlreiche Fossilienjäger, die dank bedeutender Entdeckungen berühmt wurden.

SIR RICHARD OWEN (1804-1892) war ein bedeutender britischer Anatom. Er prägte das Wort „Dinosaurier", das „Schreckliche Echse" bedeutet.

SEINE ENTDECKUNG
Owen befasste sich am Natural History Museum in London mit in Europa gefundenen Fossilien. Er stellte fest, dass einige der Fossilien von Reptilien stammten, und zwar von bis dahin unbekannten Riesenreptilien, und kam zu dem Schluss, dass sie zu einer Gruppe ausgestorbener Tiere gehörten, die er Dinosaurier nannte.

DR. GIDEON MANTELL (1790-1852) war Arzt in Sussex (England) und ein leidenschaftlicher Fossilienjäger. Er verbrachte viel Zeit damit, in der Umgebung seines Wohnorts nach Fossilien zu suchen. Ein Fund machte ihn dann auch tatsächlich berühmt.

SEINE ENTDECKUNG
1820 fanden Gideon Mantell und seine Frau Mary Ann in der Nähe eines Steinbruchs im Kies einige große Zähne und Knochen. Sie gehörten zu einem unbekannten, leguanähnlichen Tier. 1825 gab Mantell ihm den Namen *Iguanodon*, ohne zu wissen, dass es ein Dinosaurier war.

DEAN WILLIAM BUCKLAND (1784-1856) war der erste Professor für Geologie der Universität von Oxford. Von Kindheit an hatte er sich für Fossilien begeistert.

SEINE ENTDECKUNG
1824 fand man in der Nähe von Oxford einen gewaltigen Kiefer mit einem entsprechend großen Zahn. Buckland erkannte, dass er von einem bis dahin unbekannten Reptil stammte. Er nannte das Tier *Megalosaurus*, „Große Echse". Ebenso wie Mantell ahnte Buckland nicht, dass er einen Dinosaurier benannt hatte.

JOHN BELL HATCHER (1861-1904) arbeitete als Fossiliensammler für Othniel Marsh. Hatcher gilt als einer der bedeutendsten Entdecker von Dinosauriern in der Geschichte der amerikanischen Paläontologie.

SEINE ENTDECKUNG
1888 fand Hatcher in Montana (USA) Teile eines großen, gehörnten Schädels. Dieser stellte sich als Schädel eines *Triceratops* heraus und war das erste entdeckte Fossil dieses Dinosauriers und gleichzeitig das erste entdeckte Fossil eines Horndinosauriers. Durch diesen Fund wurde die Gruppe überhaupt erst bekannt.

EDWARD DRINKER COPE (1840-1897) war Professor in Philadelphia. Er war sehr vielseitig und die Dinosaurier stellten nur eines seiner Interessensgebiete dar.

SEINE ENTDECKUNG
Cope begann seine Karriere nach dem Ende des amerikanischen Bürgerkriegs und unternahm anfangs gemeinsam mit Othniel Marsh zahlreiche Forschungsreisen. Später wurden sie zu Gegnern. Cope entdeckte u. a. in New Mexico (USA) mehrere primitive Dinosaurier aus der Trias.

OTHNIEL MARSH (1831-1899) war ein in New York geborener amerikanischer Paläontologe. Neben E. D. Cope gilt Marsh als einer der bedeutendsten Pioniere der Dinosaurierforschung in den USA.

SEINE ENTDECKUNG
Marsh entdeckte in den USA zahlreiche Fundstätten. Die berühmtesten davon waren Como Bluff in Wyoming sowie mehrere Stätten in Colorado. Seine Feindschaft mit Cope wurde scherzhaft als „Knochenkrieg" bezeichnet.

EBERHARD FRAAS (1862-1915) war ein deutscher Paläontologe, der auf mehreren Afrika-Expeditionen nach Fossilien suchte.

SEINE ENTDECKUNG
1907 erfuhr Fraas von Fossilien, die an einer Stätte in Tansania entdeckt worden waren. Fraas führte eine Expedition dorthin und fand dort 1909-1912 die ersten Exemplare von *Kentrosaurus*, *Elaphrosaurus*, *Barosaurus* und *Brachiosaurus*. Das von Fraas gefundene Skelett von *Brachiosaurus* wird heute im Berliner Museum für Naturkunde ausgestellt und ist das größte montierte Skelett der Welt.

GEORGE F. STERNBERG (1883-1969) war ein amerikanischer Paläontologe, der im Alter von sechs Jahren mit dem Sammeln von Fossilien begann und die folgenden 66 Jahre damit fortfuhr.

SEINE ENTDECKUNG
Sternberg machte seine bedeutendste Entdeckung 1908: Er fand als Erster einen Abdruck von Dinosaurierhaut, der von *Anatosaurus* stammte. Zu den wichtigsten Funden Sternbergs zählt u. a. das erste bekannte Fossil von *Edmontosaurus*.

EDWIN COLBERT (1905-2001) war ein amerikanischer Paläontologe und Fachmann für Dinosaurier der Trias. Er entdeckte als erster Dinosaurierfossilien in Antarktika und schrieb mehrere Bücher über Dinosaurier.

SEINE ENTDECKUNG
Colbert fand 1947 in New Mexico (USA) die ersten vollständigen Skelette von *Coelophysis*. Bei einigen lagen im Brustkorb Skelette junger *Coelophysis*. Somit könnte *Coelophysis* ein Kannibale gewesen sein.

ANDREW CARNEGIE (1835-1919) wurde in Schottland geboren und wanderte als Elfjähriger mit seiner Familie in die USA aus. Dort machte er in der Stahlindustrie ein Vermögen.

SEINE ENTDECKUNG
Carnegie gründete in Pittsburgh das Carnegie Museum und sandte Fossilienjäger aus, um Ausstellungsstücke zu suchen. Seine Leute entdeckten zwei komplette Skelette von *Diplodocus*. Die Kopie eines der beiden steht im Natural History Museum in London.

ROY CHAPMAN ANDREWS (1884-1960) führte 1922 die erste amerikanische Expedition in die Wüste Gobi an. Begleitet wurde er von einem Forschungsteam des American Museum of National History (AMNH).

SEINE ENTDECKUNG
Andrews und seine Begleiter fanden in der Wüste Gobi zahlreiche neue Dinosaurier, darunter *Velociraptor* und *Oviraptor*. Der interessanteste Fund aber waren versteinerte Eier – die ersten Dinosauriereier, die jemals entdeckt wurden.

EARL DOUGLASS (1862-1931) war ein Amerikaner aus Utah, der im Carnegie Museum in Pittsburgh arbeitete. Dessen Gründer Andrew Carnegie wollte Skelette von Dinosauriern ausstellen.

SEINE ENTDECKUNG
1909 wurde Douglass von Carnegie beauftragt, in Utah nach Fossilien zu graben. Zu Douglass' Entdeckungen zählen *Diplodocus* und *Apatosaurus*. Die Fundstätte wurde in den Dinosaur National Park umgewandelt, den es heute noch gibt.

BARNUM BROWN (1873-1963) war ein Amerikaner, der für das (AMNH) in New York arbeitete. Er war ein besonders erfolgreicher Fossilienjäger.

SEINE ENTDECKUNG
Barnum Browns besondere Begabung trug ihm den Spitznamen „Mr Knochen" ein. Er entdeckte die ersten Fossilien von *Tyrannosaurus* und benannte *Ankylosaurus* und *Corythosaurus*. Ihm verdankt das AMNH die größte Sammlung von Dinosauriern der Kreidezeit.

JIM JENSEN (1910-1998) war Paläontologe und arbeitete als Leiter des Forschungsinstituts für die Paläontologie der Wirbeltiere an der Brigham Young University in Utah (USA).

SEINE ENTDECKUNG
Jensen fand einige der größten Dinosaurier. 1972 grub er ein teilweise erhaltenes Skelett eines Sauropoden aus, den er *Supersaurus* nannte. *Supersaurus* könnte 16,5 m hoch gewesen sein. 1979 fand er wieder Teile des Skeletts eines Sauropoden. Jensen nannte ihn *Ultrasaurus*. Möglicherweise war er noch größer als *Supersaurus*.

BILL WALKER (geb. 1928) arbeitete in einem britischen Steinbruch und sammelte Fossilien. In einer Lehmgrube in Surrey (England) machte er 1982 eine bedeutende Entdeckung.

SEINE ENTDECKUNG
Walker fand eine große Kralle, die ihm in den Händen zerbrach. Er brachte sie zum British Museum und dieses veranlasste an der Fundstätte eine Grabung. Sie förderte einen neuen Dinosaurier zu Tage, der Walker zu Ehren *Baryonyx walkeri* genannt wurde.

REKORDE UND IRRTÜMER

WIE IN JEDER WISSENSCHAFT kommt es auch in der Paläontologie laufend zu neuen Entdeckungen. Oft erweisen sich Annahmen früher Dinosaurierforscher als unrichtig. Auch unser Wissen darüber, welcher Dinosaurier der kleinste, größte, klügste oder dümmste war, kann sich mit jeder neuen Entdeckung von einem Tag auf den anderen verändern.

DINOSAURIER-REKORDE
- Der kleinste jemals gefundene Dinosaurier heißt *Mussaurus*. Er war nur 20 cm lang. Allerdings könnte das einzige gefundene Skelett auch das eines Jungtiers gewesen sein. Der kleinste bekannte erwachsene Dinosaurier war der taubengroße *Compsognathus*.

- *Dromiceiomimus* könnte mit über 70 km/h der schnellste Dinosaurier gewesen sein.

- Der Sauropode *Mamenchisaurus* hatte von allen Dinosauriern den längsten Hals: Er war ca. 14 m lang.
- *Giganotosaurus* ist der bisher größte entdeckte Fleisch fressende Dinosaurier und länger als der frühere Rekordhalter *Tyrannosaurus*. Er war ca. 15 m lang, mit bis zu 18 cm langen Zähnen.
- Der längste uns bekannte Dinosaurier ist der Sauropode *Seismosaurus*. Er war ungefähr 40 m lang und 51 t schwer.
- Die herbivoren Hadrosauriden besaßen

ungefähr 960 Zähne – mehr als jeder andere Dinosaurier. Das waren etwa 480 dicht stehende Zähne in jedem Kiefer!

- *Troodon* besaß im Verhältnis zur Körpergröße von allen Dinosauriern das größte Gehirn.
- *Stegosaurus* hatte in Relation zur Körpergröße das kleinste Gehirn.
- *Diplodocus* hatte von allen Dinosauriern den mit 13 m längsten Schwanz.

DINO-IRRTÜMER

• 1822 versuchte Gideon Mantell anhand der wenigen Knochen, die er zur Verfügung hatte, *Iguanodon* zu rekonstruieren. Er besaß nur eine Daumenkralle, die er *Iguanodon* auf die Nase setzte. Sie ähnelte dem Nasenstachel des Leguans, nach dem *Iguanodon* benannt war. Erst nach der Entdeckung mehrerer Skelette Ende des 19. Jh.s bemerkte man den Fehler.

• Das chinesische Wort „konglong" bedeutet sowohl „Dinosaurier" als auch „furchtbarer Drache". Die Chinesen sammeln seit 2000 Jahren Dinosaurierfossilien. Seit dem 3. Jh. n. Chr. und vielleicht auch schon früher glaubten die Menschen in China, Dinosaurierfossilien seien Knochen sagenhafter Drachen.

• In vielen Filmen und Erzählungen werden Menschen als Zeitgenossen der Dinosaurier dargestellt. Tatsächlich starben die Dinosaurier mehr als 60 Mio. Jahre vor dem Auftreten der ersten Menschen aus.

• Früher glaubte man, alle Dinosaurier hätten ihren Schwanz über den Boden geschleift, so wie heutige Echsen. Vermutlich taten einige Sauropoden es, doch viele Arten besaßen versteifte Schwänze, die sie waagerecht über dem Boden trugen.

• *Hypsilophodon* wurde lange für einen Baumbewohner gehalten. Man dachte, er hätte seine Krallen beim Klettern eingesetzt. Heute wissen wir, dass er Äste nicht umgreifen konnte.

• Viele denken, alle Dinosaurier seien groß und schwerfällig gewesen, dabei wurden die meisten gerade so groß wie ein Elefant und manche waren nur hühnergroß. Die meisten waren auch sehr flink.

• Früher nahm man aufgrund der hohen Position seiner Nasenöffnungen an, *Brachiosaurus* habe im Wasser gelebt. Dabei hätte ihn der Wasserdruck in der Tiefe am Atmen gehindert.

• *Iguanodon* wurde als erster Dinosaurier rekonstruiert – und als dicke, kriechende Echse dargestellt. Heute wissen wir, dass *Iguanodon* auf zwei Beinen lief und viel schlanker war.

AUSGRABUNGSTECHNIKEN

SOWOHL wissenschaftlich ausgebildete Fossilienjäger als auch Hobbysammler können bedeutende Funde machen. Fossile Knochen sollten aber nur von Fachleuten ausgegraben werden, da sie oft sehr zerbrechlich sind. Dabei verwenden sie meist einfache, aber bewährte Methoden.

1 FUNDSTÄTTE
Sobald eine Fundstätte freigelegt wurde, müssen die Knochen ausgegraben werden. Dabei kommt spezielles Werkzeug zum Einsatz.

2 AUSGRABUNG
Mit Hammern, Meißeln und Hacken wird das Gröbste entfernt: die umgebende Erde und Gesteinsbrocken.

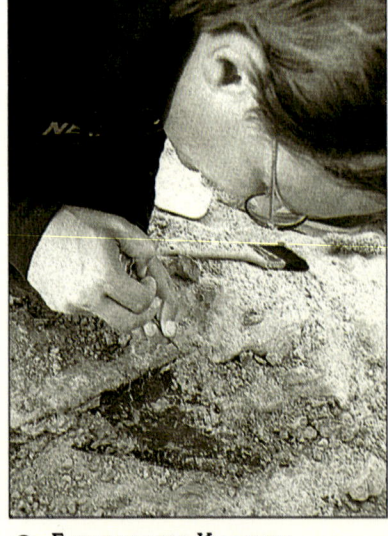

3 FREILEGEN DER KNOCHEN
Nach Möglichkeit wird so viel umgebendes Gestein wie möglich weggenommen. Dabei geht man sehr vorsichtig vor und legt den Knochen so frei, dass seine ganzen Ausmaße erkennbar sind, damit nichts zurückbleibt.

5 GUT GESICHERT
Sobald der freigelegte Teil des Knochens geschützt ist, kann der Rest zusammen mit dem ihn einbettenden Sedimentblock ausgegraben werden. Dann wird das Ganze nochmals umwickelt.

4 GIPSVERPACKUNG
Die freigelegten Teile des Knochens werden mit Leim bestrichen und der ganze Knochen oder Block wird in mit Gips getränktes Sackleinen gewickelt. Auf diese Weise kann der Fund den Transport unbeschadet überstehen.

6 ABTRANSPORT
Die eingepackten Knochen sind mitunter so sperrig und schwer, dass ein Kran sie auf den Lastwagen heben muss.

FOSSILIEN REKONSTRUIEREN

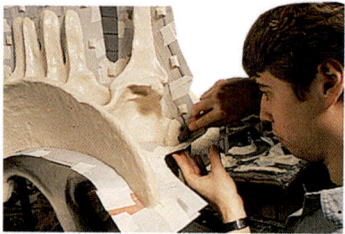

EXPERTEN versuchen, Dinosaurier in Museen in unterschiedlichen Posen aufzustellen. Das Team des New Yorker American Museum of Natural History montierte das Skelett eines *Barosaurus* so, als würde er seine Jungen vor einem *Allosaurus* beschützen. Da die Knochen schwer und zerbrechlich waren, fertigte man Kopien an.

DIE FORM
Um eine Form für die Kopie eines Knochens herzustellen, wird er meist mit Latex bestrichen. Den erstarrten Latex zieht man dann abschnittsweise ab. Diese weiche Form wird mit einer Schale aus Gaze und Plastik stabilisiert.

DER ABGUSS
Die Innenseite der Latexform wird mit fiberglasverstärktem flüssigem Plastik oder Gips ausgegossen. Die Teile des Abgusses werden nach dem Hartwerden zusammengefügt und mit Plastikschaum gefüllt.

Abstehende Kanten der Teile werden abgefeilt.

Flüssiges Plastik wird in die Form gegossen.

LETZTER SCHLIFF
Die einzelnen Teile der Kopie werden geglättet und so angemalt, dass sie dem ursprünglichen Fossil ähneln.

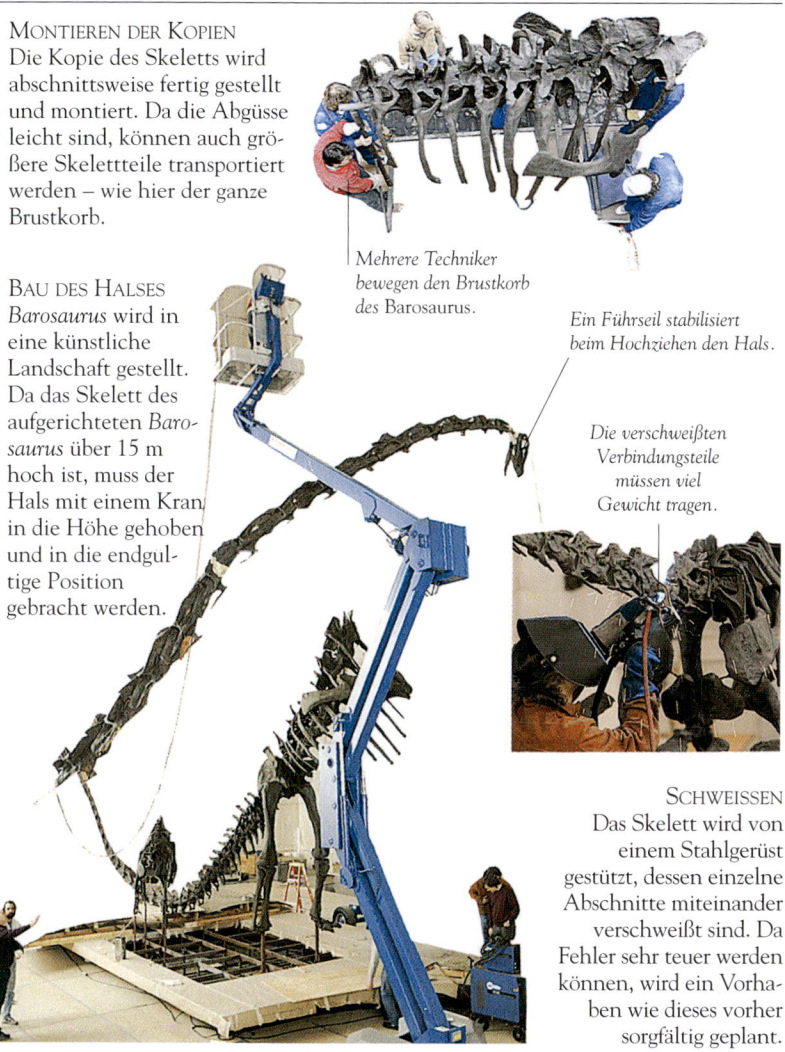

MONTIEREN DER KOPIEN

Die Kopie des Skeletts wird abschnittsweise fertig gestellt und montiert. Da die Abgüsse leicht sind, können auch größere Skelettteile transportiert werden – wie hier der ganze Brustkorb.

Mehrere Techniker bewegen den Brustkorb des Barosaurus.

BAU DES HALSES

Barosaurus wird in eine künstliche Landschaft gestellt. Da das Skelett des aufgerichteten *Barosaurus* über 15 m hoch ist, muss der Hals mit einem Kran in die Höhe gehoben und in die endgultige Position gebracht werden.

Ein Führseil stabilisiert beim Hochziehen den Hals.

Die verschweißten Verbindungsteile müssen viel Gewicht tragen.

SCHWEISSEN

Das Skelett wird von einem Stahlgerüst gestützt, dessen einzelne Abschnitte miteinander verschweißt sind. Da Fehler sehr teuer werden können, wird ein Vorhaben wie dieses vorher sorgfältig geplant.

FOSSILIEN LAGERN
Meist besitzt ein
Museum wesentlich
mehr Fossilien, als es in
seinen Ausstellungen
zeigt. In Spezialmagazi-
nen lagern oft tausende
von Objekten.

DINOSAURIER IM MUSEUM

DIE HAUPTATTRAKTION vieler
naturgeschichtlicher Sammlungen
sind die dort ausgestellten Dinosaurier. Museen stellen nur einen
kleinen Teil ihrer Fossilien aus.
Der Rest lagert in Magazinen und
steht Forschern zur Verfügung.

LEBENSGROSSES MODELL
Rekonstruktionen wie dieses *Tyrannosaurus*-Skelett
vermitteln uns einen Eindruck davon, wie Dinosaurier ausgesehen haben könnten.

Im Lauf hielt
Tyrannosaurus seinen
Schwanz vermutlich
waagerecht ausgestreckt.

Die Knochen der
Hinterbeine mussten
stabil sein, um das
Gewicht von Tyran-
nosaurus *zu tragen.*

DINOSAURIER-THRILLER
Mithilfe von Computereffekten
können uns Filmemacher ein sehr
realistisches Bild der Dinosaurier
vermitteln. Auf einer großen
Kinoleinwand gesehen, wirken
Dinosaurierfilme beängstigend
und faszinierend zugleich.

*Der Schwerpunkt lag
auf dem Becken.*

*Der geräumige
Brustkorb barg das
mächtige Herz und
die Lunge.*

*Der Unter-
schenkel war
mannshoch.*

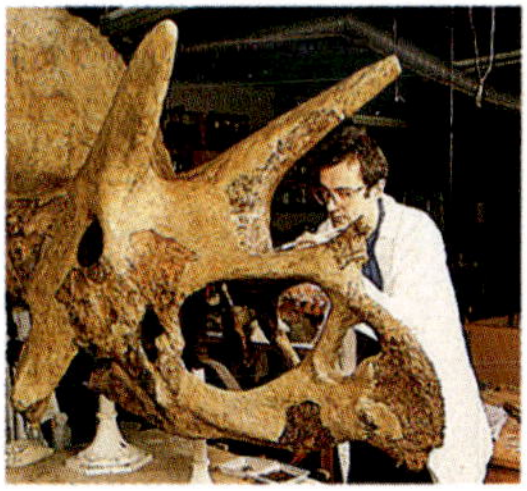

PRÄPARIEREN EINES SKELETTS
Fossile Dinosaurierknochen
sind häufig sehr zerbrechlich
und stark beschädigt. Fach-
leute entfernen umgebende
Gesteinsreste mit Spezialwerk-
zeugen. Dieser Wissenschaftler
arbeitet an einem *Triceratops*-
Schädel.

GLOSSAR

Amnioten Tetrapode Wirbeltiere, deren Junge sich innerhalb einer schützenden Membran entwickeln, dem Amnion.

Amphibien Kaltblütige tetrapode Wirbeltiere, deren Junge in den ersten Stadien ihres Lebens durch Kiemen atmen.

Amphibisch Sowohl im Wasser als auf dem Land lebend.

Äon Längste Einheit geologischer Zeit.

Armfüßer Wirbellose Meeresbewohner mit zwei Schalenklappen.

Art (lateinisch: Spezies) In der Klassifikation der Lebewesen die Ebene unterhalb der Gattung.

Arthropoda *siehe* Gliederfüßer

Außenskelett Skelett, das den Körper wie ein Panzer oder eine Schale umgibt.

Aussterben Das Verschwinden einer Pflanzen- oder Tierart.

Beuteltiere Säugetiere, deren Weibchen winzige, wenig entwickelte Junge gebären, die in einer Hauttasche über dem Bauch der Mutter heranwachsen.

Brachiopoden *siehe* Armfüßer

Cykadeen Palmartige, Samen tragende Pflanzen, deren Stamm von einem Büschel farnblattartiger Wedel

gekrönt ist.

Diapsiden Wichtige Reptiliengruppe, deren Vertreter hinter jedem Auge zwei Schädelöffnungen haben.

Echinodermata *siehe* Stachelhäuter

Epoche Abschnitt geologischer Zeit, der länger als ein Alter und kürzer als eine Periode ist.

Erosion Die Abtragung der Erdoberfläche durch natürliche Ursachen wie Wind, Eis und Wasser.

Evolution Prozess, bei dem sich aus Arten neue Arten entwickeln. Evolution findet statt, weil Organismen zufällige Veränderungen, die z. B. Körpergröße, Gestalt und Farbe beeinflussen, vererben. Individuen mit günstigen Veränderungen geben diese an ihre Nachkommen weiter, sodass es immer mehr Lebewesen mit diesen Eigenschaften gibt. Auf diese Weise bilden sich neue Arten.

Fossil In der Erdkruste konservierte Überreste eines urzeitlichen Organismus.

Gastrolithen Steine, die heruntergeschluckt wurden, um die Nahrung im Magen zerkleinern zu helfen.

Geologisch Die Geologie betreffend. Geologie ist die

wissenschaftliche Beschäftigung mit Zusammensetzung, Struktur und Ursprung der Gesteine der Erde.

Gliederfüßer Wirbellose mit einem aus Segmenten zusammengesetzten Körper und einem Außenskelett.

Gondwana Der gewaltige südliche Superkontinent, der aus den heutigen Landmassen Südamerika, Afrika, Antarktika, Australien und Indien bestand.

Herbivore Pflanzenfresser. Tier, das nur Pflanzen frisst.

Insectivora Insektenfresser. Ordnung primitiver Säugetiere, der u.a. Maulwürfe, Spitzmäuse und Igel angehören.

Lissamphibien Lebende Amphibien und ihre unmittelbaren Vorfahren.

Kaltblütig nennt man Tiere, deren Körpertemperatur sich der Temperatur der Umgebung angleicht.

Kladistik Phylogenetische Systematik. Methode, Pflanzen und Tiere in Schwestergruppen einzuteilen.

Kladogramm, Stammbaum Verästeltes Diagramm, das die Verwandtschaftsbeziehungen der verschiedenen Gruppen untereinander aufzeigt.

Klasse Im Linnéschen System

der Einteilung der Arten eine Gruppe, die eine oder mehrere verwandte Ordnungen umfasst.

Krebstiere Die Crustacea sind eine große Gruppe von Gliederfüßern, die nach dem harten Panzer, der „Kruste" benannt sind, der ihren Körper umgibt.

Kreuzbein Miteinander verschmolzene Wirbel, die mit dem Becken verbunden sind.

Metazoen Vielzellige „Gewebetiere" (umfasst die große Mehrheit der Tierarten).

Ornithischier („Vogelbecken") Eine der beiden Dinosaurier-Hauptgruppen (*siehe auch* Saurischier). Das Becken der Ornithischier ist ähnlich gebaut wie das der Vögel.

Ornithopoden („Vogelfüße") Eine Gruppe großer und kleiner Ornithischier. Sie waren Pflanzenfresser, die auf ihren langen Hinterbeinen gingen.

Paläontologie Die Wissenschaft von den fossilen Pflanzen und Tieren.

Panzerfische Eine Klasse von Fischen mit Kiefer, deren Körper durch panzerartige Platten geschützt war. Ihre Blütezeit war das Devon.

Parareptilien („Nebenreptilien") Primitive Reptilien, zu denen u. a. die Mesosaurier zählen. Manche Leute verwenden den Begriff für jene

Reptilien, die ansonsten Anapsiden genannt werden.

Pekari Schweineähnliches, in Amerika heimisches Huftier.

Perissodactyla *siehe* Unpaarhufer

Placodermi *siehe* Panzerfische

Placodontier („Pflasterzähne") Im Wasser lebende Reptilien der Trias.

Primitiv Einem frühen Stadium der Evolution oder Entwicklung entsprechend.

Räuber Jedes Tier oder jede Pflanze, das oder die sich durch das Fangen von Tieren ernährt.

Raubtiere Gruppe Fleisch fressender Säugetiere, der Katzen, Hunde, Bären und ihre Verwandten und Vorfahren angehören.

Reptilien Echsen, Schlangen, Schildkröten, Krokodile, Dinosaurier und ihre ausgestorbenen und lebenden Verwandten.

Reptiliomorphe Kleine, echsenähnliche Vierfüßer, aus denen sich die echten Reptilien entwickelten.

Säugetiere Warmblütige Wirbeltiere, die meistens ein Fell haben und deren Weibchen die Jungen mit Milch aus Körperdrüsen ernähren.

Schambein Einer der Hüftknochen. Bei manchen Dinosauriern waren die Muskeln, die die Beine vorwärts bewegten, am Schambein angewachsen.

Stachelhäuter Meeresbewohnende Wirbellose mit einer harten Kalkschale als äußerem Skelett und fünfstrahligem Grundbau.

Synapsiden Gruppe tetrapoder Wirbeltiere, zu der die ausgestorbenen Pelycosaurier und Therapsiden sowie die Nachkommen der Therapsiden zählen: die Säugetiere.

Temnospondylen („Geschnittene Wirbel"). Eine Gruppe früher Tetrapoden.

Trilobiten („Dreilappig") Meeresarthropoden des Paläozoikum mit einem Außenskelett, das quer in drei Abteilungen gegliedert war.

Unpaarhufer Dazu zählen Pferde, Nashörner, Tapire, ihre Vorfahren und ihre verschiedenen ausgestorbenen Formen.

Warmblütig ist ein Tier, dessen Körpertemperatur eine bestimmte, gleich bleibende Höhe hat, die oft über oder unter der Temperatur seiner Umgebung liegt.

Wirbeltiere Tiere mit einem inneren Skelett aus Knorpel oder Knochen, zu dem ein Schädel und eine Wirbelsäule (Rückgrat) aus Wirbeln gehören.

Wirbellose Tiere ohne Wirbelsäule.

Zeitalter Abschnitt geologischer Zeit, Untereinheit des Äons.

REGISTER

Bildnachweis

Der Verlag dankt folgenden Personen und Institutionen für die freundliche Genehmigung zum Abdruck von Fotos:

o = oben; m = Mitte; u = unten; l = links; r = rechts

2 DK Images: Bedrock Studios ol, om, or, or, mlo, mr, mr, ul, um, or, mor, mor; Gary Ombler mlu. 3 DK Images: Bedrock Studios m. 4 DK Images: Colin Keates ur. 5 DK Images: Bedrock Studios oml; Jonathan Hately ur; Lynton Gardiner/American Museum of Natural History mr. 6 DK Images: Tim Ridley ro. 6-7 DK Images: Bedrock Studios. 7 DK Images: Bedrock Studios or. 10 American Museum Of Natural History: mlu. 10 Jean-Loup Charmet/Bridgeman Art Library: ml. 10 Corbis: Juan Echeverria mru. 11 DK Images: Colin Keates/Natural History Museum, London ur; Harry Taylor/Hunterian Museum, University of Glasgow mor. 11 Museum National d'Histoire Naturelle: Paleontologie (Paris), D. Serrette u. 14 Corbis: Roger Garwood & Trish Ainslie mlu. 14 DK Images: Colin Keates mr. 15 J & B Sibbick: mr. 16 Corbis: Bettmann or. 16 DK Images: Christopher and Sally Gable mu; Rob Reichenfeld ur. 17 DK Images: Dave King mro, mul; Harry Taylor/Hunterian Museum University of Glasgow mr. 21 American Museum Of Natural History: C. Chesek mlu. 21 DK Images: Bedrock Studios mlo, ml; Colin Keates mru, ul, ur; Colin Keates/Natural History Museum, London mlu; Jon Hughes ml; M.McGregor mlo Malcolm McGregor mro. 22 DK Images: Colin Keates mlu. 22-23 Corbis: Roger Ressmeyer. 23 DK Images: Colin Keates mro, ur. 24 S.Conway Morris: ul. 24 DK Images: Colin Keates cl. 24-25 S.Conway Morris. 25 S.Conway Morris: tc, cra. 26 DK Images: Colin Keates cfr; Colin Keates/Natural History Museum, London om, um; 26-27 DK Images: Colin Keates/Natural History Museum. 27 Hunterian Museum: Dr Neil D.L.Clark ol. 28 DK Images: Natural History Museum om, mu, mur. 28-29 DK Images: Colin Keates; Colin Keates/Natural History Museum, London. 29 DK Images: Colin Keates or; Natural History Museum m. 30 DK Images: Harry Taylor/Royal Museum of Scotland, Edinburgh m; Harry Taylor/University Museum of Zoology, Cambridge or; Natural History Museum um. 30-31 American Museum Of Natural History: C.Chesek. 31 DK Images: Colin Keates mro; Harry Taylor/University Museum of Zoology, Cambridge, Leihgabe des Geologischen Museums der Universität von Kopenhagen, Dänemark oml. 32 American Museum Of Natural History: D.Finnin m. 32 DK Images: Harry Taylor/Royal Museum of Scotland, Edinburgh or; Natural History Museum ur. 33 DK Images: Colin Keates mr; Natural History Museum m. 34 DK Images: Colin Keates m; Colin Keates/Natural History Museum, London ol, oml; Natural History Museum umr. 35 DK Images: Natural History Museum mr; Natural History Museum ul. 36-37 Exhibit Museum of Natural History, University of Michigan. 38 DK Images: Colin Keates/Natural History Museum, London um; Natural History Museum m 38-39 DK Images: Colin Keates/Natural History Museum, London. 39 DK Images: Harry Taylor/Natural History Museum, London or; Natural History Museum ml, mu. 40 DK Images: Colin Keates/Natural History Museum, London um; Gary Ombler om; Natural History Museum mr. 40-41 DK Images: Natural History Museum. 41 DK Images: Colin Keates/Natural History Museum, London omr; Natural History Museum mr, ul. 42 DK Images: Natural History Museum mro, um. 42-43 DK Images: Lynton Gardiner. 43 DK Images: Natural History Museum m, mr, ul. 44-45 N.H.P.A.: Daniel Heuclin. 46 DK Images: Hunterian Museum mo; Natural History Museum umr. 46-47 DK Images: Natural History Museum. 47 DK Images: Natural History Museum uml. 48 DK Images: Harry Taylor/Natural History Museum, London omr; Natural History Museum m, ur. 48-49 DK Images: Colin Keates/Natural History Museum, London. 49 DK Images: American Museum Of Natural History or; Natural History Museum mr, ul. 50 DK Images: Natural History Museum om, mr. 51 DK Images: Colin Keates/Natural History Museum, London ul, oml; Natural History Museum mr. 52 DK Images: Eric Robson mr; Natural History Museum oc; Peter Chadwick ur. 52-53 DK Images: Colin Keates/Natural History Museum, London. 53 DK Images: Peter Visscher mr. 54 DK Images: Dave King m; Neil Fletcher and Matthew Ward mur. 55 DK Images: Andrew McRobb ul; Cyril Laubscher mr; Dave King ol. 55 Topfoto.co.uk: Press Association omr. 58 DK Images: Colin Keates ul; 58-59 DK Images: Harry Taylor/Royal Museum of Scotland, Edinburgh. 59 DK Images: Peter Bull or, mro. 60-61 DK Images: Bedrock Studios. 62 DK Images: Peter Bull ul. 62-63 DK Images: Colin Keates. 63 DK Images: Colin Keates u; Colin Keates/Natural History Museum, London or; Natural History Museum mr; Jim Coxe mr. 64-65 DK Images: Bedrock Studios. 66 DK Images: Bedrock Studios mo; Harry Taylor/Hunterian Museum, University of Glasgow mor; Harry Taylor/Royal Museum of Scotland, Edinburgh mro; Peter Bull mu, mru, um, umr. 67 DK Images: American Museum of Natural History ol; Geoff Dann/Barleylands Farm Museum and Animal Centre, Billericay or; Peter Bull m, mor, ml; Peter Visscher om. 68 DK Images: Harry Taylor/Hunterian Museum ul. 68-69 DK Images: Harry Taylor/Natural History Museum, London. 69 DK Images: Peter Bull mo. 69 Oxford Scientific Films: Norbert Wu or. 70 American Museum Of Natural History: D. Finnin ur. 71 DK Images: Harry Taylor/Royal Museum of Scotland, Edinburgh um. 72 American Museum Of Natural History: ml; D.Finnin ur. 73 DK Images: Bedrock Studios o 74 DK Images: Colin Keates/Natural History Museum, London mu. 74-75 DK Images: Harry Taylor/Natural History Museum, London. 75 American Museum Of Natural History: or. 75 DK Images: Natural History Museum mr, mr. 75 Hunterian Museum: ur. 76 DK Images: American Museum of Natural History ul. 77 DK Images: Colin Keates/Natural History Museum, London or. 78 American Museum Of Natural History: C. Chesek ul. 78 Oxford Scientific Films: Max Gibbs or. 78-79 DK Images: Bedrock Studios. 79 American Museum Of Natural History: D.Finnin or. 79 Bruce Coleman Ltd: Hans Reinhard ur. 80 American Museum Of Natural History: C. Chesek mlu. 80-81 DK Images: Harry Taylor/Hunterian Museum, University of Glasgow. 81 American Museum Of Natural History: Denis Finnin u. 81 DK Images: Natural History Museum or. 82-83 DK Images: Luis Rey. 83 American Museum Of Natural History: mru. 83 DK Images: American Museum of Natural History u. 86 DK Images: Peter Bull mru, um, ur, mul; Peter Visscher mro, mr, mr. 87 American Museum of Natural History mlo; Jerry Young/Zoo Museum oml; Peter Bull mro, ml, m, ml; Peter Visscher om. 88 DK Images: M.McGregor/University Museum oml. 88-89 DK Images: University Museum, Oxford. 89 DK Images: Harry Taylor/University Museum of Zoology, Cambridge, Leihgabe des Geologischen Museums, Universität Kopenhagen, Dänemark ur; Zoo Museum oml. 90 American Museum Of Natural History: ur; C. Chesek mlu.

DK Images: American Museum of Natural History. 91 DK Images: M.McGregor uml. 92-93 DK Images: Bedrock Studios. 94 DK
s: Tim Brown m. 94 The Natural History Museum, London: ul. 94-95 DK Images: Bedrock Studios. 96-97 American Museum Of
al History. 96-97 DK Images: M.McGregor. 97 DK Images: John Downes/John Holmes - modelmaker/Natural History Museum, Lon-
. 100 DK Images: Bedrock Studios ml; Peter Bull um, ur. 101 DK Images: Bedrock Studios om, or; Peter Bull m, ul, mr. 102 American
m Of Natural History: um. 102-103 DK Images: Bedrock Studios. 103 DK Images: Harry Taylor/University Museum of Zoology,
ridge um. 104 DK Images: Colin Keates/Natural History Museum, London mlu. 104-105 DK Images: Bedrock Studios. 105 American
m Of Natural History: or. 106 DK Images: AMNH, Denis Finnin, Roderick Mickens und Megan Carlough mlu; 106-107 DK Images:
ck Studios. 107 DK Images: M.McGregor mu. 107 Royal Tyrrell Museum of Paleontology: Alberta Community Development ur. 112
ages: Robin Carter mlu. 112-113 DK Images: Bedrock Studios. 113 Dr.David Martill: or. 116 American Museum Of Natural History:
son ul. 117 DK Images: Natural History Museum mlu. 117 The Natural History Museum, London: or. 118 DK Images: Michael Ben-
atural History Museum, University of Bristol u. 118-119 DK Images: Bedrock Studio. 119 DK Images: Natural History Museum m;
Carter ml. 120 DK Images: Peter Bull um, ur. 120-121 American Museum Of Natural History: J.Beckett/Denis Finnin. 121 Ameri-
useum Of Natural History: Bierwert & Bailey ul. 121 DK Images: Peter Bull or. 122 Oxford Scientific Films: Maurice Tibbles ur. 122-
K Images: Bedrock Studio. 123 American Museum Of Natural History: mlu. 123 DK Images: Peter Visscher omr. 124 DK Images:
Taylor/Natural History Museum, London ml; Robin Carter mu. 124-125 DK Images: Gary Ombler. 125 American Museum Of Natu-
story: Denin Finin om. 126 DK Images: Gary Ombler. 126-127 DK Images: Gary Ombler. 126-127 N.H.P.A. 127 DK Images: Gary
er bc. 132 DK Images: John Woodcock bl. 132-133 DK Images: Andy Crawford. 133 DK Images: Colin Keates br. 134 DK Images:
King or. 134-135 DK Images: Dave King. 136 DK Images: Andy Crawford/ Centaur Studios - modelmakers m; Ray Moller uml. 139
ages: Andy Crawford/Royal Tyrrell Muscum, Canada ur. 140 DK Images: Andy Crawford ul; Colin Keates or. 141 DK Images: Dave
ar. 142 DK Images: Dave King ul. 144 DK Images: Colin Keates/Natural History Museum, London ol; John Downs/Natural History
m, London r. 145 DK Images: Royal Tyrrell Museum, Canada tr. 146 DK Images: Andy Crawford/Royal Tyrrell Museum, Canada rl;
Downes/Natural History Museum b. 147 DK Images: Colin Keates/Natural History Museum, London tl, cl, ur. 148-149 DK Images:
Keates. 150 DK Images: Colin Keates/Natural History Museum, London ol, ml; Jerry Young ur. 151 DK Images: Colin Keates/Natural
y Museum, London or; Lynton Gardiner mlu, ur. 152 DK Images: Colin Keates/Natural History Museum, London ul. 154 DK Images:
Crawford/Royal Tyrrell Museum, Canada uml; Colin Keates/Natural History Museum, London ul; 154-155 DK Images: Jon Hughes.
K Images: Gary Omble/Luis Rey - modelmaker ul. 156-157 DK Images: Andy Crawford/Royal Tyrrell Museum, Canada. 157 DK Ima-
olin Keates/m. frdl. Genehmigung des Natural History Museum, London ml; Dave King ur; Lynton Gardiner/ Peabody Museum or;
al History Museum ol. 158 DK Images: Dave King l. 159 DK Images: Ann Winterbotham ol. 163 DK Images: Miguel Periera omr.
54 DK Images: Harry Taylor/Royal Museum of Scotland, Edinburgh 164 DK Images: Andy Crawford mr. 170 DK Images: Andy Craw-
oby Braun - modelmaker umr; Dave King mul. 172 DK Images: Andy Crawford/ State Museum of Nature uml. 173 DK Images: Andy
rd/Royal Tyrrell Museum, Canada o. 174 DK Images: Jon Hughes u. 175 DK Images: Jon Hughes u. 176 Carnegie Museum Of Art,
urgh: mro. 176 DK Images: Andy Crawford/State Museum of Nature ml; Gary Ombler u. 178 DK Images: Smithsonian Institute ul;
ughes ur. 179 DK Images: Jon Hughes u. 180 DK Images: Smithsonian Institute ul; Tim Ridley/Roby Braun - modelmaker or. 181 DK
s: Andy Crawford/State Museum of Nature ul. 182 DK Images: Steve Gorton/Roby Braun - modelmaker m. 183 DK Images: Jon Hug-
184 DK Images: Bedrock Studios m; Colin Keates/Courtesy of the Natural History Museum, London umr. 188 DK Images: Jonathan
r 189. 190 DK Images: Andy Crawford/Royal Tyrrell Museum, Canada o; Andy Crawford/Naturmuseum Senckenberg, Frankfurt ul.
K Images: M.McGregor mr. 192 DK Images: Jon Hughes r. 193 DK Images: American Museum of Natural History ul; Andy Crawford
1 DK Images: Colin Keates m. 206 DK Images: Andy Crawford/Royal Tyrrell Museum, Canada m Royal Tyrrell Museum, Canada or.
K Images: Royal Tyrrell Museum, Canada r. 208 DK Images: Colin Keates mro. 208 Getty Images: u. 209 DK Images: Jon Hughes u.
K Images: American Museum of Natural History mro; Bedrock Studios m 211 DK Images: Luis Rey u. 212 American Museum Of
al History: r. 213 DK Images: Gary Ombler ur. 214 DK Images: Natural History Museum mlu. 214-215 DK Images: Jon Hughes. 215
ages: Natural History Museum ol. 216 DK Images: Dr. Eric Buffetaut, Laboratoire de Paleontologie des Vertebres, Paris, France or;
ughes ul. 217 DK Images: Jon Hughes ul; Naturmuseum Senckenberg, Frankfurt or. 218-219 DK Images: Andy Crawford/Museum
gen. 219 DK Images: Lynton Gardiner mro. 225 DK Images: Peabody Museum of Natural History, Yale University. mru 227 DK Ima-
orkshire Museum m. 228-229 DK Images: Bedrock Studios. 229 DK Images: Andy Crawford o. 232 DK Images: Jon Hughes u. 233 DK
s: Jon Hughes r. 234 DK Images: Leicestershire Museum u; Natural History Museum mlu. 235 DK Images: Yorkshire Museum mu.
87 DK Images: Jon Hughes. 237 Carnegie Museum Of Art, Pittsburgh: ol. 237 DK Images: Lynton Gardiner ur. 238 DK Images: Colin
/Natural History Museum, London u. 239 DK Images: American Museum of Natural History mur. 240 DK Images: Jon Hughes r.
stitut für Archäologie, Beijing: ml. 241 DK Images: Giuliano Fornari mro; Jon Hughes u. 242 DK Images: Colin Keates/Natural His-
useum, London ul; 242-243 Corbis: W.Wayne Lockwood, M.D. 242-243 DK Images: Jon Hughes u. 246-247 DK Images: Bedrock Stu-
on Hughes. 247 DK Images: Colin Keates/Natural History Museum, London omr; Museo Arentino De Ciencias Naturales, Buenos
ul. 252 DK Images: Andy Crawford/Royal Tyrrell Museum, Canada ul; 252-253 DK Images: Jon Hughes. 253 DK Images: Colin Kea-
tural History Museum, London or; Smithsonian National Museum of Natural History mu. 254 DK Images: Bedrock Studios u; Colin
/Natural History Museum, London mro. 255 DK Images: Kim Sayer/National Museum of Natural History, Smithsonian Institution
56 The Natural History Museum, London: ul. 256-257 DK Images: Andy Crawford/John Holmes - modelmaker. 258-259 Corbis:
es Mauzy. 258-259 DK Images: Jon Hughes. 259 DK Images: Natural History Museum, London or, mro. 260 DK Images: Jon Hughes
ibue Study and Research Centre, Venedig or. 262 DK Images: Andy Crawford/Royal Tyrrell Museum, Canada m; Gary Kevin or. 263
ages: Lynton Gardiner u. 264 DK Images: Lynton Gardiner ur. 266 DK Images: Natural History Museum or, ml. 266-267 DK Images:
King/Graham High und Centaur Studios – modelmakers. 268 DK Images: Lynton Gardiner/Natural History Museum, London mro.
73 DK Images: John Downes/Natural History Museum. 273 DK Images: Colin Keates/Natural History Museum, London or; Cyril
her mro. 274 DK Images: Lynton Gardiner/Natural History Museum, London u. 275 American Museum Of Natural History: mro.
K Images: Natural History Museum ml; Tim Ridley ur. 279 American Museum Of Natural History: or. 279 DK Images: Jon Hughes ur.

280-281 DK Images: Jon Hughes. 280-281 Getty Images: Stone. 281 DK Images: Colin Keates/Natural History Museum, London ur; Natural History Museum, London or. 282-283 DK Images: Andy Crawford/Royal Tyrrell Museum, Canada. 283 DK Images: Andy Crawford/Royal Tyrrell Museum, Canada ur; Royal Tyrell Museum mol. 284 DK Images: Andy Crawford/Royal Tyrrell Museum, Canada or; Royal Tyrrell Museum, Canada ul. 285 DK Images: Jon Hughes u; Royal Tyrell Museum or. 289 DK Images: Bedrock Studios m; Colin Keates/m. frdl. Genehmigung des Natural History Museum, London ur. 290 DK Images: Andy Crawford/ Naturmuseum Senckenberg, Frankfurt ml. 291 DK Images: Colin Keates/Natural History Museum, London mlu 292 DK Images: Leicester Museum ul. 294 DK Images: Andy Crawford/Royal Tyrrell Museum, Canada mr, mr. 294-295 Getty Images. 295 DK Images: Naturmuseum Senckenberg, Frankfurt oml. 296 DK Images: Royal Tyrrell Museum, Canada or. 297 DK Images: Andy Crawford/Royal Tyrell Museum, Canada ml. 298 DK Images: Jon Hughes u. 299 DK Images: Bruce Coleman/Queensland Museum u. 301 DK Images: Witmer Lab ol. 302 DK Images: Jon Hughes ur. 303 DK Images: Andy Crawford/Royal Tyrrell Museum, Canada mr; Jon Hughes u. 304-305 DK Images: Andy Crawford/Royal Tyrrell Museum, Canada. 306 DK Images: Natural History Museum, London: ol. 308-309 DK Images: Luis Rey. 309 DK Images: Bedrock Studios mu. 310 DK Images: Simone End ul. 310-311 DK Images: Bedrock Studios. 311 American Museum Of Natural History: AMNH Photo Studio m; D. Finnin/C. Chesek oml. 312 South African Museum Iziko Museums of Cape Town: Photographer Clive Booth, copyright Iziko: Museum of Cape Town uml. 312-313 DK Images: Bedrock Studios. 313 American Museum Of Natural History: AMNH Photo Studio or. 313 Ardea.com: mru. 314 American Museum Of Natural History: AMNH Photo Studio mlu. 314-315 DK Images: Harry Taylor/Edinburgh City Art Gallery, Leihgabe von The Yorkshire Museum, York. 315 CM Studio: ol. 315 South African Museum Iziko Museums of Cape Town: Photographer Clive Booth, copyright Iziko: Museum of Cape Town or. 316 DK Images: Colin Keates/Natural History Museum, London mu. 316-317 DK Images: Bedrock Studios. 317 DK Images: Colin Keates/Courtesy of the Natural History Museum, London umr; Simone End om, or. 318 Carnegie Museum of Natural History: Mark A.Klinger ul. 318-319 DK Images: Bedrock Studios. 319 DK Images: Neil Fletcher/m. frdl. Genehmigung des Booth Museum of Natural History, Brighton or. 320 DK Images: Kenneth Lilly ul. 320 Dr. RT Wells, Flinders University: F.Coffa ml. 320-321 DK Images: Bedrock Studios. 321 DK Images: Natural History Museum or. 322 American Museum Of Natural History: ul. 322 DK Images: Malcolm McGregor ml. 322-323 DK Images: Bedrock Studios. 323 DK Images: Colin Keates/Natural History Museum, London uml; Malcolm McGregor mro. 324-325 DK Images: Harry Taylor/Natural History Museum, London. 325 American Museum Of Natural History: mr. 325 DK Images: Harry Taylor/m. frdl. Genehmigung des Natural History Museum, London ur. 326-327 DK Images: Denis Finnin, Roderick Mickens und Megan Carlough, American Museum of Natural History; Gary Cross. 327 DK Images: Peter Visscher or, mo. 328 American Museum Of Natural History: mul. 328-329 DK Images: Bedrock Studios. 329 DK Images: Natural History Museum or. 330 American Museum Of Natural History: ml. 330 DK Images: Colin Keates/Natural History Museum, London mul. 330-331 DK Images: Bedrock Studios. 331 DK Images: Bedrock Studios tcr; Dave King or. 332-333 Corbis: Tom Bean. 332-333 DK Images: Bedrock Studios. 333 DK Images: Bedrock Studios ml, mr. 334 American Museum Of Natural History: mlu. 334-335 DK Images: Bedrock Studios. 335 American Museum Of Natural History: ol, or. 336-337 Corbis: Marc Garanger. 336-337 DK Images: Bedrock Studios ul. 338 DK Images: Harry Taylor/Natural History Museum, London mlu. 338-339 DK Images: Bedrock Studios. 339 DK Images: Peter Bull mro, mru, mr. 340 DK Images: Robin Carter ur. 340-341 DK Images: Bedrock Studios. 341 DK Images: Robin Carter mru, omr. 342 DK Images: AMNH mlu; 342-343 DK Images: Bedrock Studios. 343 DK Images: AMNH mr; Harry Taylor/ Natural History Museum, London or. 344-345 DK Images: Bedrock Studios. 345 American Museum Of Natural History: ur. 345 DK Images: Harry Taylor/Natural History Museum, London or. 346-347 DK Images: Bedrock Studios. 347 DK Images: Robin Carter or. 348 American Museum Of Natural History: mro. 348-349 DK Images: Bedrock Studios. 349 American Museum Of Natural History: or. 349 DK Images: Peter Bull ur. 350 DK Images: Peter Bull mlu. 350-351 DK Images: Bedrock Studios. 351 American Museum Of Natural History: A.E.Anderson mur. 352-353 Corbis: Carl & Ann Purcell. 352-353 DK Images: Bedrock Studios. 354 DK Images: Dave King/Natural History Museum, London mro. 354-355 DK Images: Natural History Museum, London. 355 DK Images: Dave King/Natural History Museum, London m, oml; Harry Taylor/Natural History Museum, London mro. 356-357 Corbis: Wolfgang Kaehler. 356-357 DK Images: Bedrock Studios. 358 American Museum Of Natural History: ml. 358-359 DK Images: Bedrock Studios. 359 American Museum Of Natural History: mru. 360-361 DK Images: Andrew Nelmerm/Royal British Columbia Museum, Victoria, Canada. 361 American Museum Of Natural History: mr. 361 DK Images: Dave King/National Museum of Wales om. 362 American Museum Of Natural History: mr, ul. 363 DK Images: Bedrock Studios mo. 364 American Museum Of Natural History: or, mlo, mlu, ml. 364-365 DK Images: Bedrock Studios. 365 DK Images: M.McGregor mro. 366 American Museum Of Natural History: mlu. 366-367 DK Images: Bedrock Studios. 367 American Museum Of Natural History: mru. 368 DK Images: M.McGregor ml. 368-369 DK Images: Harry Taylor/Natural History Museum, London mo. 369 DK Images: Harry Taylor/Natural History Museum, London mo. 370 DK Images: Natural History Museum ml. 370-371 DK Images: Bedrock Studios. 371 DK Images: Frank Greenaway or; Harry Taylor/Natural History Museum, London mlu. 372-373 DK Images: Bedrock Studios. 373 American Museum Of Natural History: Denis Finnin, Roderick Mickens und Magan Carlough or; Denis Finnin, Roderick Mickens und Megan Carlough mu. 374 American Museum Of Natural History: ul. 374-375 DK Images: Bedrock Studios. 375 American Museum Of Natural History: ul. 375 DK Images: Bruce Coleman Ltd: Sarah Cook omr. 376-377 DK Images: Luis Rey. 377 DK Images: Bedrock Studios mu. 378 DK Images: Colin Keates/Natural History Museum, London mru. 379 DK Images: Dave King/ Graham High und Centaur Studios - modelmakers or. 380 DK Images: Andy Crawford/State Museum of Nature mr. 381 DK Images: Andy Crawford/State Museum of Nature mru; Colin Keates or. 386 DK Images: Lynton Gardiner mru, uml. 387 DK Images: Lynton Gardiner/The American Museum of Natural History or, mr, l. 388 DK Images: Lynton Gardiner ol; 388-389 DK Images: Naturmuseum Senckenberg, Frankfurt.

Alle anderen Abbildungen © Dorling Kindersley.
Für weiterführende Informationen siehe: www.dkimages.com